Wiedereinführung der Todesstrafe in Deutschland?

Europäische Hochschulschriften

Publications Universitaires Européennes
European University Studies

Reihe II
Rechtswissenschaft

Série II Series II
Droit
Law

Bd./Vol. 4588

PETER LANG
Frankfurt am Main · Berlin · Bern · Bruxelles · New York · Oxford · Wien

Katharina Flemming

Wiedereinführung der Todesstrafe in Deutschland?

Verfassungsrechtliche, international- und europarechtliche Aspekte

PETER LANG
Internationaler Verlag der Wissenschaften

Bibliografische Information der Deutschen Nationalbibliothek
Die Deutsche Nationalbibliothek verzeichnet diese Publikation in der Deutschen Nationalbibliografie; detaillierte bibliografische Daten sind im Internet über <http://www.d-nb.de> abrufbar.

Zugl.: Köln, Univ., Diss., 2006

D 38
ISSN 0531-7312
ISBN 978-3-631-56325-0

www.peterlang.de

Meinen Eltern

Vorwort

Diese Arbeit lag im WS 2006/07 der Rechtswissenschaftlichen Fakultät der Universität zu Köln als Dissertation vor. Aktuelle Rechtsprechung und Literatur konnte bis Januar 2007 berücksichtigt werden.

Mein ganz besonderer Dank gilt meinem verehrten Doktorvater, Herrn Professor Dr. Dr. h.c. mult. Klaus Stern. Ohne seine intensive Betreuung und Förderung sowie seine Geduld und schnelle Begutachtung wäre das Promotionsvorhaben kaum zu bewältigen gewesen. Mein herzlicher Dank gilt ferner Herrn Professor Dr. Michael Sachs für die kurzfristige Erstellung des Zweitgutachtens. Darüber hinaus möchte ich Herrn Professor Dr. Peter Huber für die freundliche zwischenzeitliche Aufnahme an seinem Lehrstuhl danken, welche mir die Fertigstellung meiner Dissertation nach meinem Umzug nach München sehr erleichtert hat. Besonders erwähnen möchte ich Herrn Professor Dr. Hanns Prütting, dem ich für seine langjährige wissenschaftliche Betreuung und persönliche Förderung während meiner Zeit als studentische und wissenschaftliche Mitarbeiterin an dem von ihm geleiteten Institut für Verfahrensrecht an der Universität zu Köln ganz herzlich danken möchte.

Meinem ehemaligen Kollegen Herrn Dr. Oliver Mörsdorf bin ich für die vielen in Diskussionen geäußerten wertvollen Anregungen, welche in die Arbeit einflossen, sehr verbunden. Zahlreiche fachliche Anregungen verdanke ich daneben Herrn Christian Deckenbrock und Herrn Christian Saueressig.

Ganz herzlich danke ich meinen lieben Eltern, Christiane und Jürgen Christian Regge, die mir mein Studium erst ermöglicht, mich stets in meinem Promotionsvorhaben bestärkt und dieses sowohl organisatorisch als auch fachlich begleitet haben.

Von ganzem Herzen danke ich meinem geliebten Ehemann, Dr. Harald Flemming, der mir während der gesamten Dauer der Promotion sowohl in fachlicher als auch in menschlicher Hinsicht ein erster Gesprächspartner war und mir auch darüber hinaus in allen Belangen stets zur Seite gestanden hat.

Schließlich danke ich unserem lieben Sohn Julius für seine Geduld.

München, im April 2007

Inhaltsverzeichnis

„Wenn man den Tod abschaffen könnte, dagegen hätten wir nichts; die Todesstrafen abzuschaffen wird schwer halten. Geschieht es, so rufen wir sie gelegentlich wieder zurück.“[1]

1. Teil: Einleitung

A. Ausgangslage

Verdient die Todesstrafe noch Diskussion? In der Bundesrepublik und in vielen anderen Ländern ist die Todesstrafe nunmehr schon seit vielen Jahrzehnten abgeschafft, in anderen Ländern wird sie beibehalten. In 63 Ländern wurden nach Ermittlungen von *Amnesty International* im Jahr 2003 2.756 Menschen zum Tode verurteilt. Davon wurden in 28 Ländern 1.146 Menschen tatsächlich hingerichtet.[2] China, Iran, Vietnam und die Vereinigten Staaten verzeichneten mit 84 % insgesamt die höchsten Hinrichtungsraten.[3] Laut *Amnesty International* gehörten die Vereinigten Staaten neben China, der Demokratischen Republik Kongo, dem Iran, Nigeria, Pakistan, Saudi-Arabien und Jemen zu den wenigen Staaten, in denen seit 1990 zur Tatzeit minderjährige Straftäter hingerichtet wurden. Nunmehr hat am 1. März 2005 der *Supreme Court* der Vereinigten Staaten die Verfassungswidrigkeit von Todesurteilen für noch nicht achtzehnjährige Straftäter als „grausame und ungewöhnliche Strafe“ nach dem 8. Zusatzartikel der US-amerikanischen Verfassung festgestellt. Damit hat der *Supreme Court* bestätigt, dass sich in vielen Einzelstaaten bereits durch die Abschaffung der Todesstrafe für zur Tatzeit minderjährige Straftäter und geistig Behinderte zum Ausdruck gekommenes Umdenken manifestiert hat.[4] Ob das Urteil als ein

---

1 *Goethe*, Maximen und Reflexionen, Spruch in Prosa Nr. 684.

2 Im Jahr 2002 wurden 3.248 Menschen in 61 Staaten zur Todesstrafe verurteilt. In 31 Ländern wurden 1.526 Menschen hingerichtet. Vgl. http://web.amnesty.org/web/web.nsf/print/deathpenatly-facts-eng oder die Veröffentlichung der Zahlen im Nachrichtenarchiv unter http://www.todesstrafe.de.

3 Insgesamt ist in der Volksrepublik China im Jahr 2003 mindestens 726-mal die Todesstrafe vollstreckt worden, allerdings gehen Experten von bis zu 10.000 Exekutionen aus. Im Iran betrug die Zahl der Hinrichtungen wenigstens 108 gegenüber 113 in 2002. In den USA sank die Zahl im Vergleich zum Jahr 2002 von 71 auf 65. In Vietnam wurden mindestens 64 Menschen exekutiert (2002: 34).

4 Zur Todesstrafe in der Rechtsprechung des *Supreme Court*, insbesondere zur Annahme von „cruel and unusual punishments“ i.S.d. 8. Zusatzartikels beim Verhängen und bei der Vollstreckung der Todesstrafe vgl. *Geck*, in: FS-Berber, S. 165 ff.; Siehe *Roper, Superintendent, Potosi Correctional Center v. Simmons*, certiorari to the supreme court of missouri, No. 03-633. Argued October 13, 2004. Decided March 1, 2005: *"Our determination that the death penalty is disproportionate punishment for offenders under 18 finds confirmation in the stark reality that the United States is the only country in the world that continues to give official sanction to the juvenile death penalty. This reality does not*

„Meilenstein" in Richtung einer endgültigen Abschaffung der Todesstrafe in den Vereinigten Staaten betrachtet werden kann, lässt sich zu diesem Zeitpunkt aber noch nicht erahnen.

Auch in der Bundesrepublik gibt es unter der Bevölkerung immer wieder Befürworter der Todesstrafe. Vielerorts finden sich zwei wesentliche Legitimationsansätze für die Einführung bzw. Beibehaltung der Todesstrafe. Zum einen wird immer wieder der angeblich stark abschreckende Effekt der Todesstrafe zur Prävention besonders unerwünschter und folgenschwerer Verbrechen ins Feld geführt. Zum anderen verweisen die Befürworter stets auf das Vorkommen besonders abscheulicher Verbrechen, die jede Nachsicht mit dem Täter verbieten sollten. So bedarf es keiner *„sensationellen Aufputschung der Gefühle"*, um bei Kenntnisnahme besonders grausamer, aus niedrigsten Motiven begangener und gar vielfacher Morde so gegen den Täter eingenommen zu werden, dass die Todesstrafe, also der endgültige Ausschluss aus der Gesellschaft, wünschenswert scheint.[5] Zu denken ist hier insbesondere an die Taten von Kinderschändern oder an Anschläge durch Terroristen – erinnert sei etwa an den 11. September 2001. In diesem Zusammenhang findet sich auch häufig der Hinweis auf die Rechtsfolge eines Mordes für die Hinterbliebenen. So wird von Anhängern der Todesstrafe, aber nicht nur von ihnen, bemängelt, dass man heute mehr Mitleid mit dem Mörder als mit seinem Opfer und dessen Familie habe, um die sich niemand kümmere.[6] Fraglich ist indes, ob das Strafrecht je, auch als es die blut-

---

become controlling, for the task of interpreting the Eighth Amendment remains our responsibility. (...), see also Atkins, supra, at 317, n. 21 (recognizing that "within the world community, the imposition of the death penalty for crimes committed by mentally retarded offenders is overwhelmingly disapproved") Thompson, supra, at 830-831, and n.31 (plurality opinion) noting the abolition of the juvenile death penalty "by other nations that share our Anglo-American heritage, and by the leading members of the Western European community," and observing that "we have previously recognized the relevance of the views of the international community in determining whether a punishment is cruel and unusual") Enmund, supra, at 796-797, n. 22 (observing that "the doctrine of felony murder has been abolished in England and India, severely restricted in Canada and a number of other Commonwealth countries, and is unknown in continental Europe"); Coker, supra, at 596, n.10 (plurality opinion) ("It is ... not irrelevant here that out of 60 major nations in the world surveyed in 1965, only 3 retained the death penalty for rape where death did not ensue"). (...) It is proper that we acknowledge the overwhelming weight of international opinion against juvenile death penalty, resting in large part on the understanding that the instability and emotional imbalance of young people may often be a factor in the crime. (...) The opinion of the world community, while not controlling our outcome, does provide respected and significant confirmation for our own conclusions."

5 *Adler*, Gedanken zur Todesstrafe, S. 169; *Arndt*, Wieder Todesstrafe? S. 33.

6 *Adler*, Gedanken zur Todesstrafe, S. 170.

rünstigsten Strafen zuließ, die Lage der Opfer oder ihrer Angehörigen genügend berücksichtigte.

Gegen diese gängigen Legitimationsansätze lässt sich zunächst jedoch anführen, dass die beschriebenen Taten in einem geordneten Rechtsraum stets selten sind und ihre relative Häufigkeit in keinem beweisbaren Verhältnis dazu steht, ob im Staat die Todesstrafe gilt oder nicht.

Daran schließt sich der provozierende Gedanke an, ob sich die Gesellschaft durch den Vollzug der Todesstrafe mit dem Mörder gemein macht. Diesem Gedankengang liegt die These zugrunde, dass der Staat, seine Gesetzgeber und Rechtspfleger sowie die Gesellschaft, die dieses Verfahren billigt, mit jeder Hinrichtung einen vorbedachten Mord begehen, der keineswegs dadurch unschuldiger wird, dass es sich um einen behördlich konzessionierten Mord handelt, dem die Legalität zuerkannt wird und dessen Ausführung nach festgesetzten, darum nur um so monströseren Regeln erfolgt.[7] Allgemein gelangt durch diese These das Verhältnis des „Staates" zum „Tod" in den Blickwinkel. Gerade unter dem Gesichtspunkt der vom Staat bei der Ausübung der Strafgewalt zu wahrenden Gerechtigkeit wird gegen die Berechtigung der Todesstrafe vor allem vorgebracht, dass der Staat grundsätzlich nicht das Recht habe, über das Leben eines Menschen, auch nicht über das Leben eines Mörders, zu verfügen, weil der Staat dem Menschen nicht das Leben gegeben habe und daher auch unter keinen Umständen nehmen dürfe.[8]

Unabhängig von diesen Begründungsansätzen pro und contra einer Wiedereinführung der Todesstrafe ist es jedoch ganz allgemein gefährlich und daher abzulehnen, die Diskussion über die Todesstrafe auf einer rein sentimentalen oder emotionalen Ebene zu führen. Vielmehr ist immer auch die Gesellschaft als Ganzes dazu aufgefordert, die kollektive Verantwortung für die von ihren Mitgliedern verübten Verbrechen zu übernehmen und diese Verbrechen im Rahmen der Rechtssetzung zu ahnden.[9]

Für die Bundesrepublik lässt sich insoweit feststellen, dass wegen Art. 102 GG die Todesstrafe als strafrechtliche Sanktion ausscheidet. Dennoch untersteht im Gegensatz zur Menschenwürde, die vom Grundgesetz ausdrücklich für „unantastbar" erklärt wird, das Recht auf Leben nach Art. 2 Abs. 2 Satz 3 GG einem einfachen Gesetzesvorbehalt. Als Einschränkungen des Rechts auf Leben sind u.a. der sog. „finale Rettungsschuss", Tötungshandlungen durch Soldaten und

[7] Vgl. *Adler*, Gedanken zur Todesstrafe, S. 173.

[8] *Süsterhenn*, in: Die Frage der Todesstrafe, S. 121.

[9] *Adler*, Gedanken zur Todesstrafe, S. 170.

Maßnahmen nach dem Luftsicherheitsgesetz in der Diskussion.[10] Sie sind alle im engen Zusammenhang mit der grundsätzlichen Fragestellung zu sehen, ob in einem Rechtsstaat der Staat einen Menschen töten darf.

Im Rahmen der juristischen Annäherung an diese Frage wird augenfällig, dass die Todesstrafe materiell in einem unauflöslichen Widerspruch zum verfassungsstaatlichen Grundgedanken steht und dass die Herrschaft von Menschen über andere Menschen von vornherein begrenzt ist. Gleichwohl wird die Todesstrafe auch in Verfassungsstaaten, insbesondere in den Vereinigten Staaten von Amerika, vollstreckt.[11] Bei Betrachtung der Todesstrafenpraxis aus der europäischen Perspektive fällt auf, dass trotz der oft beschworenen europäisch-atlantischen Wertegemeinschaft eine Kluft zwischen den Wertvorstellungen der maßgeblichen politischen Kreise in Europa und den Vereinigten Staaten von Amerika in diesem Bereich besteht. Darüber hinaus verwundert diese Kluft umso mehr, als die Vereinigten Staaten von Amerika eine politische Vorreiterrolle im Menschenrechtsschutz für sich in Anspruch nehmen.

Der Tod als Sanktion lässt sich daher weder als anachronistisches archaisches Phänomen der Rechtshistorie noch als Merkmal rechts- und verfassungsstaatlich unterentwickelter Kulturen einfach bei Seite schieben, sondern er bedarf ob der augenscheinlichen Diskrepanzen seiner Bewertung innerhalb des sog. abendländischen Kulturkreises stets neuer kritischer Hinterfragung. Für die Bundesrepublik hält Art. 102 GG zum jetzigen Zeitpunkt die Abschaffung der Todesstrafe fest. Die Frage im Sinne des Eingangszitats, ob sich dieser Zustand halten lässt, wird mit der vorliegenden Arbeit beantwortet. Aktualität gewinnt sie mit jedem erneut auftretenden schrecklichen Ereignis, welches den Wunsch hervorzurufen geeignet ist, die Todesstrafe *„gelegentlich zurückzurufen"*.

B. Gang der Untersuchung

Im zweiten Teil der Arbeit soll zunächst die Geschichte der Todesstrafe in Deutschland einem kurzen Überblick unterzogen werden. Untersucht werden in diesem Zusammenhang die Tendenzen zu ihrer Abolition insbesondere während der Zeit der Aufklärung sowie ihre extensive Anwendung im Nationalsozialis-

---

10 Das *BVerfG* hat mit Urteil vom 15.02.2006 (abrufbar unter http://www.bverfg.de/entscheidungen/rs20060215_1bvr035705.html) die Ermächtigung der Streitkräfte, gemäß § 14 Abs. 3 des Luftsicherheitsgesetzes (LuftSiG) durch unmittelbare Einwirkung mit Waffengewalt ein Luftfahrzeug abzuschießen, dass gegen das Leben von Menschen eingesetzt werden soll, für mit Art. 2 Abs.2 Satz 1 GG i.V.m. Art. 1 Abs. 1 GG nicht vereinbar erklärt, soweit davon Tatunbeteiligte betroffen sind, vgl. 3. Teil A. II. 2. c) bb) (2) (b).

11 Vgl. *Giegerich*, EuGRZ 1995, 1 ff. und 15.

mus. Sodann folgt eine ausführliche Darstellung der Entstehungsgeschichte des Art. 102 des nach dem Krieg neu geschaffenen Grundgesetzes der Bundesrepublik Deutschland. Im Anschluss daran werden zwischenzeitliche Bemühungen zur Wiedereinführung der Todesstrafe erörtert.

Der dritte Teil der Arbeit widmet sich der Frage nach der Zulässigkeit einer Wiedereinführung der Todesstrafe in Deutschland nach nationalem Verfassungsrecht. Dabei wird zunächst geprüft, ob Art. 102 GG aufgehoben oder wenigstens modifiziert werden kann. Die Untersuchung dieser Frage konzentriert sich auf die Prüfung des Art. 79 GG, der eine Verfassungsänderung sowohl formellen als auch materiellen Anforderungen unterstellt. Kernpunkt der Betrachtung ist hierbei die Frage, ob bei der Änderung des Art. 102 GG die Grundsätze des Art. 1 Abs. 1GG berührt werden. Anschließend wird die Zulässigkeit einer Wiedereinführung der Todesstrafe durch einfaches Gesetz erörtert. Einen Schwerpunkt bildet die Untersuchung der Frage, ob ein Eingriff in Art. 2 Abs. 2 Satz 1 GG verfassungsrechtlich gerechtfertigt wäre. Maßgebliches Kriterium ist besonders die Frage, ob ein solches, die Todesstrafe einführendes Gesetz dem Grundsatz der Verhältnismäßigkeit genügen würde. Darüber hinaus wird eine eventuelle Wiedereinführung der Todesstrafe an Art. 1 Abs. 1 GG gemessen.

Der Betrachtung der verfassungsrechtlichen Bestimmungen auf nationaler Ebene folgt im vierten Teil der Arbeit eine Untersuchung der einschlägigen völker- und europarechtlichen Bestimmungen zum Verbot der Todesstrafe in der Bundesrepublik. In diesem Rahmen steht das universelle Völkerrecht mit seinem Internationalen Pakt über bürgerliche und politische Rechte im Vordergrund. Anschließend wird auch darauf eingegangen, ob sich bereits im Völkergewohnheitsrecht ein Verbot der Todesstrafe manifestiert hat. Hieran schließt sich die Frage nach einem Verbot der Todesstrafe im europäischen Recht an. Neben der Europäischen Konvention zum Schutze der Menschenrechte und Grundfreiheiten bildet vor allem das Europäische Gemeinschaftsrecht, insbesondere der Entwurf des Vertrages über eine Europäische Verfassung, namentlich die darin enthaltene Grundrechte-Charta, einen Anknüpfungspunkt für die Untersuchung.

2. Teil: Geschichtlicher Überblick

A. Die Todesstrafe bis zum Inkrafttreten des Grundgesetzes

I. Die Entstehung der Todesstrafe

Die Todesstrafe gehört zum Urbestand der Strafvorstellung.[12] Die Urform der Reaktion auf Unrecht sind die private Rache und die Fehde zwischen den Sippen, innerhalb der Sippen das Recht zur Ausstoßung, das den Betroffenen schutzlos stellt, und in schweren Fällen auch das Recht zur Tötung des Sippenmitglieds.[13] Die ältesten Formen der im Namen der Gemeinschaft verhängten Todesstrafe wurden vorwiegend bei Religions- und Kultverbrechen verhängt, eng verbunden mit der Vorstellung einer Opferung des Frevlers zur Versöhnung der erzürnten Gottheit. In der Sklavenhaltergesellschaft entwickelte sich das Recht zur Tötung eigener Sklaven, in der Despotie das Recht zur Tötung durch den Despoten. Allgemeiner Ausgangspunkt für die Entstehung der Todesstrafe ist dabei der Gedanke der Talion, d.h. der Vergeltung von Gleichem mit Gleichem, wie er in dem Mosaischen Ausspruch „Auge um Auge, Zahn um Zahn", aber auch schon in dem Gesetzbuch *Hamurabis* von Babylon enthalten war.[14] Vergeltende Strafen werden auch als „spiegelnde Strafen" bezeichnet, z.B. der Feuertod des Brandstifters, haben sich aber vor allem bei den Körperstrafen etabliert, z.B. das Abhacken der Hand des Diebes, der Schwurhand des Meineidigen, das Abschneiden der Zunge bei Gotteslästerung.[15]

Im Mittelalter erfuhr die Todesstrafe weitergehende Anwendung, wobei ein *peinliches* Strafrecht mit Verstümmelungsstrafen und der Todesstrafe andere, mildere Strafformen wie z.B. Vermögensstrafen, verdrängte. Das *peinliche* Strafrecht entsprang den Landfriedensgesetzen, besonders dem *Mainzer Landfrieden* von 1235 und den großen Rechtsaufzeichnungen des 13. Jahrhunderts wie dem *Sachsen-* und dem *Schwabenspiegel.*[16] Zu Beginn der Neuzeit sah die *„Peinliche Halsgerichtsordnung" Kaiser Karls V. (Constitutio Criminalis Carolina – CCC)* vom 27. Juli 1532 ausschließlich Todes- und Leibesstrafen[17] vor,

---

12 *Leder*, Todesstrafe, S. 13 ff.; *Quanter*, Leibes- und Lebensstrafen, S. 26 ff. Vgl. auch *Rehfeldt*, Todesstrafen und Bekehrungsgeschichte, S. 11.

13 *Gysin*, Todesstrafe und todeswürdige Verbrechen, S. 15; von *Hippel*, Deutsches Strafrecht, S. 38 f.; *Schmidt*, in: Die Frage der Todesstrafe, S. 24 f.

14 *Von Hippel*, Deutsches Strafrecht, S. 44. Vgl. hierzu auch *Ermecke*, Todesstrafe, S. 37 Fn. 49.

15 *Schröder*, Nachwort in: Dachs, Tod durch das Fallbeil, S. 145.

16 *Schmidt*, in: Die Frage der Todesstrafe, S. 27.

17 Zum Begriff der Leibesstrafen, *Rossa,* Todesstrafen, S. 86 f.

Vermögensstrafen waren vollständig zurückgedrängt. Der Unrechtsgehalt verschiedener Handlungen manifestierte sich nur noch in der Differenzierung der empfundenen Körperqualen, die der Verurteilte beim Vollzug der Strafen erlitt: Verbrennen, Rädern, Vierteilung galten als die schwersten, Enthaupten und Ertränken galten als mildere Strafformen.[18] Für weniger schwer empfundene Taten waren die Leibesstrafen der mannigfachen Verstümmelungen durch Handverlust, Abschneiden der Ohren, der Nase, der Zunge, Ausstechen der Augen vorgesehen. Auch solche „leichteren" Strafen führten jedoch häufig zum Tod.[19]

Die *peinlichen* Strafen sollten vor allem der Abschreckung der Bevölkerung dienen.[20] Dies wurde u.a. mit einer hohen Dunkelziffer begründet. Für das Mittelalter wird sie auf ca. 90 % geschätzt.[21] Bei den wenigen einer strafrechtlichen Verfolgung überhaupt zugänglichen Delikten wollte man ein Exempel strengster Bestrafung zur Abschreckung der Mitmenschen statuieren. Abschreckend sollte die Todesstrafe in doppelter Hinsicht sein: zum einen in der Androhung der Todesstrafe an sich, zum anderen aber auch in der Ausgestaltung ihres Vollzuges. Man war sich damals nicht bewusst, dass das Gegenteil der Abschreckung bei den Menschen erreicht wurde, nämlich die Förderung ruchloser Bluttaten.[22]

Zur Entartung der mittelalterlichen Strafrechtspflege trug bei, dass es dem gewohnheitsrechtlich entstandenen Strafrecht an einer klaren Abgrenzung der strafbaren Tatbestände und an einer juristisch deutlichen Unterscheidung zwischen schuldhafter und schuldloser Tatbegehung fehlte. Es gab niemanden, der die Voraussetzungen für die Schuldigsprechung und die Verhängung jener Strafen hätte erarbeiten, die Notwendigkeit *„tatbestandlich-deutlicher"* Abgrenzung

---

18 Vgl. die todeswürdigen Delikte in der CCC: Vierteilung für Verrat (Art. 124); Feuertod für Zauberei (Art. 109), Münzfälschung (Art. 111), widernatürliche Unzucht (Art. 116), Brandstiftung (Art. 125), Diebstahl der Monstranz (Art. 172); Rädern für Mord (Art. 137), Vergiftung (Art. 130); Galgen für schweren und bei „drittem" Diebstahl (Art. 159, 162); Schwert für Notzucht (Art. 119), Raub (Art. 126), Aufruhrerregung (Art. 127), Landzwang (Art. 128), böse Fehde (Art. 129), Totschlag (Art. 137 und 148), Abtreibung (Art. 133); Ertränken für Frauen bei den Delikten Verrat (Art. 124), Vergiftung (Art. 130), Kindsmord (Art. 131), Abtreibung (Art. 133), Diebstahl (Art. 159 und 162); Lebendigbegraben und Pfählen bei Kindsmord (Art 131); Verschärfungen durch Schleifen zur Richtstatt bei Verrat (Art. 124), Vergiftung (Art. 130) und Mord (Art. 137); Verschärfungen durch Zangenreißen bei Verrat (Art. 124), Vergiftung (Art. 130), Kindsmord (Art. 131), Mord (Art. 137 für Frauen). Nach dieser Gerichtsordnung war die Todesstrafe in 70 % aller Tatbestände angedroht. Vgl. zu den verschiedenen schrecklichen Vollstreckungsmöglichkeiten *Amnesty International*, Wenn der Staat tötet, S. 77 ff.

19 *Schmidt,* in: Die Frage der Todesstrafe, S. 27.

20 *Maurach,* in: Die Frage der Todesstrafe, S. 14; *Schmidt*, in: Die Frage der Todesstrafe, S. 28.

21 *Gysin*, Todesstrafe und todeswürdige Verbrechen, S. 18 und Fn. 22.

22 *Gysin*, Todesstrafe und todeswürdige Verbrechen, S. 19.

hätte erkennen und die willkürfreie Handhabung hätte gewährleisten können.[23] So konnten Kinder und Geisteskranke dem *peinlichen* Strafrecht gleichermaßen unterliegen, da man die Probleme strafrechtlicher Verantwortung weder sah noch kannte.
Erst im 15. Jahrhundert entwickelte sich ein Juristenstand, der auf italienischen Universitäten ausgebildet wurde und sich zur gründlichen Reform des Straf- und Prozessrechts sogenannter *„Rezeptionsgesetze"* bediente. Unter diesen gewann schließlich erst die CCC als ein für das ganze Reich erlassenes Gesetz für die weitere Entwicklung der deutschen Strafrechtspflege grundlegende Bedeutung.[24] Die CCC vereinte ein Strafgesetzbuch mit einer Strafverfahrensordnung und gründete das Strafrecht auf das Prinzip der Schuldhaftung. *Peinliche* Strafen durften grundsätzlich nur den treffen, der vorsätzlich schuldhaft die Tat begangen hatte und dabei zurechnungsfähig gewesen war. Man versuchte, Rechtssicherheit zu gewährleisten und richterliche Willkür auszuschalten, indem die Tatbestände strafbaren Verhaltens schärfer gefasst wurden und die Anwendung *peinlicher* Strafen auf Handlungen, für deren Strafbarkeit das Gesetz keinen Anhalt bot, kategorisch untersagt wurde.[25] Die Präzisierung der tatbestandlichen Seite der Normen zog allerdings dennoch keine milderen Strafen nach sich, wie die ausnahmslose Rechtsfolge der Leibesstrafen oder der Todesstrafe bewies.

Die allgemeine Anerkennung der Todesstrafe äußerte sich auch in der breiten Zustimmung, die diese in der vom christlichen Glauben geprägten Literatur erfuhr.[26] In der religiös bewegten Zeit der Reformation und Gegenreformation verstand man das blutige Strafrecht im Sinne einer theokratischen Straftheorie als Werkzeug einer überirdischen Mission:

> *„Das Amt des Strafrichters hat den Sinn, Gottes Zorn, der durch das verbrecherische Treiben der ‚Bösen' und ‚Gottlosen' gereizt wird, vom Lande abzuwenden, dem ‚Bösen' und ‚Gottlosen' aber gerade durch die furchtbare Qual der Todesstrafe einen Teil der Höllenstrafen abzuneh-*

---

23 *Schmidt*, in: Die Frage der Todesstrafe, S. 28.

24 *Schmidt*, in: Die Frage der Todesstrafe, S. 30.

25 *Schmidt*, in: Die Frage der Todesstrafe, S. 30 f.

26 Vgl. *Berner*, Todesstrafe, S. 4 ff.; *Dreier*, in: Dreier, GG, Art. 102 Rdnr. 3 ff. m.w.N.; *Flieger*, Todesstrafe, S. 116 ff.; vgl. auch *Greinwald*, Todesstrafe, S. 27 ff.; *Hetzel*, Die Todesstrafe, S. 74 ff.; *Hilty*, Todesstrafe, S. 10 ff.; *Kühle*, Staat und Todesstrafe, S. 40 ff.; *Sierck*, Die Todesstrafe, S. 25 ff.; *Süsterhenn*, Wieder Todesstrafe? S. 21 f. Für die Notwendigkeit der Todesstrafe sprachen sich etwa Aurelius Augustinus, Thomas von Aquin, Duns Scotus, Luther, Zwingli, Calvin, Grotius, Pufendorf und Thomasius aus, vgl. dazu *Sewing*, Studien zur Todesstrafe, S. 30 ff. Vereinzelte Gegenstimmen fanden sich vor allem innerhalb der reformatorischen Bewegung kleinerer spiritualistischer Gruppen wie den Quäkern, vgl. *Troeltsch*, Die Soziallehren, S. 912 ff.

men. Übt die Strafjustiz dieses Amt nicht mit aller Strenge, wird Gottes Zorn das ganze Land zu züchtigen wissen.“[27]

Der Widerspruch zum Tötungsverbot des Dekalogs im 5. Gebot ließ sich durch alttestamentarische Fundstellen ausräumen. Diese Fundstellen belegten, dass von diesem Verbot nur die unrechtmäßige Tötung erfasst war, nicht jedoch die durch ein ordentliches gerichtliches Urteil gerechtfertigte.[28]
Die im 16. und 17. Jahrhundert religiös überhitzte Höllenangst der staatlichen Obrigkeiten fand schließlich ihren Höhepunkt in den Hexenprozessen. Man vergaß alle durch die Rezeptionsgesetze erarbeiteten rechtlichen Kautelen und bekämpfte das gotteslästerliche Wirken des Teufels unmittelbar durch eine unmenschliche, *„jeden Boden einer vernünftig-bescheidenen Erkenntnis der Grenzen“* verlassende Strafjustiz.[29]

II. Der Beginn des Kampfes um die Abschaffung der Todesstrafe

Erstmals in Frage gestellt wurde die Todesstrafe im Zeitalter des Humanismus. Maßgebend für diese Wende war der englische Jurist und Theologe *Thomas Morus*, welcher sich in seinem erstmals 1516 gedruckten Hauptwerk *„Utopia“* öffentlich – aber nicht ausnahmslos[30] – gegen die Todesstrafe aussprach.

Eine erste ernsthafte Auseinandersetzung mit der Todesstrafe entwickelte sich alsdann im Zuge der Aufklärung.[31] Die Ursache hierfür liegt darin begründet, dass in jener Epoche rechtliche und soziale Institutionen nicht mehr als gottgegeben hingenommen, sondern nach Zweck und Zielsetzung kritisch betrachtet wurden. Der französische Staatsdenker, -philosoph und Aufklärer *Charles Louis de Secondat Montesquieu* wandte sich in seinem berühmten Werk *„L'esprit des lois“* (*„Vom Geist der Gesetze“*) aus dem Jahre 1748 vor allem gegen die in seiner Zeit häufige und willkürliche Anwendung der Todesstrafe und die Grausamkeiten bei ihrer Vollstreckung.[32] In der von ihm entwickelten Gewaltenteilungslehre unterzog er das Verhältnis von Recht und Macht grundsätzlich einer Revision.[33] Die Lehren *Charles Louis de Secondat Montesquieus* fanden in Deutschland ihre große Zustimmung im „Philosophen von Sanssouci“, Preußens König *Friedrich dem Großen.* Er theoretisierte nicht nur über Strafen und Strafzwecke,

---

27 *Schmidt*, in: Die Frage der Todesstrafe, S. 30.

28 *Dreier*, in: Dreier, Art. 102, GG, Rdnr. 6.

29 *Schmidt*, in: Die Frage der Todesstrafe, S. 32.

30 Vgl. *Dreier*, in Dreier, Art. 102, GG, Rdnr. 8 und Fn. 14 m.w.N.

31 Vgl. *Lewandowski*, Die Todesstrafe in der Aufklärung, S. 39 ff.

32 *Montesquieu*, Vom Geist der Gesetze, insb. Band I, S. 118 ff.

33 *Schmidt*, Geschichte der Strafrechtspflege, S. 215.

sondern setzte zugleich auch als preußischer Gesetzgeber und als oberster Strafrichter seine aufklärerischen Ideen in die Praxis um. Mit der Abschaffung der Folter wenige Tage nach seinem Regierungsantritt 1740 gab er das Signal zu einer tiefgreifenden Reform.[34]

Herausragende Bedeutung erlangte das von dem italienischen Juristen *Cesare Beccaria* um das Jahr 1764 verfasste Werk *„Dei delitti e delle pene"* (*„Über Verbrechen und Strafen"*), das gegenüber anderen Veröffentlichungen seiner Zeit eine signifikante Verbreitung erreichte. Die Ablehnung der Todesstrafe begründete *Cesare Beccaria* mit der Theorie vom Gesellschaftsvertrag. Die Gesetze als allgemeiner Wille sind nach *Cesare Beccaria* lediglich die Zusammenfassung der Einzelwillen aller Menschen. Indem jedoch kein Mensch seinen Mitmenschen das Recht einräumen wolle, über sein Leben zu verfügen, sei die Todesstrafe daher nicht als Recht, sondern als Krieg des gesamten Volkes gegen den einzelnen Bürger aufzufassen.[35] Die Todesstrafe sei daher lediglich in den Fällen zu rechtfertigen, in welchen sie das einzige rechte und wirksame Mittel zur Prävention vor Umwälzung der bestehenden Regierungsform, Anarchie und sonstigen Beeinträchtigungen der Sicherheit des Volkes sei:[36]

> *„Der Tod eines Bürgers kann nur aus zwei Beweggründen für notwendig gehalten werden. Der erste ist dann gegeben, wenn er auch unter dem Entzug der Freiheit noch derartige Beziehungen und eine so große Macht hat, dass die Sicherheit der Nation davon betroffen ist und die Tatsache daß er lebt, eine gefährliche Umwälzung der bestehenden Regierungsform hervorrufen könnte. Der Tod eines Bürgers wird somit dann notwendig, wenn die Nation ihre Freiheit wiedererlangt oder verliert, oder in einer Zeit der Anarchie, in welcher Unordnung für das Gesetz steht. Doch während der ungestörten Herrschaft des Gesetzes, unter einer Regierungsform, welche die einmütige Zustimmung der Nation hat und nach außen wie nach innen durch die Macht und durch die Meinung, welch letztere vielleicht wirksamer als die Macht selber ist, geschützt wird, wo die Befehlsgewalt nur beim wirklichen Souverän ruht, wo die Reichtümer Genuß und nicht Autorität gewähren, sehe ich keine Notwendigkeit, einen Bürger zu vernichten, es sei denn, sein Tod wäre der rechte und einzige Zügel, um die anderen von der Begehung des Verbrechens abzuhalten und dies ist der zweite Beweggrund, aus dem die Todesstrafe für gerecht und notwendig gehalten werden kann."*

---

34 *Schmidt*, Geschichte der Strafrechtspflege, S. 219, 269 ff.

35 *Beccaria*, Über Verbrechen und Strafen, S. 110 ff.

36 *Beccaria*, Über Verbrechen und Strafen, S 124.

Die Ideen *Cesare Beccarias* fanden bald auch in anderen Staaten Anhänger. So schafften zwei Söhne *Maria Theresias* im Jahre 1786 in ihren Staaten die Todesstrafe ab, *Großherzog Leopold I.* in der Toskana[37] und *Kaiser Josef II.*[38] in Österreich, mit Ausnahme für das standgerichtliche Verfahren.[39] Dieser Triumph der Gegner der Todesstrafe währte nicht lange, denn in der Toskana wurde die Todesstrafe schon 1790 und in Österreich 1791 wieder eingeführt.[40]

Im deutschen Schrifttum stieß *Cesare Beccaria* hingegen auf Widerspruch. Das galt besonders für *Immanuel Kant*, der in seinen philosophischen Schriften das Aufklärungszeitalter überwand. In seinem Werk *„Die Metaphysik der Sitten"* erörterte er das Straf- und Begnadigungsrecht und setzte sich kritisch mit *Cesare Beccaria* auseinander.[41] Unter Zugrundelegung eines idealistisch-rationalistischen Verständnisses des Gesellschaftsvertrages befürwortete er die Todesstrafe durch Vernunfturteil. Nach *Immanuel Kant* enthalte der „Sozialkontrakt" überhaupt kein Versprechen, sich strafen zu lassen. Vielmehr erklärte er die von *Cesare Beccaria* vorgenommene Gleichsetzung des Bürgers als Mitgesetzgeber mit dem Bürger als Delinquenten zur Sophisterei und Rechtsverdrehung. Der *„affektierten Humanität" Cesare Beccarias* stellte *Immanuel Kant* sein oberstes und allgemeines Sittengesetz entgegen, das die Pflichterfüllung in den Mittelpunkt der sittlichen Wertordnung stellt: *„Das Strafgesetz ist ein kategorischer Imperativ".*[42] Es dürfe sich daher nicht nach Nützlichkeitserwägungen richten. Der Gerechtigkeit wegen sei allein das Prinzip der Vergeltung (*„Talionsprinzip"*) in der Lage, die Strafe festzulegen.[43] Danach könne für den Mord nur die Todesstrafe den Gerechtigkeitsanforderungen genügen.[44] *Georg W. F. Hegel* nutzte zur Begründung seiner am Vergeltungsgedanken orientierten absoluten Straftheorie *Cesare Beccarias* Einwilligungsgedanken. Er pflichtete ihm vordergründig darin bei, dass der Mensch zwar seine Einwilligung zur Bestrafung geben müsse, der

---

[37] Das Gesetz, das die Abschaffung anordnete, enthielt eine ausführliche Begründung im Stile *Beccarias.* Vgl. *John*, Todesstrafe, S. 19 ff.; *Preiser,* in: Die Frage der Todesstrafe, S. 40.

[38] Als Ersatz führte *Joseph II.* allerdings verschärfte Freiheitsstrafen ein, z.B. Anschmiedung in dunkler Zelle oder das Schiffsziehen, bei dem die meisten Sträflinge auch starben. Siehe auch *Jescheck*, in: Die Frage der Todesstrafe, S. 51 f.

[39] Vgl. *Dreier*, in Dreier, GG, Art. 102, Rdnr.18 m.w.N.

[40] *Düsing*, Die Geschichte der Abschaffung der Todesstrafe, S. 20.

[41] *Kant*, Die Metaphysik der Sitten, S. 196.

[42] *Kant*, Die Metaphysik der Sitten, S. 192.

[43] *Kant*, Die Metaphysik der Sitten, S. 192 ff. Vgl. hierzu auch *Catteneo*, in: Seelmann, Menschenwürde, S. 28 ff.

[44] *„Hat er aber gemordet, so muss er sterben", Kant*, Metaphysik der Sitten, S. 194.

Verbrecher erteile diese aber bereits durch seine Tat.[45] *Georg F. W. Hegels* Ansicht durfte zwar in der ersten Hälfte des 19. Jahrhunderts als vorherrschende Meinung gelten, jedoch gab es auch Gegenstimmen wie die des Theologen und Philosophen *Friedrich Schleiermacher* und des Strafrechtlers *Paul Johann Anselm von Feuerbach,* eines Schülers *Georg F. W. Hegels.*

Im Jahre 1840 gelang es *Carl Josef Anton Mittermaier* mit einer auf rechtstatsächlichen Untersuchungen gestützten Abhandlung[46] die Diskussion um die Todesstrafe neu zu beleben. Er zog ihre Berechtigung in Zweifel, indem er sich von der rein philosophischen Betrachtungsweise löste und sich auf die Rechtsgeschichte und die Rechtsvergleichung konzentrierte. Zum ersten Mal wurden in größerem Umfang statistische Einzelheiten über Todesurteile und Hinrichtungen sowie rechtsvergleichendes Material aus den bedeutendsten europäischen und amerikanischen Staaten ausgewertet.[47] Nicht die Rechtmäßigkeit der Todesstrafe stellte *Carl Josef Anton Mittermaier* in Frage, vielmehr bestritt er ihre Notwendigkeit. So wies er darauf hin, dass die lebenslängliche Freiheitsstrafe dieselbe Sicherheit zu Erreichung ihrer Ziele gewähre, dass die Todesstrafe nicht abschrecke und dass dort, wo die Todesstrafe aufgehoben worden sei, die Zahl der Verbrechen nicht zugenommen habe. Zu berücksichtigen sei ferner die Irreparabilität bzw. Irreversibilität der vollzogenen Todesurteile. Dort wo Todesstrafen angedroht seien, mehrten sich auch die Freisprechungen und dabei die Aussicht auf Straflosigkeit, womit ein Verbrechen zu begehen gerade reizvoll wäre.[48] In einem späteren Werk sprach sich *Carl Josef Anton Mittermaier* ausdrücklich gegen die Todesstrafe aus, weil *„sie Rechte raubt, die nicht dem Bürger als solchem, sondern dem Menschen angehören."*[49]

---

45 *Hegel*, Grundlinien der Philosophie des Rechts, § 100, S. 96 ff. Vgl. hier den Zusatz in Fn. 3 auf S. 97: *„Was Beccaria verlangt, daß der Mensch nämlich seine Einwilligung zur Bestrafung geben müsse, ist ganz richtig, aber der Verbrecher erteilt sie schon durch seine Tat. Es ist ebenso wohl die Natur des Verbrechens wie der eigene Wille des Verbrechers, daß die von ihm ausgehende Verletzung aufgehoben werde. Trotzdem hat diese Bemühung Beccarias, die Todesstrafe aufheben zu lassen, vorteilhafte Wirkungen hervorgebracht. Wenn auch weder Joseph II. noch die Franzosen die gänzliche Abschaffung derselben jemals haben durchsetzen können, so hat man doch einzusehen angefangen, was todeswürdige Verbrechen seien und was nicht. Die Todesstrafe ist dadurch seltener geworden, wie diese höchste Spitze der Strafe es auch verdient."*

46 *Mittermaier*, in: Archiv des Criminalrechts (Neue Folge), 1840, 442 ff., 583 ff.; 1841, 1 ff., 311 ff. Vgl. auch *Fleckenstein*, Die Todesstrafe, S. 50 ff.

47 *Düsing*, Die Geschichte der Abschaffung der Todesstrafe, S. 27 f.

48 *Mittermaier*, in: Archiv des Criminalrechts (Neue Folge), 1841, 340.

49 *Mittermaier*, Die Todesstrafe, S. 143.

Carl Josef Anton Mittermaier führte seine Gedanken als Gegner der Todesstrafe in die Debatten der Frankfurter Nationalversammlung von 1848 ein,[50] die auch mit der Frage der Beibehaltung oder der Abschaffung der Todesstrafe befasst war. Zwar wurde hier zunächst ein Antrag auf Abschaffung der Todesstrafe von dem dreißigköpfigen Verfassungsausschuss mit der Begründung abgelehnt, die Strafe werde von der Volksmeinung gebilligt. Im Plenum setzte sich aber die Gegenmeinung durch.[51] In der von der Frankfurter Nationalversammlung am 28. März 1849 beschlossenen *„Verfassung des Deutschen Reiches"* bestimmte im Abschnitt über die Grundrechte die Vorschrift des § 139:

> *„Die Todesstrafe, ausgenommen wo das Kriegsrecht sie vorschreibt, oder das Seerecht im Fall von Meuterei sie zuläßt, sowie die Strafen des Prangers, der Brandmarkung und der körperlichen Züchtigung sind abgeschafft."*[52]

§ 130 der Verfassung bestimmte, dass die Grundrechte den deutschen Einzelstaaten zur Norm dienen und keine Verfassung oder Gesetzgebung eines deutschen Einzelstaates sie aufheben oder beschränken sollte. Jedoch wurden die Grundrechte in Österreich, Preußen, Bayern und Hannover nicht anerkannt.[53] Ebenso wie die Frankfurter Nationalversammlung sprach sich allerdings 1848 auch die Verfassunggebende Nationalversammlung in Preußen mit großer Mehrheit für die grundsätzliche Abschaffung der Todesstrafe aus.[54] Weil die Reichsverfassung insgesamt nicht in Kraft treten konnte und damit § 139 nicht zu geltendem Verfassungsrecht wurde, blieb die Todesstrafe in der Mehrheit der Länder erhalten.[55] Dennoch waren die Beschlüsse der beiden verfassungsgebenden Versammlungen für die weitere Strafrechts- und Verfassungsentwicklung in Deutschland von Einfluss.

Die Auseinandersetzung um die Abschaffung der Todesstrafe erreichte ihren vorläufigen Höhepunkt in den Debatten des Reichstages des Norddeutschen Bundes um die Todesstrafe bei den Beratungen zum Entwurf eines Strafgesetzbuches.[56] Der Entwurf eines Strafgesetzbuches für den Norddeutschen Bund be-

---

[50] Sten. Ber. Paulskirche, Bd. II, S. 1379 - 1381.

[51] *Geck*, in: BK, GG, Art. 102, I.1. Zum Verlauf der Debatte und den Hauptargumenten der Gegner und Befürworter der Todesstrafe vgl. *Düsing*, Die Geschichte der Abschaffung der Todesstrafe, S. 36 ff.; *Hetzel*, Die Todesstrafe, S. 298 ff.

[52] RGBl. vom 28. April 1849, S. 126. Vgl. hierzu auch *Pauly*, HStR I, § 3 Rdnr. 31.

[53] *Düsing*, Die Geschichte der Abschaffung der Todesstrafe, S. 73.

[54] *Geck*, in: BK, GG, Art. 102, I.1.

[55] *Kühne*, Die Reichsverfassung der Paulskirche, S. 343 f.

[56] *Düsing*, Die Geschichte der Abschaffung der Todesstrafe, S. 80 ff m.w.N.

schränkte die Todesstrafe auf die vorsätzlichen Tötungsdelikte, den Hochverrat und verschiedene schwere Delikte zum Nachteil eines Landesherrn des Norddeutschen Bundes.[57] In der zweiten Lesung des StGB-Entwurfes (1870) beschloss der Reichstag des Norddeutschen Bundes mit 118 gegen 81 Stimmen die Abschaffung der Todesstrafe.[58] In der dritten Lesung erklärte jedoch der preußische Justizminister *Adolf Leonhardt*, der Bundesrat werde diesen Beschluss und verschiedene andere Beschlüsse der zweiten Lesung nicht akzeptieren. Auch den Vermittlungsantrag, die Todesstrafe jedenfalls in den Ländern, in denen sie bereits beseitigt war, nicht wieder einzuführen, lehnte der Bundesrat ab. Der preußische Ministerpräsident *Graf Otto Eduard Leopold von Bismarck* wandte sich während der Beratungen gegen die *„kränkliche Sentimentalität der Zeit“* und forderte die Juristen dazu auf, nicht vor der Verantwortung zurückzuschrecken. Das Opfer der Befürworter der Todesstrafe liege schließlich darin, dass sie zu Gunsten des einheitlichen Gesetzgebungswerkes die Zahl der todeswürdigen Verbrechen auf Mord und Hochverrat beschränkten.[59] Schließlich wurde das Strafgesetzbuch des Norddeutschen Bundes, in welchem die Todesstrafe für Hochverrat (§ 80) und Mord (§ 212) absolut angedroht war,[60] am 25. Mai 1870 mit 127 gegen 119 Stimmen beschlossen.[61]

Fünfzig Jahre später wurde die Frage der Perpetuierung der Todesstrafe in der Debatte um die Weimarer Verfassung heftig diskutiert. Zwar lagen dem Verfassungsausschuss wie dem Plenum der Weimarer Nationalversammlung sozialdemokratische Anträge auf Abschaffung vor. Das Plenum beschloss jedoch in der entscheidenden zweiten Lesung mit 153 gegen 128 Stimmen die Beibehaltung der Todesstrafe.[62] Es kam daher zu keiner Aussage über die Todesstrafe in der Verfassung. In der dritten Lesung lagen alsdann zwei um eine Abschaffung bemühte Entschließungen vor. Die erste Entschließung, unterzeichnet von den Abgeordneten *Paul Löbe* und *Hugo Sinzheimer* (beide SPD) sowie von den Abgeordneten *Conrad Haussmann*, *Bruno Ablaß* und *Hermann Luppe* (sämtlich DDP), lautete:

---

57 Sten. Ber. Nordd. Reichstag, Band III, S. 44.

58 *Geck*, in: BK, GG, Art. 102, I.1; vgl. zum Verlauf der Debatte und zum Ergebnis die ausführliche Darstellung in *Düsing*, Die Geschichte der Abschaffung der Todesstrafe, S. 82 ff.

59 *Geck*, in: BK, GG, Art. 102, I.1.

60 § 4 des Einführungsgesetzes erweitert den Anwendungsbereich für den Kriegszustand. *Düsing*; Die Geschichte der Abschaffung der Todesstrafe, S.101; *Hohmann*, in: Boulanger/Heyes/Hanfling, Zur Aktualität der Todesstrafe, S. 254.

61 RGBl.1871, S. 127; vgl. hierzu auch *Witaschek*, DRiZ 1965, 372.

62 Sten. Ber. Weim. Nat. Vers., S. 1587 f.

„Die Nationalversammlung wolle beschließen: Die Reichsregierung zu ersuchen, alsbald einen Gesetzentwurf über die Reform des Strafrechts mit dem Ziel einer Beseitigung der Todesstrafe dem Reichstag vorzulegen.“[63]

Die zweite, von *Hugo Sinzheimer* (SPD), *Bruno Ablaß* (DDP) und *Wilhelm Kahl* (DVP) unterschriebene Entschließung, lautete:

„Die Nationalversammlung wolle beschließen: Die Reichsregierung zu ersuchen, alsbald einen Gesetzentwurf vorzulegen, nach dem in allen Fällen, in denen das Gesetz ausschließlich die Todesstrafe vorsieht, mildernde Umstände zugelassen werden und wahlweise neben der Todesstrafe die Verhängung der Freiheitsstrafe zulässig ist.“[64]

Die Diskussion blieb in der gesamten Weimarer Zeit lebendig. Als Gegner der Todesstrafe traten besonders die Abgeordneten *Arthur Goldschmidt (DVP)*, *Gustav Radbruch* (SPD), *Hugo Sinzheimer (SPD)* und die Juristen *Hans von Hentig* und *Eberhard Schmidt* hervor, die einheitlich mit der fehlenden abschreckenden Wirkung der Todesstrafe sowie der Unvereinbarkeit mit den Zielen der *„Besserung und Sicherung“* argumentierten. Sie gingen davon aus, dass *„das allgemeine Rechtsgefühl“* sie mit *„zunehmender Volksaufklärung“* nicht mehr für notwendig hielt. Besonders wurde die Möglichkeit von Fehlurteilen hervorgehoben.[65]

Nach der Ermordung des Reichsfinanzministers *Matthias Erzberger* und des Reichsaußenministers *Walther Rathenau* erweiterte das Republikschutzgesetz vom 21. Juli 1922[66] die mit der Todesstrafe bedrohten Tatbestände, die gegen Ende der Weimarer Republik angesichts krisenhafter politischer Zuspitzung auf weitere Delikte wie Totschlag an einem Polizeibeamten oder Eisenbahntrans-

---

63 Sten. Ber. Weim. Nat. Vers., S. 2124.

64 Sten. Ber. Weim. Nat. Vers., S. 2125.

65 Petition deutscher Juristen an den Reichstag auf Abschaffung der Todesstrafe, in: Die Justiz, Band 2 (1926/1927), S. 624 f.

66 RGBl. I, S. 585 ff. § 1 lautet: *"Wer an einer Vereinigung oder Verabredung teilnimmt, zu deren Bestrebungen es gehört, Mitglieder einer republikanischen Regierung des Reiches oder eines Landes durch den Tod zu beseitigen, wird mit Zuchthaus nicht unter 5 Jahren oder mit lebenslangem Zuchthaus bestraft. Ist in Verfolgung dieser Bestrebungen eine Tötung begangen oder versucht worden, so wird jeder, der zur Zeit der Tat an der Vereinigung oder Verabredung beteiligt war und ihre Bestrebungen kannte, mit dem Tode oder mit lebenslangem Zuchthaus bestraft.* § 4 lautet: *„Dem Teilnehmer an einer in den §§ 1, 2 bezeichneten Vereinigung, Verabredung oder Verbindung steht gleich, wer die Vereinigung oder Verbindung oder einen an der Verabredung Beteiligten mit Rat oder Tat, insbesondere Geld unterstützt.“*

portgefährdung ausgedehnt wurden. Erst 1928 wurden die Abolitionsbemühungen unter der Regierung des Reichskanzlers *Hermann Müller* wieder aufgenommen. Sie erschöpften sich allerdings in der Empfehlung an die Länder, bis zur endgültigen Entscheidung über die Todesstrafe Begnadigungen auszusprechen.[67] In der Zeit vom 13. Januar 1928 bis zum 21. Juni 1930 wurde daraufhin im ganzen Reichsgebiet kein Todesurteil vollstreckt. Die Entwürfe zu einem „*Allgemeinen Deutschen Strafgesetzbuch*" der 1920er Jahre enthielten teils die Todesstrafe, teils verzichteten sie darauf.

III. Rückschläge im Nationalsozialismus – Ausdehnung der Straftatbestände mit Todesstrafe

Schon zu Beginn der nationalsozialistischen Willkürherrschaft im Jahre 1933 verfolgten die Nationalsozialisten rigorose Ausdehnungsbestrebungen hinsichtlich des Anwendungsbereiches der Todesstrafe.[68] Zu diesem Zeitpunkt war die Todesstrafe außer für Mord nur für verbrecherischen Sprengstoffgebrauch[69] sowie Sklavenraub mit Todesfolge[70] angedroht. Bereits vier Wochen nach der Machtergreifung *Adolf Hitlers* weitete die zunächst gegen *„kommunistische staatsgefährdende Gewaltakte"* erlassene Notverordnung *„des Reichspräsidenten zum Schutze von Volk und Staat (Reichstagsbrandverordnung)"*[71] die Anwendbarkeit bis zu einem noch nie da gewesenen Umfang aus. Für die bislang mit Zuchthausstrafe bedrohten Straftatbestände des Hochverrats, der Giftbeibringung, der Brandstiftung, der Explosion, der Überschwemmung, der Beschädigung von Eisenbahnanlagen und der gemeingefährlichen Vergiftung wurde nun die Todesstrafe angedroht (§ 5 Abs. 1). Fakultativ wurde die Todesstrafe als zulässig erlaubt für das Unternehmen der Tötung eines Regierungsmitgliedes, für schweren Aufruhr und schweren Landfriedensbruch und Freiheitsberaubung unter bestimmten Voraussetzungen (§ 5 Abs. 2). Ferner erging eine Notverordnung *„des Reichspräsidenten gegen Verrat am Deutschen Volke und hochverräterische Umtriebe"*[72], die schweren Verrat militärischer Geheimnisse, Landesverrat und Ausspähung militärischer Geheimnisse mit dem Tode bedrohte (§ 1). Darüber hinaus blieb die Todesstrafe nach der Notverordnung *„des Reichsprä-*

---

[67] *Ebel/Kunig*, JURA 1998, 617 (620).

[68] Vgl. zur Entwicklung des Rechts im Nationalsozialismus allgemein *Stolleis*, Recht im Unrecht, S. 18ff. und zum Strafrecht im Nationalsozialismus im besonderen S. 29 ff.

[69] Gesetz gegen den verbrecherischen und gemeingefährlichen Gebrauch von Sprengstoffen vom 9.6.1884 (RGBl. I, S. 61).

[70] Gesetz betreffend die Bestrafung des Sklavenraubes und des Sklavenhandels vom 28.7.1895 (RGBl. I, S. 425).

[71] Vom 28.2.1933, (RGBl. I, S. 83).

[72] Vom 28.2.1933 (RGBl. I, S. 85).

sidenten zur Abwehr heimtückischer Angriffe gegen die Regierung der nationalen Erhebung"[73] zulässig zur Ahndung der unter Missbrauch einer Uniform begangenen Straftaten (§ 2 Abs. 2). Durch § 2 des *„Reichsgesetzes über Verhängung und Vollzug der Todesstrafe*"[74] wurde für die *„gegen die öffentliche Sicherheit"* gerichteten Verbrechen als Vollstreckungsart das Erhängen eingeführt. Damit machte *Adolf Hitler* seine alte Forderung wahr, man müsse *„so einen Burschen bei seinen langen Ohren nehmen und zu einem langen Pfahl hin- und an einem Strick aufziehen*"[75]. Bereits nach wenigen Tagen erweiterte § 1 des *„Gesetzes zur Abwehr politischer Gewalttaten*"[76] den Anwendungsbereich der Todesstrafe auf bestimmte gemeingefährliche Verbrechen. § 1 des *„Gesetz zur Gewährleistung des Rechtsfriedens*"[77] sah sodann die Todesstrafe nicht nur für das Töten eines SA-Mannes vor, sondern auch für die Herstellung oder Verbreitung einer hochverräterischen Druckschrift im In- oder Ausland.

Das Jahr 1934 zeichnete sich zunächst weniger durch legislative Aktivität aus, als vielmehr durch Maßnahmen zur Sicherung des Machterhalts. Beispielsweise fielen dem in der nationalsozialistischen Propaganda sogenannten *Röhm-Putsch*, einer groß angelegten blitzartigen Massenexekution, mindestens 77 Menschen zum Opfer. *Adolf Hitler* befahl die zwischen dem 30. Juni und dem 2. Juli 1934 vollzogene Ermordung der SA-Führung einschließlich ihres Stabschefs *Ernst Röhm* und anderer vermeintlicher Konkurrenten um die Macht. Diese, ursprünglich als *Röhm-Revolte* und im Volksmund als *Nacht der langen Messer* bezeichnete Aktion wurde von den NS-Behörden als präventive Maßnahme gegen einen angeblich geplanten Putsch *Ernst Röhms* dargestellt. Das *„Staatsnotwehrgesetz"* vom 3. Juli 1934, welches die Unterschrift des Reichsjustizministers *Franz Gürtner* trug, erklärte die Morde rückwirkend für rechtmäßig.[78]

Durch das *„Gesetz zur Änderung von Vorschriften des Strafrechts und des Strafverfahrens*"[79] wurden einerseits die Verbrechen des Hoch- und Landesverrats im Sinne der §§ 80, 81, 82, 89, 90, 90g, 91, 91a, 91b StGB unter Todesstrafe gestellt. Andererseits wurde durch Art. III des Strafrechtsänderungsgesetzes der später als *„Terrorinstrument"* oder *„Vernichtungsinstrument*"[80] bezeichnete

---

[73] Vom 21.3.1933 (RGBl. I., S. 135).

[74] Vom 29.3.1933 (RGBl. I, S. 151).

[75] *Hitler*, Mein Kampf, S. 183.

[76] Vom 4.4.1933 (RGBl. I, S. 162).

[77] Vom 13.10.1933 (RGBl. I, S. 723).

[78] Vgl. hierzu auch Justiz im Nationalsozialismus, S. 8 f.

[79] Vom 24.4.1934 (RGBl. I, S. 341).

[80] *Hillermeier*, „Im Namen des Deutschen Volkes!", S. 31.

Volksgerichtshof gebildet,[81] der für erstinstanzliche politische Strafsachen, insbesondere wegen Hoch- und Landesverrats, zuständig war.[82] Diese Verfahren, in denen vorher das ausschließlich mit Berufsrichtern besetzte Reichsgericht entschieden hatte, waren diesem aus politischen Gründen[83] entzogen und dem Volksgerichtshof zugewiesen worden. Dessen Senate waren überwiegend mit ehrenamtlichen Richtern besetzt, meist mit NSDAP-Funktionären und Offizieren. Sie wurden auf Vorschlag des Reichsjustizministers für fünf Jahre berufen. Die Berufung selbst behielt sich *Adolf Hitler* vor. Dadurch wurde der politische Einfluss auf die innere Struktur und damit auf die Rechtsprechung des Volksgerichtshofs sichergestellt.[84]

Auch der neu in das Militärstrafgesetzbuch eingefügte § 57 für Kriegsverrat[85] und die Vorschrift des heimtückischen Angriffs auf Staat und Partei durch das Tragen von Parteiuniformen bei Verübung strafbarer Handlungen sahen die Todesstrafe vor.[86]

---

81 Vom 24.4.1934 (RGBl. I, S. 345).

82 Über die Bildung eines deutschen Nationalgerichtshofs führte *Hitler* 1924 aus: *„Es ist lächerlich unlogisch, einen Burschen umzubringen, der eine Kanone verraten hat, während nebenan in höchsten Würdenstellen Kanaillen sitzen, die ein ganzes Reich verkauften, das vergebliche Opfer von zwei Millionen Toten auf dem Gewissen haben, Millionen Krüppel verantworten müssen, dabei aber seelenruhig ihre republikanischen Geschäfte machen. Kleine Landesverräter zu beseitigen ist sinnlos in einem Staat, dessen Regierung selbst die Landesverräter von jeder Strafe befreit. Denn so kann es passieren, dass eines Tages der redliche Idealist, der für sein Volk einen schuftigen Waffenverräter beseitigt, von kapitalen Landesverrätern zur Verantwortung gezogen wird. Und da ist es doch eine wichtige Frage: Soll man solch eine verräterische Kreatur wieder durch eine Kreatur beseitigen lassen oder durch einen Idealisten? Im einen Fall ist der Erfolg zweifelhaft und der Verrat für später fast sicher; im anderen Fall wird ein kleiner Schuft beseitigt und dabei das Leben eines vielleicht nicht zu ersetzenden Idealisten aufs Spiel gesetzt. Im übrigen ist in dieser Frage meine Stellungnahme die, daß man nicht kleine Diebe hängen soll, um große laufen zu lassen, sondern daß einst ein deutscher Nationalgerichtshof etliche Zehntausend der organisierenden und damit verantwortlichen Verbrecher des Novemberverrats und alles dessen, was dazugehört, abzuurteilen und hinzurichten hat. Ein solches Exempel wird dann auch dem kleinsten Waffenverräter einmal für immer die notwendige Lehre sein."* *Hitler*, Mein Kampf, S. 610 f.

83 *Hillermeier,* „Im Namen des Deutschen Volkes!", S. 30.

84 *Hillermeier*, „Im Namen des Deutschen Volkes!", S. 33 m.w.N. Nach Beschluss des Bundestages vom 25.1.1985 kommt den Entscheidungen des Volksgerichtshofes keine Rechtswirkung zu, BT-Drucks. 10/2368. Zur Klarstellung wurden dessen Urteile als nationalsozialistisches Unrecht durch Gesetz vom 25.8.1998 aufgehoben, BGBl. I, S. 2501.

85 Gesetz zur Änderung des Militärstrafgesetzbuches vom 23.11.1934 (RGBl. I, S. 1165).

86 Gesetz gegen heimtückische Angriffe auf Staat und Partei und zum Schutze der Parteiuniformen vom 20.12.1934 (RGBl. I, S. 1296).

Schließlich wurde 1935 *„einer der obersten Grundgedanken des Strafrechts der Kulturvölker"* gebrochen[87], indem der alte § 2 RStGB, der den Satz *„nullum crimen, nulla poena sine lege"* enthalten hatte und in Art. 116 der Weimarer Reichsverfassung wiederholt worden war, durch einen neuen § 2 ersetzt wurde:[88]

> *„Bestraft wird, wer die Tat begeht, die das Gesetz für strafbar erklärt, oder die nach dem Grundgedanken eines Strafgesetzes und nach gesundem Volksempfinden Bestrafung verdient."*

Rechtsstaatlichkeit erfordert im Strafrecht möglichst formstrenge klare Tatbestände und die strenge Einhaltung des Verbotes der Rückwirkung der Strafgesetze auf Handlungen, die vor ihrem Inkrafttreten begangen worden sind und nicht etwa einen Bereich des Strafbaren *„nach gesundem Volksempfinden."*[89] Mit beiden, der Rechtsstaatlichkeit eigenen Grundsätzen brach der nationalsozialistische Gesetzgeber.
Durch ein weiteres Änderungsgesetz des Strafgesetzbuches[90] wurde die Todesstrafe für Wehrmittelbeschädigung und Gefährdung des Eisenbahn-, Schifffahrt- und Luftfahrtverkehrs eingeführt. Seit 1935 lag ferner das Recht zur Begnadigung eines Verurteilten allein bei *Adolf Hitler*[91].

1936 erfuhr die Todesstrafe eine weitere Ausdehnung, indem rückwirkend durch das *„Gesetz gegen erpresserischen Kindesraub"*[92] die Kindesentführung sowie durch das *„Gesetz zur Änderung des Strafgesetzbuches"*[93] die Nichtanzeige geplanter Verbrechen mit dem Tode bedroht wurden. Darüber hinaus ist an dieser Stelle das *„Gesetz über Wirtschaftssabotage"*[94] zu nennen, nach dem

> *„ein deutscher Staatsangehöriger, der wissentlich und gewissenlos aus grobem Eigennutz oder aus anderen niederen Beweggründen den gesetzlichen Bestimmungen zuwider Vermögen nach dem Auslande verschiebt oder im Auslande stehen läßt und damit der deutschen Wirtschaft schweren Schaden zufügt, ... mit dem Tode bestraft (wird)."*

---

87 *Schmidt*, Geschichte der Strafrechtspflege, S. 434 m.w.N.

88 Gesetz zur Änderung des Strafgesetzbuches vom 28.6.1935 (RGBl. I, S. 839).

89 *Schmidt*, Geschichte der Strafrechtspflege, S. 435.

90 Gesetz zur Änderung des Strafgesetzbuches vom 28.6.1935 (RGBl. I, S. 839).

91 Erlaß über die Ausübung des Gnadenrechts vom 1.2.1935 (RGBl. I; S. 74).

92 Vom 22.6.1936 (RGBl. I, S. 493).

93 Vom 2.7.1936 (RGBl. I, S. 532).

94 Vom 1.12.1936 (RGBl. I, S. 999).

Nach einem Jahr ohne weitere gesetzliche Ausdehnungen wurde 1938 der Anwendungsbereich der Todesstrafe durch das *„Gesetz gegen Straßenraub mittels Autofallen“*[95] rückwirkend erweitert auf das in räuberischer Absicht erfolgende Stellen einer Autofalle. Ferner wurde die Todesstrafe durch die *„Verordnung über das Sonderstrafrecht im Kriege und bei besonderem Einsatz (Kriegssonderstrafrechtsverordnung)“*[96] für Spionage, Freischärlerei, Zersetzung der Wehrkraft und wahlweise Fahnenflucht angedroht.

Am Tage des Kriegsausbruchs wurde die *„Verordnung über außerordentliche Rundfunkmaßnahmen“*[97] erlassen, die für besonders schwere Fälle der Verbreitung ausländischer Rundfunknachrichten die Todesstrafe vorsah. Nur wenige Tage später erfolgte durch die *„Kriegswirtschaftsverordnung“* die Androhung der Todesstrafe für besonders schwere Fälle von Kriegswirtschaftsverbrechen[98] sowie einen Tag später die *„Verordnung gegen Volksschädlinge“*[99]. Die letztgenannte Verordnung war sicherlich die folgenreichste der seit Kriegsbeginn vorgenommenen Strafschärfungen. Der Begriff *„Volksschädling“* suggerierte, dass möglichst alle nach dieser Verordnung angeklagten Straftäter als „Parasiten“ am „gesunden deutschen Volkskörper“ auszumerzen seien. Alle Straftatbestände, die in Verbindung mit einer Ausnutzung des Kriegszustandes und seiner Folgen gebracht werden konnten, wurden mit der Todesstrafe bedroht.[100]

Nach der ebenfalls 1939 erlassenen *„Verordnung zum Schutz gegen jugendliche Schwerverbrecher“*[101] konnten die Rechtsfolgen des Erwachsenenrechts gegen Jugendliche über 16 Jahren angewendet werden, *„wenn der Täter nach seiner geistigen und sittlichen Entwicklung einer über 18 Jahre alten Person gleichzuachten war“* und *„die bei der Tat gezeigte, besonders verwerfliche verbrecherische Gesinnung oder der Schutz des Volkes“* es erforderten (§ 1 Abs. 2 VO). Damit war der Weg frei, Zuchthaus- und auch die Todesstrafe gegen Jugendliche zu verhängen. Faktisch bedeutete dies, dass nun alle bei Dunkelheit - und dadurch unter Ausnutzung der Verdunkelung bei Fliegergefahr - begangenen

---

95 Vom 22.6.1938 (RGBl. I, S. 651).

96 Vom 17.8.1938 (RGBl. I, S. 1455).

97 Vom 1.9.1939 (RGBl. I, S. 1683).

98 § 1 Abs. 1 S. 2 der Kriegswirtschaftsverordnung vom 4.9.1939 (RGBl. I, S. 1609). Vgl. zur Kriegswirtschaftsverordnung auch *Knauer*, Nationalsozialistische Justiz und Todesstrafe, S. 84.

99 Vom 5.9.1939 (RGBl. I, S. 1679). Aufgrund dieser Verordnung waren Plünderei, Verbrechen gegen Leben oder Eigentum unter Ausnutzung der Verdunklung und Brandstiftung mit dem Tode bedroht.

100 *Knauer*, Nationalsozialistische Justiz und Todesstrafe, S. 85.

101 Vom 4.10.1939 (RGBl. I, S. 2000).

Delikte für Jugendliche wie auch für Erwachsene mit Zuchthaus und Todesstrafe bedroht waren. Zuständig für diese Delikte waren die Sondergerichte. Ebenfalls in die Zuständigkeit der Sondergerichte fiel die Anwendung der *„Verordnung gegen Gewaltverbrecher“*[102], in der für den neuen Straftatbestand *„Gewalttat mit der Waffe“* (§ 1 Abs. 1 der VO) als einzige Rechtsfolge die Todesstrafe angeordnet wurde.

Darüber hinaus enthielt die *„Verordnung zur Ergänzung der Strafvorschriften zum Schutze der Wehrkraft des deutschen Volkes“*[103] eine Bestimmung, nach der für besonders schwere Fälle der Wehrmittelbeschädigung und für besonders schwere Fälle der Störung eines für die Reichsverteidigung oder die Versorgung wichtigen Betriebes die Todesstrafe eingeführt wurde.

Neben der *„Verordnung zum Schutze der Metallsammlung des deutschen Volkes“*[104] wurde 1940 auch das Militärstrafgesetzbuch[105] neu gefasst und verschärft. Danach wurde die Todesstrafe absolut für Kriegsverrat, Übergabe an den Feind und für den Wortbruch eines Kriegsgefangenen angedroht; wahlweise wurde die Todesstrafe für Fahnenflucht, Verleitung zur Fahnenflucht, Feigheit, Ungehorsam, Gehorsamsverweigerung, Widersetzung, tätlichen Angriff gegen einen Vorgesetzten, Aufwiegelung, Untergraben der Manneszucht, Meuterei, Militärischen Aufruhr, Plünderung, Fledderei und Wachverfehlung vorgesehen.

Während sich 1941 mit Beginn des Russlandfeldzuges die Kriegslage verschärfte, wurden durch Gesetze weitere Straftatbestände mit Todesstrafe geschaffen. Die Todesstrafe wurde für gefährliche Gewohnheitsverbrecher und Sittlichkeitsverbrecher eingeführt.[106] Insbesondere wurde die *„Verordnung über die Strafrechtspflege gegen Polen und Juden in den eingegliederten Ostgebieten“* (sog. *„Polenstrafrechtsverordnung“*)[107] erlassen. Diese Verordnung galt ihrem Wortlaut nach zwar nur im besetzten Polen, sie wurde jedoch auch im Altreich von den Sondergerichten gegen hier tätige und straffällig gewordene Zivilarbeiter

---

102 Vom 5.12.1939 (RGBl. I, S. 2378).

103 Vom 25.11.1939 (RGBl. I, S. 2319).

104 Vom 29.3.1940 (RGBl. I, S. 565): *„Wer sich an gesammeltem oder vom Verfügungsberechtigten zur Sammlung bestimmtem Metall bereichert oder solches Metall sonst seiner Verwendung entzieht, schädigt den großdeutschen Freiheitskampf und wird daher mit dem Tode bestraft.“*

105 Vom 10.10.1940 (RGBl. I, S. 1347-1362).

106 Gesetz zur Änderung des Strafgesetzbuches vom 3.9.1941 (RGBl. I, S. 549).

107 Verordnung des Ministerrats für die Reichsverteidigung über die Strafrechtspflege gegen Polen und Juden in den eingegliederten Ostgebieten vom 4.12.1941 (RGBl. I, S. 759). Siehe hierzu auch *Hirsch/Majer/Meinck*, Recht, Verwaltung und Justiz im Nationalsozialismus, S. 496 ff.

angewandt, obwohl entsprechende gesetzliche Regelungen oder Weisungen des Reichsjustizministeriums fehlten. An die Spitze des Polenstrafrechts war nach Ziffer 1 der Verordnung eine allgemeine Gehorsamspflicht der Polen gegenüber deutschen Direktiven gestellt:

> *„Polen und Juden haben sich entsprechend den deutschen Gesetzen und den gegen sie ergangenen Anordnungen der deutschen Behörden zu verhalten. Sie haben alles zu unterlassen, was der Hoheit des Deutschen Reiches und dem Ansehen des deutschen Volkes abträglich ist."*

Kern des Polenstrafrechts war der allgemeine Strafbestandteil der Ziffer 1 Abs. 3 der Verordnung:

> *„Polen und Juden werden mit dem Tode, in minder schweren Fällen mit Freiheitsstrafe bestraft, wenn sie durch gehässige oder hetzerische Betätigung eine deutschfeindliche Gesinnung bekunden, insbesondere deutschfeindliche Äußerungen machen oder öffentliche Anschläge deutscher Behörden abreißen oder wenn sie durch ihr sonstiges Verhalten das Ansehen des Deutschen Reiches oder des deutschen Volkes herabsetzen oder schädigen."*[108]

Die besondere Tragweite dieser Verordnung kam schließlich in ihrer Ziffer 3 des Abs. 2 zum Ausdruck:

> *„Auf Todesstrafe wird erkannt, wo das Gesetz sie androht. Auch da, wo das Gesetz Todesstrafe nicht vorsieht, wird sie verhängt, wenn die Tat von besonders niedriger Gesinnung zeugt oder aus anderen Gründen besonders schwer ist; in diesen Fällen ist Todesstrafe auch gegen jugendliche Schwerverbrecher zulässig."*

Zum Jahresende wurde die *„Verordnung zum Schutze der Sammlung von Wintersachen für die Front"*[109] erlassen, die als absolute Strafe die Todesstrafe vorsah.

Weitere Verordnungen dehnten 1942 den Anwendungsbereich der Todesstrafe aus, u.a. für die Gefährdung der Bedarfsdeckung der Rüstungswirtschaft durch

---

[108] Die Polenstrafrechtsverordnung kannte als Sanktionen nur das Straflager (Konzentrationslager) und die Todesstrafe. Das Straflager stand daher einer Zuchthausstrafe gleich.

[109] Vom 23.12.1941 (RGBl. I, S. 797).

vorsätzlich falsche Angaben über Personal oder Material[110] sowie für Amtsanmaßung bei Begehung eines Verbrechens.[111] Darüber hinaus erklärte *Adolf Hitler* in seinem *„Erlass des Führers über besondere Vollmachten des Reichsministers der Justiz"*[112]:

> *„Zur Erfüllung der Aufgaben des Großdeutschen Reiches ist eine starke Rechtspflege erforderlich. Ich beauftrage und ermächtige den Reichsminister der Justiz, nach meinen Richtlinien und Weisungen ... eine nationalsozialistische Rechtspflege aufzubauen und alle dafür erforderlichen Maßnahmen zu treffen. Er kann hierbei von bestehendem Recht abweichen."*

Dieser Erlass führte zu einer Rekordziffer der verhängten und vollstreckten Todesurteile. Zugleich kam es zu weiteren Gesetzesänderungen, die mit der Androhung der Todesstrafe für die Verabredung von Landesverrat in besonderen Fällen[113] begann. Ferner wurde die Todesstrafe vorgesehen für Abtreibung, wenn dadurch die Lebenskraft des deutschen Volkes fortgesetzt beeinträchtigt würde,[114] für strafbare Handlungen gegen die Manneszucht oder das Gebot des soldatischen Mutes, wenn es die Aufrechterhaltung der Manneszucht oder die Sicherheit der Truppe erfordert oder wenn der regelmäßige Strafrahmen nach gesundem Volksempfinden zur Sühne nicht ausreicht.[115] Durch ein neues *„Reichsjugendgesetz"*[116] galt die Todesstrafe nach § 20 nicht mehr nur für jugendliche Schwerverbrecher über 16 Jahre, sondern sie wurde unter bestimmten Voraussetzungen auch für solche unter 16 Jahren zugelassen.

Eine 1944 erlassene Verordnung, welche für fahrlässiges Verschulden eines besonders schweren Nachteils oder einer besonders ernsten Gefahr für die Kriegführung oder für die Sicherheit des Reiches die Todesstrafe vorsah, galt zu-

---

110 *„Verordnung des Führers zum Schutze der Rüstungswirtschaft"* vom 21.3.1942 (RGBl. I, S. 165).

111 *„Verordnung des Ministerrats für die Reichsverteidigung"* vom 9.4.1942 (RGBl. I, S. 174).

112 Vom 20.8.1942 (RGBl. I, S. 535).

113 *„Verordnung zur Ergänzung der Vorschriften gegen Landesverrat"* vom 22.11.1942 (RGBl. I, S. 174).

114 *„Verordnung zum Schutze von Ehe, Familie und Mutterschaft"* vom 9.3.1943 (RGBl. I, S. 140).

115 *„Vierte Verordnung zur Ergänzung der Kriegssonderstrafrechtsverordnung"* vom 31.3.1943 (RGBl. I, S. 261).

116 Vom 6.11.1943 (RGBl. I, S. 637).

nächst nur für die dem Kriegsstrafrecht unterliegenden Personen.[117] Kurze Zeit später wurde durch die *„Verordnung zur Sicherung des totalen Kriegseinsatzes"*[118] der Anwendungsbereich auf alle übrigen Personen erweitert. Ein weiteres Gesetz drohte die Todesstrafe für schwere Fälle der Volksverleumdung an.[119]

1945 erging die *„Verordnung zum Schutze der Sammlung von Kleidung und Ausrüstungsgegenständen für die Wehrmacht und den deutschen Volkssturm"*[120] sowie die *„Verordnung zur Sicherung des Fronteinsatzes"*.[121] Weiterhin erließ Reichsjustizminister *Otto Georg Thierack* die *„Verordnung über die Errichtung von Standgerichten"*[122], welche alle Deutschen der von den Gauleitern einzurichtenden und daher mit Nationalsozialisten besetzten Standgerichtsbarkeit unterwarf, deren Urteil nur auf Todesstrafe oder Freispruch bzw. Überweisung an die ordentliche Gerichtsbarkeit lauten konnte. Die Angehörigen des Volkssturmes waren einer eigenen Volkssturmgerichtsbarkeit[123] unterstellt, in der die Gauleiter Gerichtsherrn waren und der Reichsführer-SS übergeordneter Gerichtsherr. Dieser war sowohl in der Lage, die Richter zuzuteilen, als auch „rechtskräftige Urteile" aufzuheben. Es ist nicht verwunderlich, dass bei einer solchen „richterlichen Unabhängigkeit" die Todesstrafe in großem Maße verhängt wurde.[124] Am 16. April 1945 folgte *Adolf Hitlers* letzter Tagesbefehl an die Ostfront:[125]

> *„Wer Euch Befehl gibt zum Rückzug, ohne daß Ihr ihn genau kennt, ist sofort festzunehmen und nötigenfalls augenblicklich umzulegen."*

Die seit *Adolf Hitlers* Machtergreifung zahlenmäßige Anwendung der Todesstrafe ist kaum fassbar und lediglich bis 1939 annähernd durch verlässliche schriftliche Fixierung nachvollziehbar:[126]

---

117 *„Fünfte Verordnung zur Ergänzung der Kriegsonderstrafrechtsverordnung"* vom 5.5.1944 (RGBl. I, S. 115).

118 Vom 25.8.1944 (RGBl. I, S. 184).

119 *„Gesetz zur Änderung der Vorschriften gegen Landesverrat"* vom 20.9.1944 (RGBl. I, S. 225).

120 Vom 10.1.1945 (RGBl. I, S. 5).

121 Vom 26.1.1945 (RGBl. I, S. 20).

122 Vom 15.2.1945 (RGBl. I, S. 30).

123 Vgl. die *„Volkssturm-Strafrechtsverordnung"* vom 24.2.1945 (RGBl. I, S. 34); *„Volkssturm-Strafgerichtsordnung"* vom 24.2.1945 (RGBl. I, S. 34 f.).

124 *Düsing*, Die Geschichte der Abschaffung der Todesstrafe, S. 207.

125 *Rein*, „Finale Berlin", S. 344.

126 Vgl. die Statistischen Jahrbücher für das Deutsche Reich – Kriminalstatistik – der betreffenden Jahre.

Jahr	Verhängte Todesurteile	
	gesamt	durch den Volksgerichtshof[127]
1933	78	---
1934	102	4
1935	98	9
1936	76	10
1937	86	32
1938	85	17
1939	139	?
1940	250	?

Die letzte Kriminalstatistik für das Jahr 1940 wurde als „geheim" gekennzeichnet und die mit 250 angegebene Zahl der verhängten Todesurteile ist, wie auch diejenige des Jahres 1939, unvollständig, da sie die amtlichen Ziffern der vom Volksgerichtshof verhängten Urteile nicht enthält.[128] Insbesondere gab es nach diesem Zeitpunkt keine offiziellen statistischen Angaben mehr. Man findet jedoch in einem von *Otto Georg Thierack* im Sommer 1944 in dem für den Führerkreis der NSDAP bestimmten Mitteilungsblatt *„Die Lage"* eine Aufstellung, welche die Zahl der „Gerichtsurteile" 1940 mit 250, 1941 mit 1.292 und 1943 mit 5.336 angibt.[129]

Allein aufgrund der oben beschriebenen gesetzlichen Ausweitung des Anwendungsbereiches der Todesstrafe ist eine erhebliche Zunahme der Todesurteile nicht in Frage zu stellen. Das Bundesjustizministerium schätzt die Zahl der Todesurteile unter dem Nationalsozialismus auf 16.000, von denen mindestens 12.000 vollstreckt worden seien; hinzu kämen mindestens 25.000 Todesurteile der Kriegsgerichte.[130]

Die Ausweitung der Anwendbarkeit der Todesstrafe fand ihren Abschluss mit dem Zusammenbruch der nationalsozialistischen Gewaltherrschaft. Durch das Militärregierungsgesetz Nr. 1 vom 20. September 1945 (*„Abrogation of Nazi Law"*) und nachfolgende Kontrollgesetze wurde die Todesstrafe für alle Verbrechen, die nicht schon vor dem 30. Januar 1933 mit dem Tode bedroht waren, abgeschafft.[131] Eine Ausnahme stellte das alliierte Besatzungsrecht dar. So ver-

---

127 Vgl. hierzu *Hillermeier*, „Im Namen des Deutschen Volkes!", S. 14 ff.

128 Vgl. Statistische Jahrbücher für das Deutsche Reich 1941/1942.

129 Vgl. *Düsing*, Die Geschichte der Abschaffung der Todesstrafe, S. 212 f. m.w.N.

130 Vgl. Im Namen des Deutschen Volkes. Justiz im Nationalsozialismus, Katalog zur Ausstellung des Bundesministers der Justiz, 1989, S. 206.

131 *Geck*, in: BK, GG, Art. 102 I. 1. S. 8 f. m.w.N.; *Hohmann*, in: Boulanger/Heyes/Hanfling, Zur Aktualität der Todesstrafe, S. 257.

hängten die britischen Gerichte von 1945 bis 1950 in ihrer Zone 587 Todesurteile, von denen 387 vollstreckt wurden.[132] Auch von den deutschen Gerichten wurde bis zum Inkrafttreten des Grundgesetzes die Todesstrafe von 1946 bis 1949 in 128 Fällen verhängt und in 24 Fällen vollstreckt.[133]

IV. Die Diskussion um die Abschaffung der Todesstrafe bis zum Inkrafttreten des Grundgesetzes

Die Abolitionsbemühungen setzte sodann insonderheit der Rechtsphilosoph und Strafrechtsprofessor *Gustav Radbruch* fort, indem er dazu aufforderte, statt des Gedankens des Unschädlichmachens und der Abschreckung nun den der Humanität und der Rechtssicherheit walten zu lassen und zu eben diesen Grenzen der Zweckstrafen umzukehren.[134] Allerdings befürwortete er die Verhängung der Todesstrafe für Hauptkriegsverbrecher, denn der Tod sei

> *„in den 12 Jahren der Diktatur und des Krieges so billig geworden, in so riesenhaften Zahlen und in so grauenhaften Formen wirklich geworden, daß man nicht verstehen würde, wenn er gerade den Schuldigsten erspart bliebe."*[135]

Auch erkannte *Franz Exner*, dass zwar nicht nachweisbar sei, dass die Abschaffung der Todesstrafe eine Zunahme schwerer Verbrechen bedinge, jedoch gerate ein Staat, der im Krieg das Leben seiner Besten fordere, aber zögere, das Leben seiner Schlechtesten anzutasten, leicht in den Ruf der Schwäche.[136] Ähnlich hielt *Wilhelm Sauer* die Todesstrafe, die er grundsätzlich als Fremdkörper eines modernen Strafrechtssystems einordnete, für *„politisch bewegte Verhältnisse"* noch für erforderlich.[137] Zusätzlich sprach *Franz Exner* der Todesstrafe eine persönlichkeitsgestaltende Umweltwirkung zu: Taten, die man stets als todeswürdig betrachtet sehe, würden damit unter allen anderen hervorgehoben und mit einzigartiger Abscheu verbunden.[138] Auch *Hellmuth von Weber* würdigte die dahingehende Abschreckungswirkung der Todesstrafe, die geeignet sei, die Ausbreitung bestimmter verbrecherischer Neigungen, von ihm als *„Ansteckung"* bezeichnet, zu verhindern.[139]

---

132 *Düsing*, Die Geschichte der Abschaffung der Todesstrafe, S. 230.

133 *Düsing*, Die Geschichte der Abschaffung der Todesstrafe, S. 231 f.

134 *Radbruch*, Die Erneuerung des Rechts, Die Wandlung 1947, Heft 1, S. 8 (14f.).

135 *Radbruch*, Die Erneuerung des Rechts, Die Wandlung 1947, Heft 1, S. 8 (14).

136 *Exner*, Kriminologie, S. 104.

137 *Sauer*, Allgemeine Strafrechtslehre, S. 233.

138 *Exner*, Kriminologie, S. 104.

139 *Von Weber*, Grundriss des deutschen Strafrechts, S. 20.

Diese besondere Abschreckungswirkung sprach dagegen *Theodor Rittler* der Todesstrafe ab und verwies auf eine britische Kriminalstatistik aus dem Jahre 1866, die belege, dass von 167 zum Tode Verurteilten nicht weniger als 164 öffentlichen Hinrichtungen beigewohnt hatten.[140] Er forderte uneingeschränkt zur Abschaffung der Todesstrafe auf: sie könne in jedem Kulturstaat entfallen, ohne dass dies zu Störungen führte oder von vielen auch nur bemerkt würde.[141] Die Aufrechterhaltung der Todesstrafe berge dagegen die Gefahr, dass ihr Anwendungsbereich, wie in den Jahren der Diktatur *„schaudernd erlebt"*, beizeiten wieder ausgedehnt und unter Umständen ins Maßlose gesteigert werde.[142]

Hans von Hentig trat der Todesstrafe mit dem Hinweis entgegen, dass der Staat nicht das Recht habe, die Unverletzlichkeit des menschlichen Lebens zu predigen, so lange er selbst seinen Bürgern das Leben nehme. Anderenfalls schwäche er seine Vorbildfunktion.[143] Nicht der Mörder, sondern der Staat solle mit dem Blutvergießen aufhören, da ihm die Aufgabe zufalle, den Teufelskreis aus Tötungshandlungen zu unterbrechen.[144] Vergleichbar mahnte auch *Gustav Radbruch* an, dass nach den zu billigenden Nürnberger Todesurteilen einmal ein Schlussstrich gezogen werden müsse unter die in Zeiten nationalsozialistischer Rechtsverachtung erfahrene furchtbare Gleichgültigkeit gegen menschliches Leben und menschliches Glück.[145]

Neben *Gustav Radbruch* und *Hans von Hentig* nahm auch *Eberhard Schmidt* zur Frage der Abschaffung der Todesstrafe Stellung. Zum einen forderte er wenigstens eine Einschränkung ihres Anwendungsbereiches auf *„die verwerflichsten Taten in sparsamster Anwendung"*.[146] Zum anderen betrachtete er den im Jahre 1922 von der Reichsregierung vorgelegten Entwurf *Gustav Radbruchs* als eine einheitliche, in sich geschlossene, von gesunden sozialen Einsichten und mutigem Fortschrittsgeist getragene Leistung, und beschrieb die Todesstrafe als

> *„diesen ‚einzigen Rest' eines längst überwundenen Strafrechtsdenkens, der, durch eine unüberbrückbare Kluft von den anderen Strafarten getrennt, völlig verbindungslos und unvergleichbar in einem auf Geldstrafe*

---

140 *Rittler,* Die Todesstrafe und das XX. Jahrhundert, Wort und Wahrheit 1948, S. 93 (99).

141 *Rittler,* Die Todesstrafe und das XX. Jahrhundert, Wort und Wahrheit 1948, S. 93 (105).

142 *Rittler,* Die Todesstrafe und das XX. Jahrhundert, Wort und Wahrheit 1948, S. 93 (105).

143 *Von Hentig,* Crime: Causes and Conditions, S. 327.

144 *Von Hentig,* Crime: Causes and Conditions, S. 327.

145 *Radbruch*, Die Erneuerung des Rechts, Die Wandlung 1947, Heft 1, S. 8 (14).

146 *Schmidt*, Justitia fundamentum regnorum, S. 61 f.

und Freiheitsentziehung aufgebauten Strafensystem stehen geblieben ist.“[147]

Angesichts dieser gewichtigen Stimmen für die Abschaffung der Todesstrafe überrascht es, dass die vorgrundgesetzlichen Landesverfassungen sich nicht gegen sie aussprachen, sondern die Todesstrafe ausdrücklich beibehielten. Z.B. besagte die hessische Verfassung vom 1. Dezember 1946, dass *„bei besonders schweren Verbrechen zum Tode verurteilt werden kann“* (Art. 21 Abs. 1 Satz 2); die bayrische Verfassung vom 2. Dezember 1946 machte den Vollzug der Todesstrafe von der Bestätigung der Staatsregierung abhängig (Art. 47 Abs. 4 Satz 2 a.F.); die Verfassung von Rheinland-Pfalz, die das Leben des Menschen für unantastbar erklärte, ließ die Todesstrafe ebenfalls für schwerste Verbrechen gegen Leib und Leben zu (Art. 3 Abs. 1 a.F.), ebenso die badische Verfassung vom 19. Mai 1947 (Art. 85) und die bremische Verfassung vom 21. Oktober 1947 (Art. 121 a.F.).[148]

B. Die Entstehungsgeschichte des Art. 102 GG

Die Entstehungsgeschichte des Art. 102 GG war vor allem durch die zuvor beschriebenen Erfahrungen mit dem nationalsozialistischen System und den diesem System immanenten Missbrauch der Todesstrafe geprägt.[149] Es überrascht daher nicht, dass bereits der Herrenchiemseer Verfassungskonvent im Jahre 1948 die Aufnahme eines Verbots der Todesstrafe erörterte. Der Verfassungskonvent nahm in seinem Bericht zur Todesstrafe wie folgt Stellung:

> *„Schließlich wurde im Zusammenhange mit den Grundrechten erwogen, ob in das Grundgesetz ein Verbot der Todesstrafe aufgenommen werden soll. Die Meinungen hierüber waren geteilt. Weil es sich um eine eminent politische Frage handelt, wurde beschlossen, sich auf die Anregung an den Parlamentarischen Rat zu beschränken, der Frage der Abschaffung der Todesstrafe, insbesondere in bezug auf politische Delikte, sein Augenmerk zuzuwenden.“*[150]

---

[147] *Schmidt*, Geschichte der Strafrechtspflege, S. 406.

[148] Vgl. *Hohmann*, in: Boulanger/Heyes/Hanfling, Zur Aktualität der Todesstrafe, S. 256 und *Düsing*, Die Geschichte der Abschaffung der Todesstrafe, S. 230, wobei letzterer diesbezüglich auf legislative Maßnahmen in Frankreich und in Sachsen verweist, die zeitnah die Todesstrafe für Lebensmittelschiebungen einführten.

[149] *Evans*, Rituale der Vergeltung, S. 950 ff.

[150] „Bericht über den Verfassungskonvent auf Herrenchiemsee“, München 1948, S. 58.

Infolgedessen wurde in den Entwurf eines Grundgesetzes des Herrenchiemseer Konvents keine Bestimmung zur Todesstrafe aufgenommen. Die eigentliche Auseinandersetzung mit der zuvor zitierten Anregung erfolgte noch in demselben Jahr im Parlamentarischen Rat, der am 1. September 1948 seine Arbeit aufnahm. Die Frage der Abschaffung der Todesstrafe wurde hauptsächlich im Hauptausschuss des Parlamentarischen Rats debattiert,[151] der sich aus je acht Vertretern der CDU und der SPD, aus zwei FDP-Abgeordneten sowie aus je einem Abgeordneten der Deutschen, der Kommunistischen und der Zentrums-Partei zusammensetzte. Die maßgebliche Debatte fand in der zweiten Lesung in der 42. Sitzung am 18. Januar 1949 und in der dritten Lesung in der 50. Sitzung am 10. Februar 1949 statt. Zur abschließenden Abstimmung fand sich der Hauptausschuss schließlich in der 57. Sitzung am 5. Mai 1949 zusammen.

Eine erste Initiative ging von dem Abgeordneten *Hans-Christoph Seebohm* (Deutsche Partei – DP –) aus; er stellte bereits im Dezember 1948 einen schriftlichen Abschaffungsantrag dahingehend, in den Art. 2 GG folgende Sätze einzufügen:

> *„Das keimende Leben wird geschützt. Körper und Leibesstrafen sind verboten. Die Todesstrafe wird abgeschafft."*[152]

Begründet wurde der Antrag mit der Überlegung,

> *„ganz grundsätzlich die Abkehr des deutschen Volkes von jedem Gewaltsystem und seine Abscheu vor der Fülle vollstreckter Todesurteile in den letzten 15 Jahren..."*

zu bekunden. Da die übrigen Ausschussmitglieder zurückhaltend reagierten, wiederholte der Abgeordnete *Hans-Christoph Seebohm* seinen Antrag in der zweiten Lesung[153] und begründete ihn zusätzlich mit dem Verweis auf *„eine Reihe europäischer Staaten"*, die die Todesstrafe abgeschafft hätten. Außerdem dürfe in einem modernen Rechtsstaate die Vollstreckung einer Todesstrafe nicht mehr möglich sein. Dem Verurteilten müsse vielmehr durch eine längere Freiheitsstrafe Gelegenheit zur inneren Umstellung und Läuterung gegeben werden. Die Abschaffungsbestimmung gehöre auch in die Verfassung hinein, um ein klares und eindeutiges Bekenntnis zu dem Recht auf körperliche Unversehrtheit

---

151 Dagegen fanden in der Frankfurter und der Preußischen Nationalversammlung sowie im Norddeutschen Reichstag und in der Weimarer Nationalversammlung die Debatten um die Abschaffung der Todesstrafe hauptsächlich im Plenum statt.

152 Antrag Nr. 4 der Deutschen Partei (Drucksache des Parlamentarischen Rates 12. 48-398).

153 Parlamentarischer Rat, Verhandlungen des Hauptausschusses, 1948/49, S. 533 f.

abzulegen. Jedoch fand der Antrag in der anschließenden Debatte insbesondere bei den Sozialdemokraten[154] keine Unterstützung und wurde schließlich in der Abstimmung der zweiten Lesung mit neun gegen sechs Stimmen abgelehnt.[155] Für die Ablehnung könnte mitentscheidend gewesen sein, dass *Hans-Christoph Seebohms* Vorschlag implizit die Hinrichtung von Kriegsverbrechern durch die Alliierten kritisierte.[156]

Richtungsweisend für den Verlauf der Debatte war die Argumentation des Abgeordneten *Friedrich Wilhelm Wagner* (SPD), der in der dritten Lesung des Grundgesetzes im Hauptausschuss am 10. Februar 1949 für eine generelle Abschaffung der Todesstrafe eintrat. Er befürwortete im Rahmen des Abschnitts über die Rechtsprechung einen Artikel 131 a mit dem Wortlaut *„Die Todesstrafe ist abgeschafft"*.[157] Es sei unerlässlich, die Todesstrafe durch das Grundgesetz zu beseitigen. Die Todesstrafe sei „Barbarei"; der Staat, der das Leben nicht gegeben habe, solle auch das Leben nicht nehmen dürfen. Auch sei die abschreckende Wirkung dieser Strafe gering. Dass in Ländern ohne Todesstrafe die schwere Kriminalität stärker sei, als in solchen mit Todesstrafe, sei nicht erwiesen. Im Übrigen sei es ein Trugschluss zu glauben, man könne mit barbarischen Strafen barbarische Verbrechen ausrotten; vielmehr seien die Verbrechen umso brutaler, je brutaler die Strafen seien. Die Abschaffung der Todesstrafe sei insbesondere mit Rücksicht auf die Erlebnisse der jüngsten Vergangenheit ein Gebot der Stunde, welches sofort im Grundgesetz verwirklicht werden müsse, denn der Zukunft habe man schon zuviel überlassen.[158]
In der gleichen Debatte bezeichnete *Hans-Christoph Seebohm* (Deutsche Partei) die Abschaffung als so dringlich, dass sie im Grundgesetz verankert werden müsse und nicht dem späteren Bundestag überlassen werden dürfe.[159]
Der Abgeordnete *Karl Renner* (KPD) hielt in seiner Stellungnahme fest, dass zwar in der im Art. 2 ausgesprochenen Garantie des Rechts auf Leben und körperliche Unversehrtheit auch die Abschaffung der Todesstrafe begründet liege, es aber dennoch erforderlich sei, der Abschaffung im Grundgesetz eine eigene ausdrückliche Bestimmung zu widmen.[160]
Der Abgeordnete *Carlo Schmid* (SPD) wies darauf hin, dass man zum Problem der Todesstrafe nicht aus kriminalpolitischen Gesichtspunkten, sondern aus

---

154 Der später als Wortführer und Gegner der Todesstrafe auftretende sozialdemokratische Abgeordnete *Friedrich Wilhelm Wagner* war nicht anwesend.

155 Parlamentarischer Rat, Verahandlungen des Hauptausschusses, 1948/49, S. 535.

156 So *Dreier*, in: Dreier, GG, Art. 102 Rdnr. 25 und Fn. 56.

157 Parlamentarischer Rat, Verhandlungen des Hauptausschusses, 1948/49, S. 669, 671.

158 Parlamentarischer Rat, Verhandlungen des Hauptausschusses, 1948/49, S. 669, 671.

159 Parlamentarischer Rat, Verhandlungen des Hauptausschusses, 1948/49, S. 670.

160 Parlamentarischer Rat, Verhandlungen des Hauptausschusses, 1948/49, S. 670.

grundsätzlichen Erwägungen Position zu beziehen habe und Zweckerwägungen ausschalten müsste. Neben der Möglichkeit von Justizmorden falle insbesondere ins Gewicht, dass der Staat sich durch die Vollstreckung degradiere. Es gelte hier nicht der Satz *„Que messieurs les assassins commencent"*, sondern der Staat solle mit dem Töten von Amtswegen aufhören; denn er habe die größere Würde und die erste Veranlassung dazu.[161]

Die Argumente der Anhänger der Todesstrafe wurden nur zurückhaltend vorgetragen. Der Abgeordnete *Walter Strauß* (CDU) beschränkte sich darauf vorzuschlagen, dass zunächst das Problem nochmals in den Fraktionen und insbesondere unter dem Gesichtspunkt erörtert werden solle, ob die Entscheidung über die Abschaffung schon im Grundgesetz fallen dürfe oder ob sie dem zukünftigen Bundestag vorbehalten werden müsse.[162] Beispielsweise sprachen sich der Abgeordnete *Max Becker* (FDP)[163] und der Abgeordnete *Adolf Süsterhenn* (CDU)[164] dafür aus, das Abschaffungsproblem als eine Frage des Strafrechts dem späteren Bundesgesetzgeber zu überlassen. Schließlich verteidigte u.a. der Abgeordnete *Felix Walter* (CDU), der lange Zeit Richter war, die Todesstrafe, wünschte jedoch die Beschränkung ihres Anwendungsbereiches auf den Mord. Im Übrigen erklärte er, der Parlamentarische Rat wäre überhaupt nicht berufen und befugt, über die Abschaffung oder Nichtabschaffung zu beschließen, da er kein vom Volke unmittelbar gewähltes Parlament darstelle.[165] In der abschließenden Abstimmung des Hauptausschusses am 5. Mai 1949 sprachen sich nur vier Abgeordnete gegen die Abschaffung aus, während fünfzehn Abgeordnete für die Abschaffung der Todesstrafe votierten.[166]

Einen Tag später wurde die Abschaffungsdebatte im Plenum in der 9. Sitzung vom 6. Mai 1949 fortgesetzt,[167] als zehn CDU/CSU Abgeordnete beantragten, die durch eine redaktionelle Verschiebung aus Art. 131 a zu Art. 103 gewordene Bestimmung wieder zu streichen. Wortführer unter den Anhängern der Todesstrafe war der Abgeordnete *Paul de Chapeaurouge* (CDU), der in einem Exposé *„Die Todesstrafe"* darauf hinwies, dass es *„einfach unverantwortlich sei, daß der Parlamentarische Rat sich an dieses schwierige Problem ohne genügende Vorbereitung wagt und glaubt, zu ihm Stellung nehmen zu sollen..."* Das Problem wäre nicht genügend behandelt worden, gehöre ferner nicht in das Grundge-

---

161 Parlamentarischer Rat, Verhandlungen des Hauptausschusses, 1948/49, S. 672.

162 Parlamentarischer Rat, Verhandlungen des Hauptausschusses, 1948/49, S. 670.

163 Parlamentarischer Rat, Verhandlungen des Hauptausschusses, 1948/49, S. 670 f.

164 Parlamentarischer Rat, Verhandlungen des Hauptausschusses, 1948/49, S. 671.

165 Parlamentarischer Rat, Verhandlungen des Hauptausschusses, 1948/49, S. 671.

166 Parlamentarischer Rat, Verhandlungen des Hauptausschusses, 1948/49, S. 758.

167 Sten. Ber. d. Plenums des Parlamentarischen Rates, 9. Sitzung vom 6.5.1949, S. 186 ff.

setz und würde zum gegenwärtigen Zeitpunkt nicht vom Volke verstanden, weil darüber hinaus die junge deutsche Demokratie ihres Schutzes beraubt würde und weil schließlich *„der Parlamentarische Rat in dieser schwierigen Frage nicht berufen"* sei.[168] Die Frage der Abschaffung der Todesstrafe gehöre ebenso wie bei allen anderen europäischen Staaten, nicht in die Verfassung. Der Parlamentarische Rat solle den Rahmen seiner Aufgaben nicht überschreiten, sondern diese Materie dem Bundestag zur eingehenden Beratung überlassen.[169]

Als Gegner der Todesstrafe wandte der Abgeordnete *Friedrich Wilhelm Wagner* (SPD) ein, dass man der Demokratie ein schlechtes Zeugnis ausstelle, wenn sie zu ihrem Schutz der Todesstrafe bedürfe.[170] Seit dem Wiener Juristentag von 1912 hätten zwei Weltkriege und die nationalsozialistische Ära den Respekt vor dem Menschenleben vernichtet; jetzt sei es an der Zeit, auszusprechen, dass das Leben etwas Heiliges ist. Darüber hinaus sei es oberflächlich anzunehmen, dass durch die Grausamkeit der Strafen die Verbrechen ausgerottet werden könnten.[171] Der Abgeordnete *Heinz Renner* (KPD) verwies besonders darauf, dass sich aus dem Beispiel des Zusammenbruchs des mit der Todesstrafe wütenden nationalsozialistischen Staats ergebe, dass die Todesstrafe keine Waffe zum Schutze des Staates sein könne. Im Übrigen dürfe man den Richtern von heute angesichts ihrer nationalsozialistischen Vergangenheit die Todesstrafe nicht mehr in die Hand geben, denn *„sie werden sie sonst als politische Waffe gegen die fortschrittlich-demokratischen Kräfte im Staaten anwenden und ausnutzen"*[172]

Bei der anschließenden Abstimmung im Plenum wurde der Streichungsantrag abgelehnt und der Art. 103 *„Die Todesstrafe ist abgeschafft"* von der überwiegenden Mehrheit angenommen.[173] Zwei Tage später wurde die Abschaffungsbestimmung schließlich als Art. 102 in das Grundgesetz aufgenommen, als dieses in der dritten Lesung mit 53 gegen 12 Stimmen angenommen wurde.[174]

---

168 Vgl. Drucks. 5. 49 - 65.

169 Sten. Ber. d. Plenums des Parl. Rates 9. Sitzung vom 6.5.1949 S. 186 f.

170 Vgl. Sten. Ber. d. Plenums, 9. Sitzung vom 6.5.1949, S. 187.

171 Vgl. Sten. Ber. d. Plenums, 9. Sitzung vom 6.5.1949, S. 188.

172 Sten. Ber. d. Plenums, 9. Sitzung vom 6.5.1949, S. 188 f.

173 Sten. Ber. d. Plenums, 9. Sitzung vom 6.5.1949, S. 189.

174 Sten. Ber. d. Plenums, 10. Sitzung vom 8.5.1949, S. 238.

C. Bemühungen um die Wiedereinführung der Todesstrafe unter der Geltung des Art. 102 GG

Bereits knapp ein Jahr nach Inkrafttreten des Grundgesetzes gab es erste parlamentarische Initiativen zur Aufhebung des Art. 102 GG, die unter Hinweis auf dahingehende Stimmen aus der Bevölkerung aufgenommen wurden.

Am 24. Februar 1950 legte die Fraktion der Bayernpartei im Bundestag einen Entwurf zur Aufhebung des Art. 102 GG vor,[175] den das Plenum jedoch nach eingehender Erörterung mit *„eindeutige(r) Mehrheit"* ablehnte und zur Tagesordnung überging.[176] Zweieinhalb Jahre später präsentierte die Fraktion der DP einen inhaltsgleichen Antrag[177] zusammen mit einem Antrag der Abgeordneten *Hermann Etzel* (Föderalistische Union -FU-), *Michael Horlacher* und einem Teil seiner Genossen (CSU) vom 18. September 1952 vor, die in Art. 102 GG eine Ausnahme für Mord und Menschenraub vorsehen wollten.[178] Beide Gesetzentwürfe wurden zwei Wochen später in der Sitzung vom 2. Oktober 1952 beraten.[179] Zur Begründung der Aufhebung des Art. 102 GG berief sich der Abgeordnete *Hans Ewers* (DP) besonders auf die namentlich *„von strenggläubigen evangelischen Christen getragene Erregung"* über einige Mordfälle; die Stimmung im Volk verlange aus dem *„christlich betonten Grundsatz der Vergeltung"* die Wiedereinführung der Todesstrafe. Der Abschreckungswirkung käme entscheidende Bedeutung zur Bekämpfung der Kriminalität zu. Durch die Abschaffungsbestimmung habe der Parlamentarische Rat einen alten deutschen Fehler wiederholt, indem er von einem Extrem ins andere gefallen sei. Überdies sei eine solche Verfassungsbestimmung *„allen Kulturstaaten fremd."*[180]
Der Abgeordnete *Hermann Etzel* (FU) begründete den Ergänzungsantrag des Art. 102 GG angesichts gesteigerter Tötungskriminalität gewandelten Volksauffassung und der *„Erfahrung der letzten Jahre"*.[181] Einem Abgleiten in eine Strafgesetzgebung nach Art der Republikschutzgesetze oder der nationalsozialistischen Gesetzgebung würde allein dadurch Rechnung getragen, dass der Antrag die Abschaffung der Todesstrafe bestehen ließe und Ausnahmen nur für zwei normierte verbrecherische Tatbestände zuließe.[182] Abschließend erklärte er,

---

175 BT-Drucks. 1/619.

176 Vhdl. DtschBT, I. Wahlp. 1949, Sten. Ber. (Bd. 3), S. 1892 ff., 1920 D.

177 BT-Drucks. 1/3679.

178 BT-Drucks. 1/3702.

179 Sten. Ber. Deutscher Bundestag, 232. Sitzung vom 2.10.1952, S. 10605-10628.

180 Vgl. Sten. Ber. Deutscher Bundestag, 232. Sitzung vom 2.10.1952, S. 10607 – 10609, S. 10625 – 10628.

181 Vgl. Sten. Ber. Deutscher Bundestag, 232. Sitzung vom 2.10.1952, S. 10609.

182 Allerdings fällt auf, dass im nationalsozialistischen Regime der Menschenraub gerade nicht mit der Todesstrafe bedroht war.

„nur der Mord im juristischen Sinne, nur der Gewaltverbrecher gegen die höchste göttliche und menschliche Satzung, nicht die Tat gegen eine staatliche Grundordnung, gegen ein politisches System und Regime, soll mit dem Tode bestraft werden können.“[183] Dem von *Hans Ewers* (DP) und *Hermann Etzel* (FU) gestellten Antrag auf Überweisung beider Gesetzesvorlagen an den Ausschuss für Rechtswesen und Verfassungsrecht schloss sich der Abgeordnete *Franz Xaver Meitinger* (FU)[184] an. Sodann führte der Abgeordnete *Carl Weber* (CDU) insbesondere aus, dass man der öffentlichen Meinung zu dem Thema keine entscheidende Bedeutung beimessen dürfe; vielmehr sei er nach Verweisung an den Rechtsausschuss nach Anhörung von Sachverständigen eingehend zu erörtern und zu prüfen.[185] Diesem Antrag schloss sich auch der Abgeordnete *Heinrich Schneider* (FDP) an, der wegen der Möglichkeit irreparabler Schädigungen durch Justizirrtümer erörterte, die Todesstrafe immer nur dann zu vollziehen, wenn

> *„der Inhaber der Gnadengewalt das Urteil bestätigt hat; und wenn er es nicht bestätigen sollte, dann könnte sie in lebenslanges Zuchthaus umgewandelt werden.“*[186]

Als *„hervorragendster“*[187] Verfechter unter den Gegnern[188] der Todesstrafe fand sich sodann Bundesjustizminister *Thomas Dehler*,[189] der in einer ausführlichen Rede mit sowohl rechtsgeschichtlichen als auch kriminalpolitischen Erwägungen zu dem Ergebnis gelangte, dass die Abschreckungswirkung zweifelhaft sei, auch der Sicherungsgedanke könne sie nicht rechtfertigen; zudem sei die Gefahr von Justizirrtümern nicht auszuschließen. In den Vordergrund der Debatte stellte er drei *„Grundfragen“*[190]:

---

183 Vgl. Sten. Ber. Deutscher Bundestag, 232. Sitzung vom 2.10.1952, S. 10610.

184 Vgl. seine Ausführungen in Sten. Ber. Deutscher Bundestag, 232. Sitzung vom 2.10.1952, S. 10624, in denen er besonders den Abschreckungs- und Sühnegedanken sowie die Abschreckungs- und Sicherungswirkung der Todesstrafe betont.

185 Vgl. Sten. Ber. Deutscher Bundestag, 232. Sitzung vom 2.10.1952, S.10616 f.

186 Vgl. Sten. Ber. Deutscher Bundestag, 232. Sitzung vom 2.10.1952, S. 10622 f., insb. 10623. Im Falle einer Bestätigung des Todesurteils durch die Gnadeninstanz hätte dies die Gefahr eines Irrtums natürlich nur verlagert und vervielfacht.

187 So *Düsing*, Die Geschichte der Abschaffung der Todesstrafe, S. 330.

188 Darunter die Abgeordneten *Friedrich Wilhelm Wagner* (SPD) und *Walter Fisch* (KPD) in Sten. Ber. Deutscher Bundestag, 232. Sitzung vom 2.10.1952, S. 10619 ff., 10624 und 10618 f.

189 Vgl. Sten. Ber. Deutscher Bundestag, 232. Sitzung vom 2.10.1952, S. 10610-10616. Die Rede ist u.a. auch abgedruckt im Bundesanzeiger, *Dehler*, Gegen die Einführung der Todesstrafe, S. 53 ff.

190 Vgl. Sten. Ber. Deutscher Bundestag, 232. Sitzung vom 2.10.1952, S. 10611.

„Hat der Staat das Recht, das Leben eines Menschen zu vernichten, hat der Staat das Recht, einem Menschen zuzumuten, andere Menschen berufsmäßig zu töten?“[191]

Ferner fragte er,

„...welche Rolle man dem Staate zubilligt, vor allem ob man den Satz, daß alle Staatsgewalt vom Volke ausgeht, dahin auslegt, daß hinter dem Staat Gott steht. In der bayrischen Verfassung ist der klassische Satz: 'Alle Staatsgewalt geht vom Volke aus' aus dieser Erwägung vermieden worden. Man hat erklärt, das Volk sei nur der Träger der Staatsgewalt, aber alle Gewalt sei bei Gott. Es handelt sich also um die Frage, ob man annimmt, daß das Volk seine Staatsgewalt von Gott habe, daß in dem Staate und hinter dem Volke Gott stehe, oder ob man in dem Volk und damit hinter dem Staat nur eine irdische Staatsgewalt und im Staate lediglich Menschenwerk sieht.“[192]

Schließlich stellte sich in der weltanschaulichen Bewertung die Frage,

„wie man die Würde, das Gewicht des einzelnen Menschen im Verhältnis zu Staat und Volk bewertet. Hitler hat den einzelnen verachtet, er hat nur der Masse einen Wert gegeben und ist deswegen über Leichen von vielen Tausenden geschritten.“[193]

Die Anträge, beide Gesetzesvorschläge in den Ausschuss für Rechtswesen und Verfassungsrecht zu überweisen, gelangten zur getrennten Abstimmung. Dabei wurde der Antrag der Deutschen Partei auf Aufhebung des Art. 102 GG mit einfacher Mehrheit durch Handzeichen abgelehnt. Bei der Abstimmung über den Antrag der Bayernpartei auf Ergänzung des Art. 102 GG stimmten im Wege des

---

191 Bundesjustizminister *Thomas Dehler* machte die Beantwortung dieser Frage von der Betrachtung des Todes abhängig, *„ob man ihn, wie damals Bismarck in seiner Rede am 1. März 1870, als 'Janua vitae', als Tor des Lebens sieht oder ob man in dem Tod ein absolutes Auslöschen oder ein ungeklärtes Mysterium sieht.“* Vgl. Sten. Ber. Deutscher Bundestag, 232. Sitzung vom 2.10.1952, S. 10611 f.

192 Vgl. Sten. Ber. Deutscher Bundestag, 232. Sitzung vom 2.10.1952, S. 10612: Ergänzend führte er einen Artikel in „Christ und Welt“ an, der so weit ginge, *„daß man sagt, nur ein theokratischer Staat dürfe die Todesstrafe verhängen, nur der Staat dürfe dem Menschen das Leben nehmen, der 'deum imitatur', der Gott nachfolgt, der Gott in seinem Werke nachahmt.“* Diese Anschauung finde sich auch bei Bismarck, der argumentiert habe, eine menschliche Kraft, die keine Rechtfertigung von oben in sich spürt, sei zur Führung des Richtschwertes nicht stark genug.

193 Vgl. Sten. Ber. Deutscher Bundestag, 232. Sitzung vom 2.10.1952, S. 10612.

Hammelsprungs überraschenderweise bei 2 Stimmenthaltungen 146 Abgeordnete für und 151 Abgeordnete gegen die Überweisung. In der zweiten Beratung des Bundestages am 30. Oktober 1952 lehnten von 329 Abgeordneten bei 10 Stimmenthaltungen 216 Abgeordnete (66 %) den Wiedereinführungsantrag der Deutschen Partei ab, während nur 103 Abgeordnete (31 %) ihn befürworteten.

Eine dritte Beratung kam nicht mehr in Betracht, da man sich aufgrund des Ergebnisses der zweiten Beratung sicher sein konnte, dass die zur Änderung des Grundgesetzes erforderliche Zweidrittelmehrheit der Mitglieder des Bundestages und der stimmen des Bundesrates nicht zustande kommen würde. In erster und zweiter Beratung noch nicht einmal die einfache Mehrheit im Bundestag erreicht werden.

Nach diesem Fehlschlag wurde die Debatte erst sechs Jahre später wieder aufgenommen. 1958 kam es in den Beratungen der Großen Strafrechtskommission zu einer kontroversen Diskussion um die Wiedereinführung der Todesstrafe im Rahmen des Strafensystems.[194] Die Abstimmung in der Kommission ergab aber, dass nur vier Stimmen die Aufnahme der Todesstrafe für Mord in das StGB befürworteten, während sich 19 Stimmen dagegen aussprachen.[195]

Anlässlich schwerster Verbrechen verstummte die Diskussion um die Wiedereinführung der Todesstrafe zu keiner Zeit.[196] So sammelte z.B. der Bürgermeister der fränkischen Gemeinde Roßtal im Jahr 1954 Tausende von Unterschriften für eine Petition, Raubmörder künftig mit dem Tode zu bestrafen. Zuvor hatte ein Sparkassenmörder in einem fränkischen Dorf zwei Menschen erschossen. Vier Jahre später trat unter dem Beifall seiner Zuhörer im Stuttgarter Vorort Heslach der Baden-Württembergische Justizminister *Josef Beyerle* für die Todesstrafe ein, nachdem der schwäbische Junge *Joachim Goehner* von einem Erpresser entführt und ermordet worden war. Im Jahr 1961 hatte sich Nordrhein-Westfalens Innenminister *Josef Hermann Dufhues* dafür ausgesprochen, den Mord an Polizisten mit dem Tod zu ahnden, da ein Hauptwachtmeister in Dortmund erschossen worden war. 1964 erklärte *Konrad Adenauer*, er sei nunmehr

---

194 Niederschriften über die Sitzungen der Großen Strafrechtskommission, Band 11: Beratungen zur Todesstrafe, 1959, S. 24 ff. (Diskussion). Vgl. hierzu auch *Baumann*, Die Todesstrafe, S. 85 ff.

195 Niederschriften über die Sitzungen der Großen Strafrechtskommission, Band 11: Beratungen zur Todesstrafe, 1959, S. 28.

196 Vgl. *BVerfGE* 45, 187 (228 f.); *Dorfmüller*, in: Karrenberg/von Bismarck, Todesstrafe? S. 4 (9); *Hohmann*, JURA 2000, 285 (287); *Schwahn*, NJW 1998, 2568 (2570); *Stephan*, ZStrW 89 (1977), 1046 ff.; *Tettinger*, JZ 1978, 128f.; Titelgeschichte im Spiegel: Todesstrafe. Irrtum inklusive, 1964, Heft 44, S. 38.

für die Wiedereinführung der Todesstrafe: Die Entwicklung mache diesen Schritt notwendig. Ein Bonner Taxifahrer war ermordet worden.[197]

Anlass für das erneute Aufkommen der Diskussion um die Wiedereinführung der Todesstrafe im Jahr 1977 war die Entführung und Ermordung des Arbeitgeberpräsidenten *Hanns Martin Schleyer* durch linke Terroristen. So gab es auch in dem von Bundeskanzler *Helmut Schmidt* einberufenen Krisenstab Stimmen, die die Möglichkeit einer konditionierten Todesstrafe erwogen.[198] Man gedachte, die Verurteilung eines terroristischen Mörders zum Tode vorzusehen, die Strafe aber nur zu vollstrecken, falls er freigepresst werden sollte.[199] Seit Anfang der 1990er Jahre führt man die zunehmende Befürwortung der Todesstrafe auf die steigende Kriminalitätsfurcht zurück, die zwar medial vermittelt, in ihrem Ausmaße aber unbegründet ist. In den neuen Bundesländern, wo die Angst vor Kriminalität am größten ist, traten im Jahre 1996 45 % der Befragten, mithin fast jeder zweite, für die Todesstrafe ein.[200]

Allein der Umstand, dass seit Ende der 1950er Jahre keine legislative Auseinandersetzung um die vollständige oder partielle Wiedereinführung der Todesstrafe stattfand, vermag nicht vollends zu beruhigen. Die mediale Vermittlung von Terrorakten und schwersten Verbrechen kann auf – zunächst noch – populistische Tendenzen einer Wiedereinführung katalytisch wirken. Sobald darauf aufbauend nur genügend Stimmen mit einem einheitlichen dahingehenden Ruf eine – dann bereits – politische Tendenz bewirken, folgt darauf unter Umständen bald die nächste legislative Debatte über die ganz im Sinne des Herrenchiemseer Verfassungskonvents sodann *„eminent politische Frage“* einer Wiedereinführung.

Unabhängig von der jeweiligen Intensität der öffentlichen Diskussion lässt sich aber – gleichsam prophylaktisch – die (Un-) Zulässigkeit einer Wiedereinführung der Todesstrafe in der Bundesrepublik zu jeder Zeit anhand der geltenden nationalen und internationalen Rechtsordnung beurteilen.

---

197 Vgl. *Witaschek*, DRiZ 1965, 372.

198 *Sommer/Kleine-Brockhoff*, Die Zeit Nr. 28 v. 4.7.1997, S. 8.

199 *Schwahn*, NJW 1998, 2568 (2570).

200 Allensbacher Jahrbuch der Demoskopie, Band 10, 1997, S. 767: Anteil der Todesstrafenbefürworter an der Gesamtzahl der Befragten im Gebiet der neuen Bundesländer 1992=29 %, 1995=40% und 1996=45%. Vgl. auch *Hohmann*, JURA 2000, 285 (287).

3. Teil: Wiedereinführung der Todesstrafe nach nationalem Recht

Vor einer eventuellen Wiedereinführung der Todesstrafe sieht sich der nationale Gesetzgeber mit Art. 102 GG konfrontiert. In der Bestimmung *„Die Todesstrafe ist abgeschafft"* hat die Abolition der Todesstrafe eine feste Verankerung gefunden, die für Interpretationen jedweder Art keinen Spielraum lässt. Der Verfassungsgeber hat damit die Todesstrafe als Sanktionsmöglichkeit explizit ausgeschlossen. Die Wiedereinführung der Todesstrafe setzt daher eine Verfassungsänderung[201] voraus. Eine Teiländerung der Verfassung ist dabei grundsätzlich unter den gleichen Voraussetzungen denkbar wie eine Gesamtänderung, da das Grundgesetz in Art. 79, anders als die österreichische (Art. 44) und die schweizerische (Art. 118 ff.) Verfassung nicht zwischen einer Teil- und Gesamtänderung unterscheidet. Unabhängig davon, wie diese Änderung der Verfassung gesetzestechnisch vorgenommen wird, also beispielsweise durch Streichung, Änderung oder Ergänzung, hat ihr der Verfassungsgeber aber hohe Hürden gesetzt. Nicht zuletzt aufgrund der historischen Erfahrungen hat der Parlamentarische Rat in Art. 79 GG eine dreifache Sicherung des Verfassungsrechts vorgenommen. So knüpft das Erfordernis einer 2/3-Mehrheit (Art. 79 Abs. 2 GG) an die Tradition des § 196 Paulskirchen-Verfassung und des Art. 76 WRV an. Dagegen ist das Gebot der Textänderung nach Art. 79 Abs. 1 GG als bewusste Reaktion auf die Praxis der „Verfassungsdurchbrechungen" in der Weimarer Republik zu sehen,[202] die zwar mit der qualifizierten Mehrheit erfolgten, aber nicht in der Verfassung selbst festgehalten wurden. Schließlich gewährt Art. 79 Abs. 3 GG einen absoluten Schutz für einen Kernbestand der Verfassung und ist vor allem vor dem Hintergrund der „legalen" Verfassungsbeseitigung im Jahr 1933 zu sehen.[203]

Erst nach Prüfung der formellen und materiellen Voraussetzungen einer Verfassungsänderung kann die Frage beantwortet werden, ob das Grundgesetz im Übrigen für die Einführung der Todesstrafe durch den einfachen Gesetzgeber offen ist.

---

[201] *„Die Verfassungsänderung ist eine im Verfassungsgesetz vorgesehene, formelle Möglichkeit, die Verfassung durch Änderung oder Ergänzung des Verfassungsrechts an neue Bedürfnisse, Erfahrungen und Einsichten anzupassen,"* vgl. *Badura*, in: HStrR VII, § 160 Rdnr. 16.

[202] Vgl. JöR 1 (1951), 574 f.

[203] Vgl. JöR 1 (1951), 586; *Kunig*, in: von Münch/Kunig, GG, Art. 102 Rdnr. 1.

A. Abschaffung des Art. 102 GG

I. Formelle Anforderungen des Art. 79 Abs. 1 und 2 GG

Einen Verfassungsänderung erfolgt nicht durch ein besonderes Organ, z.B. einen Verfassungskonvent, oder im Wege eines besonderen Verfahrens, z.B. durch ein obligatorisches Referendum, oder durch Zustimmung der Bundesländer, sondern durch den ordentlichen Gesetzgeber im Gesetzgebungsverfahren nach Art. 76 bis 78 GG. Dies setzt eine qualifizierte Mehrheit, nämlich die Mehrheit von zwei Dritteln der gesetzlichen Mitgliederzahl des Bundestages voraus, Art. 79 Abs. 2 i.V.m. Art. 121 GG. Anders als unter der Geltung der Weimarer Reichsverfassung, die in Art. 76 Abs. 1 Satz 2 WRV eine Zustimmung des Reichsrates nicht vorsah, ist gemäß Art. 79 Abs. 2 GG auch eine Zustimmung von zwei Dritteln der Mitglieder des Bundesrates für eine Verfassungsänderung erforderlich. Mit der Änderungsbefugnis durch Bundestag und Bundesrat hat der Verfassungsgeber bewusst das Volk, den Souverän, aus dem unmittelbaren Prozess der Verfassungsänderung ausgeschlossen.[204] Auch die Länder, die an der Verfassungsgebung unmittelbar beteiligt waren (Art. 144 GG), partizipieren an einer möglichen Verfassungsänderung nur über den Bundesrat, also über ein Bundesorgan mit nach Größe differenzierendem Stimmengewicht.[205]

Die formellen Anforderungen an das Gesetzgebungsverfahren werden in mehrfacher Hinsicht durch Art. 79 Abs. 1 und 2 GG modifiziert und ergänzt. Nach Art. 79 Abs. 1 Satz 1 GG muss das verfassungsändernde Gesetz den Wortlaut

---

[204] In Betracht kommt zwar auch die Möglichkeit einer Verfassungsreform im Wege der Volksabstimmung nach Art. 146 GG. Diese kann allerdings das Verfahren nach Art. 79 GG nicht ersetzen, sondern vermag es nur zu ergänzen. Da Art. 146 GG das Verfahren, etwa ein Referendum oder eine verfassungsgebende Nationalversammlung, nicht selbst regelt, müsste dieses Verfahren zunächst im Wege einer Grundgesetzänderung nach Art. 79 GG beschlossen werden. Darüber hinaus ist nach h.M. auch bei Verfassungsänderungen nach Art. 146 GG die Ewigkeitsgarantie des Art. 79 Abs. 3 GG zu beachten, vgl. *Heckmann*, DVBl. 1991, 847 (855); *Isensee*, NJW 1993, 2583 (2584); *Stern*, DtZ 1990, 289 (299); *Scholz*, in: Maunz/Dürig, GG, Art. 146 Rdnr. 23. Art. 79 Abs. 3 GG zieht der verfassungsändernden Gewalt Grenzen und schließt damit förmlich aus, ein verfassungsänderndes Gesetz, das den änderungsfesten Kern des Grundgesetz antastet, im Wege eines Volksentscheids zu legitimieren. Die Gegenansicht meint, dass Art. 146 GG von den materiell-rechtlichen Garantien des Art. 79 Abs. 3 GG auf Grund seiner Ausrichtung auf den pouvoir constituant unabhängig sei, vgl. *Huber*, in: Sachs, GG, Art. 146 Rdnr. 13. Dagegen spricht jedoch, dass das Volk bei einer Abstimmung nach Art. 146 GG nicht Kraft seiner originären verfassungsgebenden Gewalt (pouvoir constituant) handelt, sondern in seiner grundgesetzlichen Verfasstheit (als pouvoir constitué). Diese Verfasstheit kann aber keine weiter gehenden Möglichkeiten der Verfassungsänderung eröffnen, als ihr selbst zustehen.

[205] *Bryde*, Verfassungsentwicklung, S. 295.

des Grundgesetzes ausdrücklich ändern oder ergänzen. Eine Verfassungsänderung ohne Textänderung ist daher ausgeschlossen. Dies dient der *„Urkundlichkeit und Einsichtbarkeit jeder Verfassungsänderung."*[206] Gesetzestechnisch kommt für eine Verfassungsänderung neben dem gesetzlich normierten „Ändern" oder „Ergänzen" auch das „Streichen" in Betracht. Art. 102 GG könnte also einerseits schlicht gestrichen werden. Eine Aufhebung der Vorschrift lässt sich aber andererseits auch durch die Ergänzung *„ist aufgehoben"* bewerkstelligen. Grundsätzlich kann dem Grundsatz der Verfassungsklarheit aber auch durch einen Verweis auf Texte außerhalb der Verfassung genügt werden, sofern darauf im Verfassungstext verwiesen wird.[207] Möglich ist daher auch eine einschränkende Ergänzung der Abolitionsnorm um den Zusatz *„ausgenommen für Straftaten gemäß § ... StGB"*.

II. Materielle Anforderungen des Art. 79 Abs. 3 GG „Ewigkeitsgarantie"

Der verfassungsändernde Gesetzgeber erfährt über die in Art. 79 Abs. 1 und 2 GG enthaltenen Form- und Verfahrensregelungen hinaus hinsichtlich verfassungsändernder Gesetze durch Art. 79 Abs. 3 GG eine materielle Bindung. Die Vorschrift schützt bestimmte Grundentscheidungen des Verfassungsgebers als *„unberührbar"*. Ein Änderung des Grundgesetzes, durch welche die Gliederung des Bundes in Länder, die grundsätzliche Mitwirkung der Länder bei der Gesetzgebung oder die in den Artikeln 1 und 20 niedergelegten Grundsätze berührt werden, ist unzulässig. Für den verfassungändernden Gesetzgeber ist daher – unabhängig von den Mehrheiten in Bundestag und Bundesrat – der Zugriff auf diese Normen, Grundsätze und Entscheidungen des Verfassungsgebers, auf Dauer verschlossen.[208]

Art. 79 Abs. 3 GG hat nur wenige verfassungsrechtliche Vorläufer. Eine der ältesten vergleichbaren Regelungen ist Art. 112 Abs. 1 Satz 3 der Verfassung Norwegens aus dem Jahr 1814. Diese Norm bestimmte, dass eine Änderung der Verfassung niemals den Prinzipien der vorliegenden Verfassung widersprechen, sie vielmehr nur bestimmte Einzelanordnungen modifizieren dürfe, ohne den Geist der vorliegenden Verfassung zu ändern.[209] Den deutschen Verfassungen der damaligen Zeit waren dagegen eine ausdrückliche Unantastbarkeitsgarantie

---

[206] *BVerfGE* 9, 334 (336).

[207] *Kunig*, in: von Münch/Kunig, GG, Art. 102 Rdnr. 14.

[208] *Stern*, Staatsrecht I, S. 113.

[209] Vgl. hierzu *Evers*, in: BK, GG, Art. 79 Abs. 3 Rdnr. 23; *Häberle*, in: FS Haug, S. 81 ff. (82, 84); *Stern*, Staatsrecht I, S. 115 mit weiteren Beispielen und Nachweisen.

und materielle Grenzen der Verfassungsänderung fremd.[210] In der Zwischenzeit haben Unantastbarkeitsvorschriften im europäischen Verfassungsrecht deutlich zugenommen.[211]

Die Idee der Unantastbarkeit eines bestimmten Verfassungskerns wurde unter den Weimarer Staatsrechtslehrern kontrovers diskutiert. So stellte etwa *Gerhard Anschütz* die gesamte Verfassung ohne Ansehung der Tragweite der einzelnen Normen zur Disposition des Gesetzgebers.[212] Diese „alte Lehre" stieß schon in der Weimarer Zeit auf Kritik. *Carl Schmitt* unterschied grundlegend zwischen Verfassung und Verfassungsgesetz sowie zwischen Verfassungsänderung und Verfassungsgebung und leitete daraus Grenzen der Verfassungsänderung ab.[213] Die Verfassungsänderung bedeute, dass einzelne oder mehrere verfassungsgesetzliche Regelungen durch andere verfassungsgesetzliche Regelungen ersetzt werden können, aber nur unter der Voraussetzung, dass Identität und Kontinuität der Verfassung als ein Ganzes gewahrt blieben.[214] Dieser „neuen Lehre" folgten *Heinrich Triepel, Carl Bilfinger, Erwin Jacobi, Otto Koellreutter, Hans Gerber, Ottmar Bühler, Richard Thoma, Walter Jellinek* und *Karl Loewenstein.*[215] Die Diskussion über die Unantastbarkeit eines Verfassungskerns wurde 1933 durch das Aufkommen des Nationalsozialismus erstickt.

---

210 Gleichwohl hatten die deutschen Verfassungen des 19. Jahrhunderts wirksame Vorkehrungen getroffen, um die jeweilige Gesamtentscheidung über Form und Art der politischen Einheit vor einer Revision zu sichern. In diesen Vorschriften kann man wohl normativ-faktische Schranken der Verfassungsänderung sehen. In rechtlicher Struktur und materieller Zielsetzung sind sie aber mit den von Art. 79 Abs. 3 GG gesetzten Schranken nicht vergleichbar. So war beispielsweise der Deutsche Bund nach Art. 1 Bundesakte 1815 ein „beständiger Bund" zwischen den Bundesgliedern. Ferner sah Art. 107 der Preußischen Verfassung von 1850 für Verfassungsänderungen zwar besondere verfahrensrechtliche Vorschriften, aber keine materiellen Schranken vor, vgl. *Evers*, in: BK, GG, Art. 79 Abs. 3 Rdnr. 1 ff. m.w.N.

211 Vgl. u.a. Art. 110 Abs. 1 der Griechischen Verfassung und Art. 288 lit. a-o der Portugiesischen Verfassung.

212 *Anschütz*, WRV, Art. 76 Anm. 1 und Anm. 3: *„Auf dem durch Art. 76 geregelten Gesetzgebungswege können (...) Verfassungsrechtsänderungen jeder Art bewirkt werden: nicht nur minder bedeutsame, mehr durch technische als durch politische Erwägungen bedingte, sondern auch bedeutsame, einschließlich solcher, die sich auf die rechtliche Natur des Reichsganzen (Bundesstaat), die Zuständigkeitsverteilung zwischen Reich und Ländern, die Staats- und Regierungsform des Reiches und der Länder (Republik, Demokratie, Wahlrecht, Parlamentarismus, Volksentscheid, Volksbegehren) und andere prinzipielle Fragen (Grundrechte!) beziehen.*"

213 *Schmitt*, Verfassungslehre, S. 11 ff., 25 f., 102 ff.

214 *Schmitt*, Verfassungslehre, S. 103; *Stern*, Staatsrecht III/2, S. 1084 m.w.N.

215 *Schmitt*, Verfassungsrechtliche Aufsätze, 1958, S. 299 (301). Vgl. auch *Ehmke*, Grenzen der Verfassungsänderung, S. 19 ff.

Heute erteilt Art. 79 Abs. 3 GG der „alten Lehre" von der Allmacht des verfassungsändernden Gesetzgebers nach *Gerhard Anschütz* eine explizite Absage, indem dort ein Verbot der Änderung bestimmter Grundsätze *„diese Grundgesetzes"* festgehalten ist. Selbst gegen den möglicherweise einstimmigen Entscheid der zur Verfassungsänderung befugten Organe sind die durch Art. 79 Abs. 3 GG garantierten Inhalte geschützt. Dem Grundgesetz wird dadurch hinsichtlich seines Kerns ein permanenter, seiner Identitätswahrung dienender Bestandsschutz zuteil. Daher wird die Norm häufig als *Ewigkeitsgarantie*[216] umschrieben. Andere bezeichnen sie als *Ewigkeits-* oder *Unantastbarkeitsklausel*, *Ewigkeits-*, *Unantastbarkeits-* oder *Identitätsgarantie*, *materielle Schranke der Verfassungsänderung*, *Grenze der Revisionsgewalt* oder als *Verfassungsänderungsverbot* u.ä.[217]

Art. 79 Abs. 3 GG bestimmt, dass neben anderen Unantastbarkeiten eine Änderung dieses Grundgesetzes, durch welche die in den Art. 1 und 20 niedergelegten *Grundsätze* berührt werden, unzulässig ist. Er erfasst schon nach seinem Wortlaut nicht Art. 1 und 20 GG in ihrem gesamten Regelungsgehalt, sondern erklärt ausdrücklich nur die darin enthaltenen Grundsätze für unabänderlich.[218]

Offen bleibt jedoch zum einen die Frage nach der Reichweite der Ewigkeitsgarantie und zum anderen nach der Definition des Begriffs *„Grundsätze"* und wann diese *„berührt"* sind. Schon die inhaltliche Eingrenzung der Begriffe *„Grundsatz"* und *„berühren"* ist umstritten.

In *BVerfGE* 30, 1 (24), dem sog. *Abhörurteil*, stellte das *BVerfG* fest, dass die in Art. 1 und 20 GG niedergelegten Grundsätze nicht Prinzipien mit absolutem Geltungsanspruch seien.

> *„Art. 79 Abs. 3 GG als Schranke für den verfassungsändernden Gesetzgeber hat den Sinn, zu verhindern, dass die geltende Verfassungsordnung in ihrer Substanz, in ihren Grundlagen auf dem formal-legalistischen Weg eines verfassungsändernden Gesetzes beseitigt und zur nachträglichen Legalisierung eines totalitären Regimes missbraucht werden kann. Die Vorschrift verbietet damit eine prinzipielle Preisgabe der dort genannten Grundsätze. Grundsätze werden als ‚Grundsätze' von vornherein nicht ‚berührt', wenn ihnen im allgemeinen Rechnung getragen wird und sie*

---

216 *Bryde*, in: von Münch/Kunig, GG, Art. 79 Rdnr. 24; *Dreier*, JZ 1994, 741 (746); *Evers*, in: BK, GG, Art. 79 Abs. 3 Rdnr. 68 (73); *Stern*, Staatsrecht I, S. 165.

217 Vgl. Übersicht bei *Dreier*, in: Dreier, GG, Art. 79 Abs. 3 Rdnr. 11.

218 *Dreier*, in: Dreier, GG, Art. 79 Abs. 3 Rdnr. 21.

nur für eine Sonderlage entsprechend deren Eigenart aus evidenten sachgerechten Gründen modifiziert werden."

Außerdem sei nach Auffassung des Gerichts zu bedenken, dass es sich

„um eine Ausnahmevorschrift handele, die jedenfalls nicht dazu führen dürfe, daß der Gesetzgeber gehindert sei, durch verfassungsänderndes Gesetz auch elementare Verfassungsgrundsätze systemimmanent zu modifizieren."[219]

Vergegenwärtigt man sich die Aussage des Gerichts, könnte man Art. 79 Abs. 3 GG tatsächlich als im Wesentlichen deklaratorisch ansehen, wenn er sich auf den Schutz gegen die Totalbeseitigung der genannten Grundsätze beschränkte.[220] Einer solchen Schlussfolgerung hielt dann aber auch das Sondervotum zu *BVerfGE 30, 1 (33 ff.)* entgegen, dass die Grundsätze als konstituierende Elemente unabänderlich und daher *„streng und unnachgiebig"* auszulegen seien.[221] Berührt sei ein Grundsatz nicht erst, wenn er vollständig aufgehoben oder prinzipiell preisgegeben sei, sondern auch schon, wenn er in einem Teilbereich ganz oder zum Teil außer Acht gelassen werde.[222] Einzig diese Interpretation entspreche auch dem Zweck der Vorschrift, die als Antwort auf die historische Erfahrung nach dem Verfall der Weimarer Reichsverfassung nicht allein die Revolution abwehren, sondern auch die konstituierenden Elemente der Verfassung vor dem Verfall schützen wolle.[223]

Auch in der Literatur[224] wurde die Begründung des *BVerfG* zum Abhörurteil mehrheitlich abgelehnt, da durch die weitgehende Möglichkeit von Ausnahmen zu den *„Grundsätzen"* diese letztlich leer liefen. Mit dem Wortlaut *„nicht berührt werden"* werde jegliche Einschränkung des Geltungsanspruches der Grundsätze verhindert.[225]

---

219 *BVerfGE* 30, 1 (24, 25); vgl. auch *BVerfGE* 84, 90 (121); 89, 155 (208 f.).

220 *Bryde*, Verfassungsentwicklung, S. 239.

221 Sondervotum, in: *BVerfGE* 30, 1 (41, 47).

222 Sondervotum, in: *BVerfGE* 30, 1 (41).

223 Sondervotum, in: *BVerfGE* 30, 1, (42, 47).

224 *Bettermann*, AöR 96 (1971), 561ff.; *Dürig*, in: FS Maunz, S. 41 ff.; *Erichsen*, VerwArch, 62 (1971), 291; *Evers*, in: BK, GG, Art. 79 Abs. 3 Rdnr. 150 ff.; *Häberle*, JZ 1971, 145 (149 f.); *von Münch*, Staatsrecht I, S. 91 ff.; *Rupp*, NJW 1971, 275 (276). Differenzierend *Bryde*, in: von Münch/Kunig, Art. 79 Rdnr. 28; *Dreier*, in: Dreier, GG, Art. 79 Abs. 3 Rdnr. 15; *Stern*, JuS 1985, 329 m.w.N.; *ders.*, Staatsrecht III/2, S. 1105 ff.

225 *Evers*, in: BK, GG, Art. 79 Abs. 3 Rdnr. 150, m.w.N.

Der vorstehend dargestellten Kritik an dem Abhörurteil des *BVerfG* ist insoweit beizupflichten, als bei Zugrundelegung dieser *„minimalistischen"* Auslegung[226] Art. 79 Abs. 3 GG letztlich auf ein Revolutionsverbot reduziert wird. Gleichzeitig muss eine Interpretation des Art. 79 Abs. 3 GG aber auch alle „normativen Zementierungen" vermeiden, soweit diese nicht deutlich von Art. 79 Abs. 3 GG gewollt sind.[227] Einzig zielführend ist daher der von *Klaus Stern* vertretene Ansatz einer lege artis vorgehenden Auslegung, die bei den einzelnen Regelungsgehalten ansetzt und hierbei vor allem dem einschränkenden Merkmal der *„Grundsätze"* hinlänglich Rechnung trägt.[228] In jüngeren Entscheidungen ging auch das *BVerfG* diesen Weg.[229]

Art. 102 GG selbst wird damit nicht vom Wortlaut des Art. 79 Abs. 3 GG erfasst. Es ist jedoch nachfolgend zu untersuchen, ob durch die Streichung des Art. 102 GG gleichwohl einer der zuvor aufgezählten Verfassungsgrundsätze betroffen sein könnte. Der Schutz des Art. 79 Abs. 3 GG umfasst bei verfassungsändernden Gesetzen die Gewähr der Gliederung des Bundesstaats in Länder, die grundsätzliche Mitwirkung der Länder bei der Gesetzgebung sowie die Unantastbarkeit der in den Art. 1 und 20 GG niedergelegten Grundsätze.

1. Grundsätze des Art. 20 GG (insb. Rechtsstaatsprinzip)

Möglicherweise verstößt die Abschaffung des Art. 102 GG gegen die in Art. 20 GG niedergelegten Grundsätze. Zwar wäre mit der Abschaffung des Art. 102 GG nicht zugleich die Streichung des Art. 20 GG verbunden; durch die Streichung des Art. 102 GG könnte aber das in Art. 20 Abs. 2 und Abs. 3 GG enthaltene Rechtsstaatsprinzip berührt sein. Rechtstaatlichkeit bedeutet, dass die Ausübung der staatlichen Macht nur auf der Grundlage der Verfassung und von formell und materiell verfassungsmäßig erlassenen Gesetzen mit dem Ziel der Gewährleistung von Menschenwürde, Freiheit, Gerechtigkeit und Rechtssicherheit zulässig ist.[230]

Dabei ist zunächst umstritten, ob das Rechtsstaatsprinzip überhaupt in Art. 20 Abs. 2, Abs. 3 GG niedergelegt ist.

---

226 *Bryde*, Verfassungsentwicklung, S. 239.

227 So zu Recht auch: *Maunz/Dürig*, in: Maunz/Dürig, GG, Art. 79 Abs. 3 Rdnr. 31.

228 *Stern*, JuS 1985, 329 (332).

229 *BVerfGE* 84, 90 (121); 94, 49 (103).

230 *Stern*, Staatsrecht I, S. 781.

Einige Autoren bewerten das Rechtsstaatsprinzip in seiner Gesamtheit als ungeschriebenen Bestandteil des Art. 20 GG.[231]
Nach der Entscheidung des *BVerfG* enthält Art. 20 GG dagegen nicht das gesamte Rechtsstaatsprinzip, sondern nur ganz bestimmte Bestandteile, den Grundsatz der Gewaltenteilung in Abs. 2 und den Grundsatz der Bindung der Gesetzgebung an die verfassungsmäßige Ordnung in Abs. 3.[232] Das Gericht geht also letztlich davon aus, dass die Rechtsstaatlichkeit nur insoweit unantastbar ist, wie sie in Art. 20 GG konkret zum Ausdruck kommt.
Noch weitergehend wird in der Literatur vertreten, dass in dieser Vorschrift zwar rechtsstaatliche Elemente wie Gewaltenteilung und Gesetzesbindung genannt seien, der Begriff des Rechtsstaats oder der Rechtsstaatlichkeit als solcher jedoch ausdrücklich nicht erwähnt werde.[233] Folgt man letztgenannter Auffassung könnte man zu dem Schluss gelangen, der Rechtsstaatsgedanke sei als solcher in Art. 20 GG gar nicht enthalten.[234] Diese Ansicht stützt zunächst, dass der Rechtsstaat an anderer Stelle, im Rahmen der Anforderungen die verfassungsmäßige Ordnung der Länder ausdrücklich in Art. 28 Abs. 1 Satz 1 GG, erwähnt ist.

Eine solche Betrachtungsweise widerspräche allerdings der Systematik des Grundgesetzes. Ergänzend zu Art. 20 GG ist zur Bestimmung des Rechtsstaatsprinzips vielmehr eine Einbeziehung auch von Art. 1 Abs. 3, 19 Abs. 4, 28 Abs. 1 GG sowie der Gesamtkonzeption des Grundgesetzes erforderlich.[235] Es gehört zu den *„unaufklärbaren Zufälligkeiten"* der Entstehung des Art. 20 und 28 GG, dass zwar in der einen Vorschrift (Art. 28 Abs. 1 Satz 1 GG) ausdrücklich vom Rechtsstaat die Rede, in der anderen aber ein wesentlicher Teil dieses Prinzips wiedergegeben ist.[236] Die sprachliche Verschiedenheit von Art. 20 und 28 GG soll in Bezug auf den Rechtsstaatsgedanken keine unterschiedliche inhaltliche Aussage treffen. Es ist vielmehr davon auszugehen, dass

---

231 *Herzog*, in: Maunz/Dürig, GG, Art. 20 Rdnr. 35; *Maunz/Dürig*, in: Maunz/Dürig, GG, Art. 79 Rdnr. 43; *Bryde*, in: von Münch/Kunig, Art. 79 Rdnr. 42; *Sachs*, in: Sachs, GG, Art. 20, Rdnr. 75; *Stern*, Staatsrecht I, S. 172f. Vgl. auch *Hain*, in: von Mangoldt/Klein/Starck, GG, Art. 79 Abs. 3 Rdnr. 88 ff.

232 *BVerfGE* 30, 1 (24 f.).

233 *Bäumlin*/Ridder, in: AK, GG, Art. 20 Abs. 1-3, Rdnr. 36; *Hain*, Grundsätze des Grundgesetzes, S. 341, der in Fn. 5 darauf hinweist, dass der vom Abgeordneten *von Mangoldt* dem Grundsatzausschuss des Parlamentarischen Rates vorgelegte Erstentwurf des damaligen Art. 21 Abs. 1 GG, in dem die Bundesrepublik ausdrücklich als Rechtsstaat bezeichnet wurde, nicht übernommen worden sei, vgl. JöR 1 (1951), S. 195 „...demokratischer und sozialer Rechtsstaat".

234 *Curtius*, Die Schranken, S. 86 f.; *ders.*, DÖV 1954, 705 (706).

235 *BVerfGE* 2, 380 (403); 35, 41 (47).

236 *Stern*, Staatsrecht I, S. 779.

in Art. 20 Abs. 2, Abs. 3 GG ein grundsätzliches Bekenntnis zum Rechtsstaat niedergelegt ist und dass letztlich diese Vorschrift den Kerngehalt des Rechtsstaatsprinzips enthält.[237]
Eine Berührung der Grundsätze des Art. 20 GG könnte angenommen werden, wenn und soweit Art. 102 GG den dem Rechtsstaatsprinzip inhärenten Grundsatz der Verhältnismäßigkeit konkretisiert.[238] Indem Art. 102 GG das Mittel der Todesstrafe kategorisch ausschließt, und damit für den Staat ein konkretes Tötungsverbot ausspricht, verbietet die Vorschrift in objektiv-rechtlicher Hinsicht unbeschadet aller denkbaren außerrechtlichen Erwägungen, die Todesstrafe mit irgendeinem gesetzgeberischen Zweck ins Verhältnis zu setzen. Dem ersten Anschein nach konkretisiert Art. 102 GG mit der Statuierung eines solchen, der Vorschrift immanenten konkreten Abwägungsverbotes inhaltlich den ansonsten als Teil des Rechtsstaatsprinzips umfassend geltenden Verhältnismäßigkeitsgrundsatz, der als solcher lediglich eine abstrakte Abwägungsregel darstellt.

Genau aus diesem Grund unterscheidet sich das in Art. 102 GG enthaltene Abwägungsverbot aber auch wesentlich von dem Verhältnismäßigkeitsgrundsatz als solchem. Während dieser lediglich den abstrakten Rahmen für eine Übermaßabwägung zur Verfügung stellt, lässt sich dieser Rahmen sinnvoll erst anhand der konkret in den Abwägungsvorgang einzubeziehenden Verfassungsgüter – insbesondere der Grundrechte – ausfüllen. Nicht ohne Grund wird daher der Grundsatz der Verhältnismäßigkeit nicht (nur) aus dem Rechtsstaatsprinzip[239], sondern auch aus dem Wesen der Grundrechte selbst hergeleitet.[240] Nur

---

237 *BVerfGE* 35, 41 (47); 52, 131 (144).

238 *Podlech*, in: AK, GG, Art. 102 Rdnr. 50. Nachdem frühere Versuche, das Verhältnismäßigkeitsprinzip in der Wesensgehaltsgarantie des Art. 19 Abs. 2 GG zu verorten, fehlschlugen, schwankte die Rechtsprechung des BVerfG einige Zeit zwischen der Begründung aus den Grundrechten und aus dem Rechtsstaatsprinzip. Mittlerweile entspricht es aber wohl einhelliger Meinung, den Verhältnismäßigkeitsgrundsatz aus dem allgemeinen Rechtsstaatsprinzip herzuleiten. Zwar ist die Frage nach dem Verhältnismäßigkeitsprinzip insbesondere bei staatlichem Handeln, das in den Freiheitsraum des Bürgers eingreift, von großer Bedeutung. Der Grundgedanke des Prinzips, die staatliche Gewalt an Begründungen zu binden und damit messbar zu machen, muss aber auch jenseits der Freiheitsrechte gelten, vgl. *Herzog*, in: Maunz/Dürig, GG, Art. 20 Rdnr. 72 m.w.N.

239 *BVerfGE* 19, 342 (348 f.); 23, 127 (133); 35, 382 (400); 38, 348 (369); 39, 156 (165); 43, 101 (106); 51, 324 (346); 52, 1 (29); 53, 135 (143 f.); 54, 301 (313); 55, 249 (258); 56, 298 (315); 57, 9 (28); 57, 250 (270); 58, 283 (290); 76, 256 (359); 80, 109 (119 f.); 86, 288 (347); 90, 145 (173); 92, 277 (279, 326); *BSGE* 59, 276 (278); *BGHZ* 128, 220 (227); *Herzog*, in: Maunz/Dürig, GG, Art. 20 Abschn. VII, Rdnr. 72; *Sachs*, in: ders., GG, Art. 20 Rdnr. 146; *Stern*, StaatsR III/2, S. 762 m.w.N.

240 Zur Ableitung des Grundsatzes der Verhältnismäßigkeit hat sich das *BVerfG* in E 19, 342 (348 f.) nicht mit der Feststellung begnügt, er sei eine Konkretisierung des Rechtsstaatsprinzips, sondern dem jedenfalls für den Bereich der Freiheitsrechte präzisierend hinzu-

durch Bestimmung der Schutzintensität der einzelnen, in die Güterabwägung einzubeziehenden Grundrechte, lässt sich nämlich feststellen, welches der betroffenen Grundrechte im Einzelfall zurückzuweichen hat. Daraus folgt aber auch, dass eine Vorschrift, die ein materielles Abwägungsverbot enthält, also letztlich bestimmt, dass in einer bestimmten Mittel-Zweck-Konstellation das Recht auf Leben stets dominiert, nicht in erster Linie dem Rechtstaatsprinzip, sondern vielmehr den jeweils betroffenen Grundrechtspositionen (Menschenwürde, Recht auf Leben) zuzuordnen ist. Das Rechtsstaatsprinzip mit dem in ihm enthaltenen abstrakten Übermaßverbot wäre daher bei Streichung des Art. 102 GG nicht betroffen. Im Zusammenhang mit der durch Streichung dieser Vorschrift ermöglichten Wiedereinführung der Todesstrafe ist vielmehr von den im Katalog des Art. 79 Abs. 3 GG enthaltenen Verfassungsgütern einzig die Garantie der Menschenwürde als Maßstab anzulegen.

2. Grundsätze des Art. 1 GG

Die Streichung des Art. 102 GG könnte jedoch im Widerspruch zum Grundsatz der Menschenwürde stehen und damit die Grundsätze des Art. 1 GG berühren. Nicht zu bezweifeln ist, dass unmittelbare Verbindungslinien zwischen der Entscheidung über die Abschaffung der Todesstrafe und der Achtung der Menschenwürde in Art. 1 Abs. 1 GG als einem der tragenden Konstitutionsprinzipien[241] bestehen.[242] Deshalb ist zunächst zu klären, was unter dem Begriff Menschenwürde überhaupt zu verstehen ist.

Die Einbeziehung des Art. 1 GG in die Unantastbarkeitsgarantie entspricht der Bedeutung, die das Grundgesetz mit den Formeln *„unantastbar"*, *„unverletzlich"* und *„unveräußerlich"* und der Stellung dieses Grundrechts an der Spitze

---

gefügt, dass er sich *„im Grunde aus dem Wesen der Grundrechte selbst (ergibt), die als Ausdruck des allgemeinen Freiheitsanspruchs des Bürgers gegenüber dem Staat von der öffentlichen Gewalt jeweils nur soweit beschränkt werden dürfen, als es zum Schutz öffentlicher Interessen unerlässlich ist"*. Vgl. auch *BVerfGE* 61, 126 (134); 65, 1 (44); siehe auch 90, 145 (173); *Dürig*, AöR 81 (1956), 117 (146 f.); *ders.*, in: Maunz/Dürig, GG, Art. 2 Abs. 1 Rdnr. 62; *Grabitz*, AöR 98 (1973), 568 (586); *Herzog*, ebd., GG, Art. 20 Abschn. VII, Rdnr. 71 ff.; *Kokott*, in: Merten/Papier, Handbuch der Grundrechte, § 22 Rdnr. 98.

241 *BVerfGE* 6, 32 (36); 45, 187 (227); 72, 105 (115).

242 *Azzola*, in: AK, GG, Art. 102 Rdnr. 48; *Zippelius*, in: BK, GG, Art. 1 Rdnr. 70; *Geck*, in: BK, GG, Art. 102 II 2.; *Dreier*, in: Dreier, GG, Art. 102 Rdnr. 54; *Hamann/Lenz*, GG, Art. 102, S. 629; *Jarass*, in: *Jarass/Pieroth*, GG, Art. 102 Rdnr. 1; *Kunig*, in: von Münch/Kunig, GG, Art. 1 Rdnr. 36; *ders.* in: von Münch/Kunig, GG, Art. 102 Rdnr. 18; *Herdegen*, in: Maunz/Dürig, GG, Art. 1 Rdnr. 92 und Fn. 4; *Scholz*, in: Maunz/Dürig, GG, Art. 102 Rdnr. 4; *Sax*, in: Grundrechte III/2, S. 909 ff.; *Tettinger*, JZ 1978, 128 (130); *Weides/Zimmermann*, DVBl. 1988, 461 (464 f.).

des Grundrechtskatalogs, dem Schutz der Menschenwürde und dem Bekenntnis zu den Menschenrechten zuerkennt.[243] Wie erörtert, bestimmt der Wortlaut des Art. 79 Abs. 3 GG ausdrücklich, dass nur die Berührung der *„Grundsätze"* des Art. 1 GG unzulässig ist. Diese Formulierung bringt scheinbar zum Ausdruck, dass Art. 1 Abs. 1 GG nicht gänzlich durch Art. 79 Abs. 3 GG geschützt ist, sondern eben nur seine Grundsätze. Es stellt sich aber die Frage, ob sich der Begriff *„Grundsätze"* in Art. 79 Abs. 3 GG vor dem Hintergrund der herausragenden Bedeutung der Menschenwürde für das Grundgesetz tatsächlich derart weit interpretieren lässt.

Gegen eine Beschränkung auf die Grundsätze des Art. 1 GG spricht zunächst, dass Art. 1 Abs. 1 GG insofern selbst einen Grundsatz enthält.[244] Der von *Reinhold Zippelius*[245] herausgeschälte Begriffskern dient nicht der Spaltung der Menschenwürde in ihre Grundsätze, sondern bietet seinerseits Interpretationshilfen bei der Auslegung des Begriffs, um angesichts der vielen Interpretationsmöglichkeiten zweifelsfreie Bestandteile abschichten zu können.[246] Darüber hinaus spricht für diese Sichtweise, dass der Schutz der Menschenwürde selbst derart fundamentalen Charakter hat, dass er ungeteilt der Ewigkeitsgarantie unterfällt, so dass es keine getrennten oder gestuften Schutzzonen gibt und Art. 1 Abs. 1 GG und dessen Grundsätze kongruent sind.[247] Der Begriff der Menschenwürde ist daher nicht zu teilen, sondern zu interpretieren. Die Beantwortung der Fragen nach dem Verständnis, der Auslegung und der Konkretisierung des Begriffes „Menschenwürde" bereitet jedoch in ihrer Komplexität besondere Schwierigkeiten.

Günter Dürig bestimmt den Begriff der Menschenwürde durch zwei Elemente: das Element des *Subjekts*, das gerade aus seiner Subjektqualität seinen Eigenwert erhält, und als zweites Element die Fähigkeit des Subjekts zur *Selbstbestimmung*.[248] Ausgangspunkt jeder begrifflichen Präzisierung des Menschenwürdebegriffs muss deshalb dieser von *Günter Dürig* aufgezeigte, und von zahlreichen Autoren genauso oder ähnlich festgestellte besondere Freiheitsbezug der

---

243 *Evers*, in: BK, GG, Art. 79 Abs. 3 Rdnr. 161.

244 *Erichsen*, VerwArch 62 (1971), 291 (298); *Even*, Die Bedeutung der Unantastbarkeitsgarantie, S. 118; *Stern*, Staatsrecht III/2, S. 1115; *ders.*, JuS 1985, 329 (334).

245 *Zippelius*; in: BK, GG, Art 1 Abs. 1 u. 2 Rdnr. 14.

246 *Stern*, Staatsrecht III/2, S. 1115, m.w.N.

247 *Dreier*, in: Dreier, GG, Art. 79 Abs. 3 Rdnr. 22.

248 *Dürig*, AöR 81 (1956), S. 125.

Menschenwürde sein.[249] Inhaltlich ist dadurch jedoch bestenfalls ein Rahmen und Leitfaden, allerdings noch keine weitergehende Begriffspräzisierung erreicht, da *Günter Dürig* lediglich die eine Abstraktion durch eine andere ersetzt.[250]

Die Auslegung des Rechtsbegriffs „Menschenwürde" kann aber – wie *Christoph Enders*[251] zutreffend herausgearbeitet hat – nicht beim positiven Begriff der Menschenwürde, wie er von *Günter Dürig* definiert wurde, stehen bleiben, sondern erhält aus diesem lediglich das Programm für die weitere Präzisierung dieses Rechtsbegriffs.

Auch *Niklas Luhmanns* Verständnis des Konzepts der Menschenwürde als Prozess, der als Gegenpol zur Statik der *Dürigschen* Menschenwürdekonzeption gesehen werden kann, vermag zu Ende gedacht „nur" als besonders „akzentuiertes Synonym für Freiheit"[252] verstanden werden und enthält deshalb neben der wichtigen Akzentuierung des Prozesses der Selbstidentifikation als Grundlage des Menschenwürdebegriffs rechtstechnisch betrachtet keinen weiteren materiellen Inhalt als der Begriff *Günter Dürigs*.[253]

Ähnlich geht es allen weiteren Bemühungen, den Begriff der Menschenwürde positiv dadurch zu bestimmen, dass eine gegenständliche Unterscheidung der Würde von ihren Synonymen vorgenommen wird.[254]

Die vergeblichen Interpretationsversuche der vorgenannten Autoren führen die besondere Schwierigkeit der begrifflichen Erfassung des Menschenwürdebegriffs vor Augen. Immerhin enthält Art. 1 GG mit seiner verfassungsmäßigen Verknüpfung der „Würde" des Menschen mit dem „Wesen" des Menschen eine umfassende und im Abstraktionsgrad kaum zu übertreffende Aussage über den Kern der Menschenwürde. Daraus folgt, dass eine nähere Bestimmung des verfassungsrechtlichen Begriffs der Menschenwürde nur aus einer näheren Be-

---

249 Vgl. grundlegend *Enders*, Die Menschenwürde in der Verfassungsordnung, S. 11 ff.; *Dreier*, in: Dreier, GG, Art. 1 I Rdnr. 51 ff.; *Hofmann*, AöR 118 (1993), S. 353 ff.; *Geddert-Steinacher*, Menschenwürde als Verfassungsbegriff.

250 *Enders*, Die Menschenwürde in der Verfassungsordnung, S. 11.

251 Vgl. dazu *Enders*, Die Menschenwürde in der Verfassungsordnung, S. 10 ff.

252 *Enders*, Die Menschenwürde in der Verfassungsordnung, S. 13.

253 Im Übrigen bleibt zu beachten, dass *Dürig* sehr wohl zwischen Zustand und Prozess zu unterscheiden verstand. Dies zeigt sich an seiner Interpretation von Art. 1 und 2 GG, wobei ersterer den Menschen statisch als mit Würde ausgestattet zeigt und letzterer den Menschen als Subjekt zeigt, das diese Würde entfaltet; vgl. *Enders*, Die Menschenwürde in der Verfassungsordnung, S. 14 ff.

254 *Enders*, Die Menschenwürde in der Verfassungsordnung, S. 16 ff.

stimmung des Wesens des Menschen zu erreichen ist. Wie kein anderer Rechtsbegriff knüpft der Begriff der Menschenwürde an ein vorverfassungsmäßiges rechtliches Substrat an und ist deshalb in besonderem Maße in seiner Auslegung von den ideengeschichtlichen Grundlagen dieses Konzepts abhängig.[255]

a) Geistesgeschichtliche Grundlagen des Menschenwürdebegriffs

Die Bedeutung der Menschenwürdegarantie wurzelt in zweitausend Jahren philosophischer Ideengeschichte[256] und ist entwicklungsgeschichtlich eng mit der christlichen Theologie verbunden.[257] Dies gilt vor allem für den absoluten Würdebegriff. Bei den Römern wies die Würde als Wertbegriff nur den relativen Stand des Trägers in der Gesellschaft aus und wurde hier noch als die durch Dienst am Gemeinwesen erworbene öffentliche Anerkennung verstanden.[258]

Nach dem Alten und Neuen Testament ist für die Würde des Menschen der Umstand maßgeblich, dass der Mensch als Ebenbild Gottes geschaffen ist.[259] Daraus folgt auch die Anerkennung von „Menschenwürde" und „natürlichen Menschenrechten"[260] und damit die Anerkennung eines für den Menschen auf Erden unverfügbaren Eigenwertes, aus welchem heraus der Mensch nie zu einem bloßen Objekt oder Instrument gemacht werden darf.[261] Mit dem Postulat der Unver-

---

[255] *Enders*, Die Menschenwürde in der Verfassungsordnung, S. 17 ff., 163 ff., 170 ff. Vgl. auch *Kreuzbauer*, in: Fischer, Der Begriff der Menschenwürde, S. 45 (46 ff. m.w.N.).

[256] Vgl. hierzu *Podlech*, in: AK,GG, Art. 1 Abs. 1 Rdnr. 2 ff.; *Bayertz*, ARSP 81 (1995), 465 ff.; *Zippelius*, in: BK, GG, Art. 1 Abs. 1,2 Rdnr. 2 ff.; *Enders*, Die Menschenwürde in der Verfassungsordnung, S. 176 ff.; *Fechner*, JZ 1986, 653 ff.; *Geddert-Steinacher*, Menschenwürde als Verfassungsbegriff, S. 38 ff.; *Gröschner*, Menschenwürde und Sepulkralkultur, S. 29 ff.; *Häberle*, in: HStR I, in der Vorauflage von 1987, § 20 Rdnr. 34; *Hain*, Rundfunkfreiheit, S. 60; *Klinge*, Todesbegriff, S. 212; *Starck*, in: von Mangoldt/Klein/Starck, GG, Art. 1 Abs. 1 Rdnr. 3 ff.; *Messner*, in: FS Geiger, S. 221 ff.; *Kunig*, in: von Münch/Kunig, GG, Art. 1 Rdnr. 19; Starck, JZ 1981, 457 (459 f.); *Stern*, Staatsrecht, III/1, S. 6 ff.; *ders.*, in: FS Scupin, S. 627 (631 f.); *Verdross*, EuGRZ 1977, 207 f.; *Vitzthum*, JZ 1985, 201 (205 f.).

[257] *Fletcher*, in: Seelmann, Menschenwürde, S. 62 ff.; *Luf*, in: Seelmann, Menschenwürde, S. 86 f.; *Starck*, JZ 1981, 457 (459); *Stern*, Staatsrecht III/1, S. 9 f.

[258] *Enders*, Die Menschenwürde in der Verfassungsordnung, S. 177.

[259] Z.B. Gen. 1, 27; Eph. 4, 24. vgl. hierzu *Stern*, Staatsrecht III/1, S. 58 f.: *'Das himmlische Kleinod der geistigen, mit Vernunft und freiem Willen begabten Seele' ist es, „die den Menschen zum Herren der sichtbaren Schöpfung und zum Ebenbild Gottes stempelt"*, m.w.N. *Mastronardi*, in: Seelmann, Menschenwürde, S. 94; *Verdross*, EuGRZ 1977, 207 f.; *Wolff*, Freiheit und Würde, S. 27 (32 ff.).

[260] *Stern*, Staatsrecht III/1, S. 9 m.w.N.

[261] *Starck*, JZ 1981, 457 (459 f.). Vgl. auch die Darstellung bei *Zippelius*, in: BK, GG, Art. 1 Abs. 1und 2 Rdnr. 4 f.

fügbarkeit fundiert der Mensch seine Nähe zu Gott. Allerdings ist diese gottgegebene Würde etwas Unbefriedigtes, Nicht-Vollkommenes. Vollkommenheit erlangt der Mensch nach der christlichen Tradition erst durch die „Erlösung“. Es ist der Sündenfall der christlichen Tradition, der den Menschen vom Tiere abhebt, in dem er ihm die Möglichkeit verleiht, zwischen Gut und Böse zu unterscheiden.[262] Die Fähigkeit zur Unterscheidung ist gleichsam Vorbedingung der Möglichkeit zur notwendigen Entscheidung zwischen Gut und Böse. Schon in diesem frühen Würdeverständnis klingt also der Zusammenhang zwischen Willensfreiheit und Würde an.

Philosophisch noch klarer gefasst findet sich dieses Verhältnis von Entscheidungsmöglichkeit und Würde bei *Thomas von Aquin*. Die Gottesebenbildlichkeit wird von *Thomas von Aquin* als Ausgangspunkt nähergehend dahin präzisiert, dass der Mensch analog zu Gott eine Vernunftbegabung besitzt.[263] Im Rückgriff auf *Aristoteles* versteht *Thomas von Aquin* den Menschen als Selbstzweck, der sich mittels durch Vernunft erlangter Willensfreiheit eigenständige Ziele setzen kann.[264] *Thomas von Aquin* rezipiert aber nicht nur den Gedanken seines antiken Vorbildes, dass dem Verstand eine Vorrangstellung gegenüber dem menschlichen Willen zukommt. Vielmehr begreift er die Vernunftbegabung des Menschen nicht nur als reflexives Erkenntnisvermögen, sondern erblickt in ihr eine Teilhabe an der gottgewollten, intelligiblen Ordnung. Diese Teilhabe begründet die Sonderstellung des Menschen in dieser Ordnung und macht erst Würde möglich.[265] Konsequent folgert *Thomas von Aquin*, dass der Begriff der Würde jedenfalls im Verhältnis der Menschen zueinander auf Erden ein relativer Begriff ist. Die Würde als Aspekt der menschlichen Freiheitsnatur kann verfehlt werden, z.B. indem man sich versündigt.[266] Damit entsteht ein Konflikt zwischen unveräußerbarer Selbstzweckeigenschaft und relativer Würde im Bereich des Weltlichen.[267]

Die Problematik der christlichen Interpretation liegt aber darin, dass man den Menschen den christlichen Glauben nicht aufzwingen kann. Er ist heute nicht mehr Gemeingut der Rechtsgemeinschaft.[268] Art. 1 Abs. 1 GG verlangt indes gerade nicht die Vorgabe weltanschaulich geschlossener Wertbilder. Er ist be-

---

262 *Enders*, Die Menschenwürde in der Verfassungsordnung, S. 179.

263 *Enders*, Die Menschenwürde in der Verfassungsordnung, S. 181.

264 *Enders*, Die Menschenwürde in der Verfassungsordnung, S. 180.

265 *Enders*, Die Menschenwürde in der Verfassungsordnung, S. 182.

266 *Enders*, Die Menschenwürde in der Verfassungsordnung S. 183 f.

267 *Enders*, Die Menschenwürde in der Verfassungsordnung, S. 184.

268 *Stern*, Staatsrecht III/1, S. 10.

wusst so neutral gewählt, dass sich sowohl der Christ als auch der Nichtchrist mit ihm identifizieren kann.[269]
Ähnlich dem Fortschreiten der Emanzipation von Staat und Kirche löste sich auch der Würdebegriff ideengeschichtlich immer mehr von seinem christlichen Fundament.

Im Zuge dieser Entwicklung kann man zunächst *Giovanni Pico della Mirandola* hervorheben, der radikal die Vormachtstellung des Menschen in der Welt postuliert und den Menschen als grundsätzlich unabhängig von einer göttlichen Ordnung begreift. Er beschreibt die Differenz zwischen Weltlichem und Göttlichem im Sinne einer Möglichkeit des Menschen, wobei der Mensch als Mittelpunkt in beide Richtungen streben kann.[270] *Giovanni Pico della Mirandolas* Menschenbild enthält also eine Absage an eine Vorbestimmung des Menschen, aus der gleichsam als Folge vollkommene Willensfreiheit erwächst, die wiederum kausal ist für die Würde des Individuums.[271]

Auch *Samuel Pufendorf* betrachtet den Menschen und seine Würde aus einer genuin weltlichen Perspektive, obgleich er sich letztendlich doch noch des christlichen Gottes zur Fundierung der menschlichen Würde bedient.[272] Wiederum ist es die Vernunftbegabung des Menschen, die daraus resultierende Möglichkeit der freien Zwecksetzung und als Aspekt derselben die Möglichkeit der moralischen Selbstbindung, welche dem Menschen – jetzt aber nicht aus Verbundenheit zur göttlichen Ordnung sondern – im Sinne der Naturrechtslehre (mit der oben angezeigten Einschränkung) Würde verleiht.[273]

Vergleichbare Konzessionen an die christliche Kultur hat *Immanuel Kant* nicht mehr gemacht. In seinem System erhält der Mensch seine Würde aus sich selbst und nur aus sich selbst.

Bei *Immanuel Kant* bestimmt die Autonomie des Willens die Würde des Menschen. Dahinter steckt die „*Idee des Willens jedes vernünftigen Wesens als eines allgemein gesetzgebenden Willens.*“[274] Diese Gesetzmäßigkeit, die Allgemeinverbindlichkeit des Prinzips der Autonomie ist für *Immanuel Kant* zentral, da er davon ausgeht, dass Sittlichkeit nur aus unmittelbarer Achtung vor einem für

---

269 *Stern*, Staatsrecht III/1, S. 10.

270 *Enders*, Die Menschenwürde in der Verfassungsordnung, S. 185.

271 *Enders*, Die Menschenwürde in der Verfassungsordnung, S. 186.

272 *Enders*, Die Menschenwürde in der Verfassungsordnung, S. 189.

273 *Enders*, Die Menschenwürde in der Verfassungsordnung, S. 188.

274 *Kant*, Grundlegung zur Metaphysik der Sitten, S. 61. Vgl. hierzu auch Evangelisches Staatslexikon I, Sp. 2133.

alle vernünftigen Wesen verbindlichen Pflichtgebot begründet werden könne. Eine Maxime, d.h. ein subjektives Prinzip des Wollens, kann vernünftig genannt werden, wenn sie sich als allgemeingültig denken lässt. Denn mit der Idee der praktischen Vernunft verbindet sich die Idee der Allgemeingültigkeit. Nach *Immanuel Kants* Vorstellung muss also moralisch so gehandelt werden, als ob das Motiv der Handlung die Qualität hätte, zu einem allgemeingültigen Naturgesetz erhoben werden zu können. Die Parallele mit dem Naturgesetz soll also die (gedachte, nicht wirkliche) Verbindlichkeit des Vernunftgebots unterstreichen.

Immanuel Kants Begründung für die Gültigkeit seiner Aussage über die Autonomie des Willens bzw. die Gesetzmäßigkeit der Freiheit ist komplex und bedarf zu ihrem Verständnis eines Rückgriffs auf die von ihm festgestellte erkenntnistheoretische Ausgangslage: *Immanuel Kant* unterscheidet scharf zwischen der äußeren Erfahrungswelt (Welt der Noumena) und der inneren/theoretischen Welt der reinen Urteile (Welt der Phänomena). Die theoretische Vernunft kann von den „Dingen an sich“ nichts wissen.[275] Erkennen kann man nur Erscheinungen der noumenalen Welt.[276] Naturgesetze lassen sich z.B. nach *Immanuel Kant* nicht aus der Erfahrung durch Induktion herauslesen – diesen Weg hatte bereits vor ihm *David Hume*[277] versperrt – sondern werden *a priori*[278] – gewissermaßen in die Welt hineingelesen.[279] Es stellt sich für ihn also die Frage, wie im Bereich der Moral allgemeinverbindliche, der theoretischen Vernunft zugängliche Aussagen gemacht werden können. Als *„Metaphysiker“* interessiert sich *Immanuel Kant* nur für die mögliche apriorische Komponente der sittlichen Handlungen. Als Kriterium des Sittlichen bleibt nur die formale Gesetzmäßigkeit der Handlung übrig. Die konkrete Gestaltung der Maximen ist kontingent bzw. nur von der eigenen Urteilskraft, d.h. der Selbstgesetzgebung, abhängig.[280]

Die Analogie zur Gottähnlichkeit des Menschen, die zuvor noch die Selbstzweckeigenschaft des Menschen legitimiert hat, ist für *Immanuel Kant* verschlossen, da sich aus Glaubensfragen keine wahren Aussagen im Sinne der theoretischen Vernunft ableiten lassen.[281] Die naturrechtliche Begründung, die auf die Natur des Menschen zurückgreift und dessen Willensfreiheit und Selbst-

---

275 *Kant*, Kritik der reinen Vernunft, S. 27 ff.

276 *Kant*, Kritik der reinen Vernunft, S. 28 ff., vgl. S. 446 ff.

277 Vgl. *Hume*, Eine Untersuchung über den menschlichen Verstand, S. 35, 55.

278 A priori – bedeutet unabhängig von Sinneseindrücken; vgl. *Kant*, Kritik der reinen Vernunft, S. 129 f.

279 *Kant*, Kritik der reinen Vernunft, S. 293 f.

280 *Kant*, Grundlegung zur Metaphysik der Sitten, S. 68, 73.

281 *Kant*, Grundlegung zur Metaphysik der Sitten, S. 94.

zweckeigenschaft begründet[282], scheitert an der von *David Hume* formulierten Sein/Sollen-Dichotomie. Freiheit hat für *Immanuel Kant* keine empirische Wirklichkeit als Gesetzmäßigkeit.[283] Als Denker sagt ihm dies aber noch nichts aus über die Möglichkeit von Freiheit.[284]
Diese Erkenntnis macht den Weg frei für einen spekulativen Erkenntnisvorgang, wie er sich bei *Immanuel Kant* häufig findet: da man

> „...*zur Moral nichts weiter brauche, als dass Freiheit sich nur nicht selbst widerspreche, und sich also doch wenigstens denken lasse, ohne nötig zu haben, sie weiter einzusehen...*"[285],

kann auf Grundlage der theoretischen Vernunft versucht werden, das Postulat der Freiheit als Voraussetzung der Sittlichkeit zu begründen. *Christoph Enders*[286] hat dies überzeugend in folgender Weise formuliert:

> *„Kants Argumentation hat hier eine „Wenn-Dann" – Struktur,...: Gesetzt es gäbe Moralität, so erfordert diese ihrem Begriffe nach Freiheit und sie ist möglich, wenn Freiheit und Naturnotwendigkeit sich widerspruchsfrei zusammen denken lassen."*

Immanuel Kant kann – anders formuliert – nur dann Freiheit annehmen, wenn das Reich des Sittlichen eigenen Gesetzen folgt, d.h. selbst ursächlich sein kann.[287] Freiheit muss sich abgrenzen vom Reich der Natur, da dort überall Heteronomie, d.h. Bestimmung durch andere herrscht.[288]

Was die Möglichkeit einer Metaphysik im Rahmen des Sittlichen begründen kann, ist allein die praktische Leistung der reinen Vernunft. Für sie genügt

> *„die klare Überzeugung, dass, wenn es auch niemals Handlungen gegeben habe, die aus solchen reinen Quellen entsprungen wären, dennoch (...) kann hier davon gar nicht die Rede sei, ob dies oder jenes geschehe, sondern die Vernunft für sich selbst und unabhängig von allen Erscheinungen gebiete, was geschehen soll, mithin Handlungen, von denen die*

---

282 Vgl. *Pufendorf*, Teil 3, A. II. 3. b) bb) (1) (b).

283 Vgl. *Kant*, Grundlegung zur Metaphysik der Sitten, S. 92; *ders.* Kritik der reinen Vernunft, S. 29, 505 f.

284 *Kant*, Kritik der reinen Vernunft, S. 506.

285 *Kant*, Kritik der reinen Vernunft, S. 29 f.

286 *Enders*, Die Menschenwürde in der Verfassungsordnung, S. 193.

287 Vgl. *Kant*, Kritik der reinen Vernunft, S. 29 f.

288 *Kant*, Kritik der praktischen Vernunft, S. 35.

Welt bisher gar kein Beispiel gegeben hat, an deren Tunlichkeit sogar der, so alles auf Erfahrung gründet, sehr zweifeln möchte, dennoch durch Vernunft unnachlässlich geboten seien, und dass z.B. reine Redlichkeit in der Freundschaft um nichts weniger von jedem Menschen gefordert werden könne, wenn es gleich bis jetzt keinen redlichen Freund gegeben haben möchte, weil diese Pflicht als Pflicht überhaupt vor aller Erfahrung in der Idee einer den Willen durch Gründe a priori bestimmenden Vernunft liegt.“[289]

Weil dieses unerlässlich gebotene Handeln a priori ist, hängt es nur von der Vernunft selbst ab. Das Bewusstsein seiner selbst als Intelligenz macht dem Menschen Freiheit als Eigenschaft menschlicher Willkür gewiss.[290] Dass sich die Vernunft „genötigt sieht“ den inneren Standpunkt der Freiheit einzunehmen, „um sich selbst als praktisch zu denken“[291], ist Vorbedingung und Begründung von Autonomie. Indem moralisches Handeln – im Prinzip zumindest – jegliche vernunftfremde Bestimmung ausschließt, verdient es „frei“ oder „autonom“ genannt zu werden, weil es sich selbst sein Gesetz gibt. Diese Autonomie ist ein Sonderfall im Reich der Natur, da sie unabhängig vom Gesetz der mechanischen Kausalität ist, die keinen Neuanfang kennen kann.

Auf dieser Sonderstellung in der Natur gründet sich denn auch die Würde des Menschen.[292] Da sich der Mensch ein eigenständiges, nämlich vernünftiges Gesetz vorschreiben kann, ist der freie Mensch in der Lage, sich Zwecke zu wählen, die wie die Freiheit selbst in ihrer Souveränität Selbstzwecke sind. Negativ bleibt aber als einziger anderer Selbstzweck die Freiheit des anderen übrig, da ansonsten alles in der Natur ein Zweck für etwas anderes bleibt. Indem sie den Kreis der Natur durchbricht, wird sich die Freiheit selbst verpflichten, die Freiheit des anderen zu achten und zu fördern. Die Grenze der inneren Logik der Natur wird gerade durch die Möglichkeit eines moralischen oder autonomen Handelns markiert, die *Immanuel Kant* formuliert hat. Die praktische Vernunft folgt nur ihrem eigenen Gesetz, d.h. einem Vernunftgesetz, das sie zur Allgemeingültigkeit verpflichtet.

„*Und hierin liegt eben das Paradoxon, dass bloß die Würde der Menschheit als vernünftige Natur, ohne irgendeinen anderen dadurch zu erreichenden Zweck oder Vorteil, mithin die Achtung für eine bloße Idee dennoch zur unnachläßlichen Vorschrift des Willens dienen sollte und dass gerade in dieser*

289 *Kant*, Grundlegung zur Metaphysik der Sitten, S. 29.

290 *Enders*, Die Menschenwürde in der Verfassungsordnung, S. 197.

291 *Kant*, Grundlegung zur Metaphysik der Sitten, S. 75, 77, 95.

292 *Kant*, Grundlegung zur Metaphysik der Sitten, S. 64 f.

Unabhängigkeit der Maxime von allen solchen Triebfedern die Erhabenheit derselben bestehe, und die Würdigkeit eines jeden vernünftigen Subjekts, ein gesetzgebendes Glied im Reiche der Zwecke zu sein.“[293]

b) Die Interpretation der Menschenwürde heute

Es stellt sich jedoch die Frage, was die Verfassung heute unter dem Satz „*Die Würde des Menschen ist unantastbar*“ versteht.

Trotz der breiten ideengeschichtlichen Basis des Menschenwürdebegriffs kann nämlich die Interpretation des Art. 1 Abs. 1 GG nicht uneingeschränkt einen der vorgefundenen theologischen oder philosophischen Würdebegriffe zu Grunde legen. Ethische Positionen, wie z.B. die des Christentums, sind zwar als solche legitim und können in die Verfassung einfließen, diese Positionen dürfen die Verfassung aber nicht einseitig dominieren.[294]

Die Bestimmung des Würdebegriffes und damit des Schutzbereiches des Art. 1 Abs. 1 GG erfolgt mit verschiedenen Methoden. So wird der Schutzbereich im Schrifttum zum Teil positiv, zum Teil negativ, dabei jedenfalls aber durch konkrete Einzelfallbeispiele definiert.

Für die positiv inhaltliche Bestimmung dessen, was die Menschenwürde ausmacht, finden sich drei verschiedene Grundansätze.[295] Die sog. „Mitgiftthese“ billigt jedem Menschen Würde in Abstraktion von geistigen, moralischen oder sonstigen Bedingungen zu.[296]
Die „Leistungstheorien“[297] hingegen sehen die Menschenwürde nicht als etwas, was man schon hatte oder immer schon hat, sondern als etwas zu Erlangendes. Demnach muss man die Würde erst in einem gelingenden Prozess der Identitätsbildung und Selbstdarstellung gewinnen.[298]
Die jüngere „Kommunikationstheorie“[299] stellt mehr auf die staatsstrukturelle Seite der Menschenwürde und ihre „Staatsgründungsfunktion“ ab und konstruiert die Würde als gegenseitige Achtung des Menschen in seinen kommuni-

---

293 *Kant*, Grundlegung zur Metaphysik der Sitten, S. 66 f.

294 *Hufen*, JZ 2004, 313.

295 *Dreier*, in: Dreier, GG, Art. 1 I Rdnr. 54 ff.

296 Vgl. *Dürig*, in: Maunz/Dürig (1958), GG, Art. 1 Abs. 1 Rdnr. 18, 20 ff.

297 Vgl. hierzu im Besonderen *Luhmann*, Grundrechte, S. 60 ff.

298 *Dreier*, in: Dreier, GG, Art. 1 I Rdnr. 56.

299 *Hofmann*, AöR 118 (1993), 353 (364 ff.). Vgl. auch *Kloepfer*, in: FS 50 Jahre BVerfG, 77 (82).

kativen Beziehungen und in seinem sozialen Geltungsanspruch. Im Mittelpunkt des Art. 1 Abs. 1 GG steht *„im Kern die mitmenschliche Solidarität"*[300].

Wegen der Schwierigkeiten, den Würdebegriff mit Inhalt füllen zu können, bietet es sich an, den Würdebegriff negativ zu definieren.[301] Tatsächlich ist heute vorherrschend, den Begriff der Menschenwürde von der Verletzung her, also per Definition des Eingriffs, mit Inhalt zu füllen.[302]

Einen zentralen Ansatzpunkt hierfür bildet die von *Günter Dürig* entwickelte Objektformel, welche in *Immanuel Kants* Sittenlehre gründet:

> *„Die Menschenwürde ist getroffen, wenn der konkrete Mensch zum Objekt, zu einem bloßen Mittel, zur vertretbaren Größe herabgewürdigt wird."*[303]

Der Objektformel liegt damit das Prinzip zugrunde, dass sich die verfassungsrechtliche Prüfung auf die mögliche Erniedrigung des Einzelnen richtet und zu einer Identifikation des Urteilenden mit der Objektrolle führt.[304]

Auch das *BVerfG* hat sich für die Definition des Schutzbereichs der Menschenwürde der von *Günter Dürig* entwickelten Objektformel weitestgehend bedient, aber ebenfalls deren Schwächen offengelegt:[305]

> *„Der Mensch ist nicht selten bloßes Objekt nicht nur der Verhältnisse und der gesellschaftlichen Entwicklung, sondern auch des Rechts, insofern er ohne Rücksicht auf seine Interessen sich fügen muss."*[306]

Das *BVerfG* folgte dem Kriterium der Erniedrigung, indem das Gericht für eine Verletzung der Würde des Menschen forderte, dass er einer Behandlung ausgesetzt werde,

---

300 *Hofmann*, AöR 118 (1993), 353 (364).

301 *Stern*, Staatsrecht III/1, S. 24.

302 *BVerfGE* 1, 97 (104); 27, 1 (6); 30, 1 (25); 72, 105 (115 ff.); 109, 279 (312); *Herdegen*, in: Maunz/Dürig, GG, Art. 1 Abs. 1 Rdnr. 33; *Hufen*, JZ 2004, 313 (317).

303 *Dürig*, AöR 81 (1956), 117 (127); *ders.*, in: Maunz/Dürig, GG, Vorauflage, Art. 1 Abs. 1 Rdnr. 28. *Kant* verlangt darüber hinaus, dass der Mensch nicht nur als Mittel, sondern auch als Zweck gebraucht werde, *Kant*, Grundlegung zur Metaphysik der Sitten, S. 60.

304 *Herdegen*, in: Maunz/Dürig, GG, Art. 1 Abs. 1 Rdnr. 34.

305 *BVerfGE* 9, 89 (95), 27, 1 (6); 28, 386 (391); 30, 1 (25 f.); 45, 187 (228); 50, 166 (175); 87, 209 (228); 109, 279 (312); *BVerfG*, 1 BvR 357/05 vom 15.02.2006, Abs. – Nr. 121.

306 *BVerfGE* 30, 1 (25 f.).

„die seine Subjektqualität prinzipiell in Frage stellt, oder daß in der Behandlung im konkreten Fall eine willkürliche Mißachtung der Würde des Menschen liegt. Die Behandlung des Menschen durch die öffentliche Hand, die das Gesetz vollzieht, muß also, wenn sie die Menschenwürde berühren soll, Ausdruck der Verachtung des Wertes, der dem Menschen kraft seines Personenseins zukommt, also in diesem Sinne eine ‚verächtliche' Behandlung sein.“[307]

Die Anwendung dieser modifizierten Objektformel geschieht in der Rechtsprechung nun in Ansehung des einzelnen Sachverhalts mit dem Blick auf den zur Regelung stehenden jeweiligen Lebensbereich und unter Herausbildung von Fallgruppen und Regelbeispielen.[308]

Nach den Erfahrungen in der Zeit des Nationalsozialismus standen zunächst Fälle wie Misshandlung, Verfolgung und Diskriminierung im Mittelpunkt. Besonderer Schutz galt der „Erniedrigung, Brandmarkung, Verfolgung, Ächtung usw.“[309] Später wurden dann andere Gefährdungen maßgebend, wie in den 1980er Jahren der Missbrauch der Erhebung und Verwertung von Daten.[310] Im Anschluss befasste sich die Rechtsprechung im Zusammenhang der Aufarbeitung des Unrechts aus der DDR mit der Verletzung von Grundsätzen der Menschlichkeit u.a. bei der Beschaffung und Weitergabe von Informationen.[311] Schwerpunkt der heutigen Diskussion über den Menschenwürdegehalt bilden die Fragen des Schutzes der personalen Identität und der psychisch-sozialen Integrität.[312]

Auch die geistes- und kulturgeschichtlichen Maßstäbe prägen in besonderem Maße Art. 1 Abs. 1 GG, der in seiner Entstehungsgeschichte als Reaktion auf die Barbarei des Dritten Reiches begründet wird und mit der jüdisch-christlich-aufklärerischen Geistesgeschichte in Zusammenhang steht.[313] Kulturgeschichtlich beschreibt dieser Ansatz die Würdeverletzung als Folter oder Leibeigenschaft, als systematische Vernichtung, Vertreibung, Zwangssterilisation und physische Misshandlung. Sie umfasst ferner alle Formen rassisch motivierter

---

[307] *BVerfGE* 30, 1 (26); vgl. jüngst *BVerfG*, 1 BvR 357/05 vom 15.02.2006, Abs. – Nr. 121.

[308] *BVerfG*, 1 BvR 357/05 vom 15.02.2006, Abs. – Nr. 121; *BayVerfGH* 27, 1 (6). Vgl. auch, *Stern*, Staatsrecht III/1, S. 25.

[309] *BVerfGE* 1, 97 (104); 107, 275 (284); 109, 279 (312).

[310] Vgl. *BVerfGE* 65, 1.

[311] *BVerfGE* 93, 213 (243).

[312] *BVerfGE* 109, 279 (312 f.)

[313] *Herdegen*, in: Maunz/Dürig, GG, Art. 1 Abs. 1 Rdnr. 36.

Diskriminierung.[314] Relativierend ist aber immer zu beachten, dass kulturgeschichtliche Entwicklungen auch den Wandel der Anschauungen des Inhalts des Würdeanspruchs und der würdeverletzenden Zumutungen mit sich bringen.[315]

Als normativer Maßstab zur Konkretisierung des Menschenwürdebegriffs dient ferner insbesondere das Völkerrecht mit den zwingenden Regeln des Völkergewohnheitsrechts (*ius cogens*), zu dem auch der Menschenrechtsschutz zählt.[316] Eine zentrale Norm dieses Würdeschutzes findet man in Art. 3 EMRK, der das Verbot von Folter, unmenschlicher oder erniedrigender Strafe oder Behandlung ausspricht.[317] In diesem Zusammenhang sind auch die völkervertraglichen Standards und die Abkommen des Europarates zu berücksichtigen.[318] Als weitere Orientierungshilfe kommen die Rechtsordnungen anderer Länder mit hohen rechtsstaatlichen Standards in Betracht.[319]

Einigkeit besteht, wie dargestellt, darüber, dass die Menschenwürde, ob positiv oder negativ definiert, der Konkretisierung im Einzelfall bedarf. Im Rahmen der heute vorherrschenden negativen Definition, kann die von *Günter Dürig* entwickelte und durch das *BVerfG* modifizierte Objektformel einen wertvollen ersten Anhaltspunkt für das Vorliegen einer Verletzung der Menschenwürde liefern, welcher durch Hinzuziehung geistesgeschichtlicher, kulturgeschichtlicher und normativer Indizien weiter konkretisiert werden kann.

c) Auswirkung der Streichung des Art. 102 GG auf den Menschenwürdegehalt eines Grundrechts

Die vorstehenden Ausführungen haben gezeigt, dass Art. 1 GG die Degradierung des Menschen zum Objekt staatlichen Handelns verbietet und dieses Individualrecht einer Abwägung mit anderen Regelungszielen nicht zugänglich ist. Es fragt sich nunmehr, wie sich diese staatliche Wertung auf die Möglichkeit der Wiedereinführung der Todesstrafe im Rahmen des Art. 79 Abs. 3 GG auswirkt.

---

314 *Herdegen*, in: Maunz/Dürig, GG, Art. 1 Abs. 1 Rdnr. 36.

315 *Herdegen*, in: Maunz/Dürig, GG, Art. 1 Abs. 1 Rdnr. 37, der als Beispiel die Vorstellungen über eine angemessene Bestrafung nennt.

316 *Herdegen*, in: Maunz/Dürig, GG, Art. 1 Abs. 1 Rdnr. 38 f.; *Herzog*, in: Maunz/Dürig, GG, Art. 25 Rdnr. 28.

317 Vgl. zu dieser Vorschrift in dieser Arbeit Teil 4, B. I. 3 c). Art. 3, 4 Abs. 1 und 8 EMRK lassen sich als Konkretisierung des Menschenwürdesatzes verstehen, *Dreier*, in: Dreier, GG, Art. 1 Rdnr. 27.

318 Siehe Teil 4 der Arbeit.

319 *Herdegen*, in: Maunz/Dürig, GG, Art. 1 Abs. 1 Rdnr. 39, 40 m.w.N. Beispielhaft genannt werden die meisten Mitgliedstaaten der EU sowie die USA.

Zunächst könnte man daran zweifeln, dass die Wiedereinführung der Todesstrafe überhaupt mit Art. 79 Abs. 3 GG im Widerspruch stehen kann, da für eine Wiedereinführung nicht eine Streichung des Art. 1 GG sondern zunächst lediglich eine Streichung des Art. 102 GG erforderlich wäre.

Nach ganz herrschender Auffassung hat aber Art. 1 GG eine Ausstrahlungswirkung auf die Grundrechte, d.h. die Grundrechte des Grundgesetzes sind Konkretisierungen des in Art. 1 Abs. 1 Satz 1 GG aufgestellten Grundsatzes der Menschenwürde.[320] Trotz fehlender expliziter Erwähnung der Grundrechte ist dem Grunde nach allgemein anerkannt, dass die in Art. 79 Abs. 3 GG geschützten Grundsätze des Art. 1 GG auch die Grundrechte mitumfassen, da die Achtung und der Schutz der Menschenwürde ohne entsprechende Konkretisierung in Einzelgrundrechten schlechthin unvorstellbar ist. Davon ging schon der Verfassungsgeber aus.[321]

Umstritten ist jedoch, in welchem Umfang die übrigen Grundrechte der Einschränkung bzw. Abschaffung durch den Verfassungsgeber entzogen sind.

aa) Keine Unantastbarkeit der Art. 1 bis 20 GG in vollem Umfang

Kurz nach Inkrafttreten des Grundgesetzes vertrat *Kurt G. Wernicke* im Bonner Kommentar die Auffassung, dass durch Nennung des Art. 1 GG in Art. 79 Abs. 3 GG mittelbar der gesamte Grundrechtsabschnitt der Art. 2 bis 19 GG einer Verfassungsänderung entzogen sei. Dies ergebe sich aus der Unantastbarkeit des Art. 1 Abs. 3 GG, der die Gesetzgebung an die nachfolgenden Grundrechte binde und mithin auch den Gesetzgeber erfasse, der zur Verfassungsänderung befugt sei.[322] Wegen einer Kettenreaktion seien damit alle Grundrechte unantastbar.

Diese Ansicht, die heute nicht mehr vertreten wird, ist mit dem eindeutigen Wortlaut und den Grundsätzen der Art. 1 und 20 GG, Art. 79 Abs. 3 GG nicht zu vereinbaren.[323] Es werden nämlich von Art. 79 Abs. 3 GG nicht die Grund-

---

[320] *Lücke*, in: Sachs, GG, Art. 79 Rdnr. 31; *Herdegen*, in: Maunz/Dürig, GG, Art. 1 Abs. 1 Rdnr. 23; *Maunz/Dürig*, in: Maunz/Dürig, GG, Art. 79 Rdnr. 42.

[321] *Von Mangoldt*, AöR 79 (1949), 273, (278 f.); *ders.* DÖV 1949, 261 (263); *Stern*, JuS 1985, 329 (336); *Hesse*, Verfassungsrecht, Rdnr. 704; *Döhring*, Staatsrecht, S. 371; *Bryde*, in: von Münch/Kunig, GG, Art. 79 Rdnr. 36.

[322] *Wernicke*, in: BK, GG, 1. Bearb., Art. 1 Anm. II 5b.

[323] *Evers*, in: BK, GG, Art. 79 Abs. 3 Rdnr. 172; *Maunz/Dürig*, in: Maunz/Dürig, GG, Art. 79 Abs. 3 Rdnr. 39; *Bryde*, in: von Münch/Kunig, GG, Art. 79 Rdnr. 36; *Stern*, Staatsrecht I S. 175. Vgl. zu der Problematik auch die ausführliche Darstellung bei *Stern*, Staatsrecht III/2, S. 1072 ff.

sätze der Art. 1 bis 20 GG – also sämtliche Grundrechte – erfasst, was durch die Wahl des Wortes *„und“* zwischen Art. 1 und Art. 20 GG deutlich wird. Eine dem widersprechende Auslegung würde auch den Unterschied zwischen Art. 1 Abs. 3 GG und Art. 79 Abs. 3 GG aufheben. Art. 1 Abs. 3 GG bindet nur den einfachen Gesetzgeber an die nachfolgenden Grundrechte, und dies in ihrem jeweiligen Bestand. Der Bestand selbst wird hingegen in den Grenzen des Art. 79 Abs. 3 GG vom verfassungsändernden Gesetzgeber definiert. In Anbetracht der höheren formellen Anforderungen an verfassungsändernde Gesetze spricht viel dafür, dass die materiellen Befugnisse zur Rechtsgestaltung in diesem Bereich weiter reichen, als bei der einfachen Gesetzgebung. Somit ist der verfassungsändernde Gesetzgeber nicht in vollem Umfang an den historischen Bestand der Grundrechte gebunden.

bb) Menschenwürdegehalt der Grundrechte

Zu vordergründig wäre es nun wiederum, es zur Beantwortung der Frage der Abänderbarkeit der Grundrechte bei der Aussage bewenden zu lassen, in Art. 79 Abs. 3 GG seien die Art. 2 bis 19 GG nicht genannt und infolgedessen eine Änderung jederzeit möglich.[324] So hat das *BVerfG* einmal sehr rigoros Art. 19 Abs. 4 GG dem Schutz des Art. 79 Abs. 3 GG entzogen, weil *„er (...) in Art. 20 GG an keiner Stelle genannt sei.“*[325] Dem hat das Sondervotum zu diesem Urteil aber zu Recht widersprochen.[326] Zwar handele es sich bei den Art. 1 und 20 GG um die Eckpfeiler der grundgesetzlichen Ordnung; es gehörten aber auch diejenigen Grundsätze dazu, die dem Grundgesetz das eigene Gepräge geben.[327]

Die Richtigkeit dieser Aussage erschließt sich aus der kausalen Verbindung der Menschenwürde mit menschenrechtlichen Gehalten (Art. 1 Abs. 2 GG) und die systematische Verknüpfung mit den *„nachfolgenden Grundrechten“* (Art. 1 Abs. 3 GG). Die Grundrechtsordnung ist demnach stark mit Menschenwürdestandards angereichert.[328] Daher wird heute überwiegend die Auffassung vertreten, dass über die Einbeziehung des Art. 1 GG in Art. 79 Abs. 3 GG die Grundrechte in ihrem Menschenwürdegehalt der Verfassungsänderung entzogen sind.[329]

---

324 Vgl. *Hesse*, Verfassungsrecht, Rdnr. 704.

325 *BVerfGE* 30, 1 (25).

326 Sondervotum, in: *BVerfGE* 30, 1 (41).

327 Sondervotum, in: *BVerfGE* 30, 1 (39).

328 *Herdegen*, in: Maunz/Dürig, GG, Art. 1 Abs. 1 Rdnr. 8.

329 *Bryde*, in: von Münch/Kunig, GG, Art. 79 Rdnr. 36; *Maunz/Dürig*, in: Maunz/Dürig, GG, Art. 79 Rdnr. 42; *Evers*, in: BK, GG, Art. 79 Abs. 3 Rdnr. 173; *Stern*, Staatsrecht I, S. 175; ähnlich auch (ohne explizite Erwähnung des Begriffs Menschenwürdegehalt)

Die Grundrechte werden zwar mithin nicht in ihrem ganzen Umfang, wohl aber in ihrem Kernbereich vom Grundsatz der Menschenwürde geschützt. Ein Antasten dieses Kernbereichs durch eine Verfassungsänderung berührt daher auch die Grundsätze des Art. 1 GG im Rahmen des Art. 79 Abs. 3 GG. Eine Verfassungsänderung durch die Streichung des Art. 102 GG ist aber jedenfalls dann ausgeschlossen, wenn durch sie der Menschenwürdegehalt eines Grundrechts betroffen wird.

(1) Art. 102 GG als Grundrecht?

Es stellt sich die Frage, auf welches Grundrecht dabei abzustellen ist. Die Grundrechte des Grundgesetzes sind die die Ausübung der staatlichen Gewalt verfassungskräftig verpflichtenden subjektiven Rechte des Einzelnen.[330]

Teilweise wird angenommen, dass Art. 102 GG selbst ein Grundrecht darstellt.[331] Es handele sich um ein Prozessgrundrecht.[332] Dafür spreche insbesondere die systematische Stellung der Norm zwischen Art. 101 GG, dem Recht auf den gesetzlichen Richter, und Art. 103 und 104 GG, welche allgemein als justizielle Grundrechte anerkannt sind.[333] Als justizielle Grundrechtsgewährleistung konstituiere Art. 102 GG eine objektive Grundentscheidung für das Strafverfahren.[334] Des Weiteren käme Art. 102 GG ein Doppelcharakter[335] zu, da die Norm zugleich eine objektiv-rechtliche wie subjektiv-rechtliche Verfassungsgewährleistung enthalte.[336] Das bedeute einerseits, dass sich im Verbot der Todesstrafe eine objektive Wertentscheidung niedergeschlagen habe. Andererseits stelle

---

BVerfGE 84, 90 (121); 94, 49 (102 f.); 109, 279 (310). A.A. dagegen *Enders*, in: Friauf/Höfling, GG, Art. 1 Rdnr. 88, der im Abstellen auf den Menschenwürdegehalt eine systemunverträgliche Subjektivierung und zugleich unzulässige Reduktion des absoluten Rechtsgeltungsgrundes der Freiheit- und Gleichheitsordnung sieht. Wo vom absolut unangreifbaren Menschenwürdegehalt die Rede sei, gehe es in Wahrheit um (erst) im Ergebnis unzulässige, nämlich nach Abwägung aller falltypischen Umstände unverhältnismäßige Eingriffe in das jeweils konkret betroffene Grundrecht.

330 *Pieroth/Schlink*, Grundrechte, Rdnr. 56; *Sachs*, in: Sachs, GG, Vor Art. 1 Rdnr. 39 m.w.N:

331 *Calliess*, NJW 1988, 849 (852); *Heyde*, in: HdbVerfR, § 33 Rdnr. 71; *Nawiasky*, Grundgedanken des Grundgesetzes, S. 131; *Scholz*, in: Maunz/Dürig, GG, Art. 102 Rdnr. 5. Vgl. auch *Schüßler*, NJW 1964, 1896 (1897 f.).

332 *Heyde*, in: HdbVerfR, § 33 Rdnr. 71; *Scholz*, in: Maunz/Dürig, GG, Art. 102 Rdnr. 5.

333 *Maunz/Zippelius*, Staatsrecht, S. 360 f.

334 *Scholz*, in: Maunz/Dürig, GG, Art. 102 Rdnr. 5.

335 Zum Begriff des Doppelcharakters statt vieler *Hesse*, Verfassungsrecht, Rdnr. 279 ff.

336 *Scholz*, in: Maunz/Dürig, GG, Art. 102 Rdnr. 2; *Podlech*, in: AK, GG, Art. 102 Rdnr. 46 ff.; *Calliess*, NJW 1988, 849 (853).

Art. 102 GG aber auch eine subjektive Grundrechtsnorm dar, die ein Abwehrrecht des strafrechtlich verfolgten Individuums zum Gegenstand habe.[337]

Andere sehen in Art. 102 GG eine rein objektiv-rechtliche Regelung,[338] die eine Schranke für die gemäß Art. 2 Abs. 2 Satz 3 GG möglichen Beschränkungen des Rechts auf Leben bilde. Die mangelnde eigenständige Grundrechtsqualität wird insbesondere damit begründet, dass Art. 102 GG in der Aufzählung der rügefähigen Grundrechte in § 90 Abs. 1 BVerfGG und Art. 93 Abs. 1 Ziff. 4 a GG gerade fehle.[339]

Letztlich bedarf der Streit hier keiner Entscheidung. Denn für die Frage nach dem Menschenwürdegehalt des Art. 102 GG kann es dahingestellt bleiben, ob Art. 102 GG selbst ein Grundrecht darstellt, oder als objektiv-rechtliche Norm lediglich als Schranken-Schranke in den Dienst des Grundrechts auf Leben gemäß Art. 2 Abs. 2 Satz 1 GG gestellt ist. In jedem Fall hätte die Abschaffung des Art. 102 GG Auswirkungen auf die effektive Gewährleistung eines Grundrechts.

(2) Menschenwürdegehalt des Art. 102 GG

Die Abschaffung des Art. 102 GG wäre wegen Art. 79 Abs. 3 GG nicht möglich, wenn dadurch der Menschenwürdegehalt des Art. 102 GG selbst bzw. des Art. 2 Abs. 2 Satz 1 GG berührt würde. Zu klären ist dabei zunächst, wie man den Menschenwürdegehalt eines Grundrechts bestimmt. Sodann ist zu fragen, ob der so definierte Menschenwürdegehalt durch die Abschaffung des Art. 102 GG betroffen wäre.

(a) Verhältnis zum Wesensgehalt gemäß Art. 19 Abs. 2 GG

Problematisch ist insbesondere das Verhältnis des Menschenwürdegehalts zu Art. 19 Abs. 2 GG. Nach dieser Vorschrift darf kein Grundrecht in seinem Wesensgehalt angetastet werden. Art. 19 Abs. 2 GG dient der materiellen Sicherung der Grundrechte, und soll sie vor einer Aushöhlung bewahren.[340] Zum Verhältnis von Menschenwürdegehalt und Wesensgehalt von Grundrechten werden un-

---

337 Vgl. hierzu auch *Vogler*, NJW 1994, 1433 (1434).

338 *Cremer*, Der Schutz vor den Auslandsfolgen, S. 376; *Ebel/Kunig*, JURA 1998, 617 (621); *Dreier*, in: Dreier, GG, Art. 102 Rdnr. 39; *Jarass*, in: Jarass/Pieroth, GG, Art. 102 Rdnr. 1; *Tettinger*, JZ 1978, 128 (130); *Stern*, Staatsrecht III/1, S. 372 f., Fußnote 292.

339 *Jarass*, in: Jarass/Pieroth, Art. 102 Rdnr. 1; *Kunig*, in: von Münch/Kunig, GG, Art. 102 Rdnr. 3.

340 *Huber*, in: von Mangoldt/Klein/Starck, GG, Art. 19 Abs. 2 Rdnr. 112.

terschiedliche Auffassungen vertreten. Für die Bestimmung des Menschenwürdekerns kann dabei die Reichweite des durch Art. 19 Abs. 2 GG gewährten Schutzes von Bedeutung sein.

Günter Dürig hält den Anwendungsbereich von Art. 1 Abs. 1 GG und Art. 19 Abs. 2 GG für weitgehend identisch. Art. 19 Abs. 2 GG sei gesetzestechnisch nichts anderes als die positivrechtliche Abschirmung des Menschenrechtsgehalts der einzelnen Grundrechte gegenüber den an sich jeweils zulässigen Einschränkungsmöglichkeiten.[341] Der sachliche Schutzbereich der Menschenwürde und der Wesensgehaltsgarantie wird gleichermaßen mit der Objektformel definiert. Danach wird aber zugleich vorausgesetzt, dass alle Grundrechte einen Würdeaspekt aufweisen und der Wesensgehalt nicht über diesen Würdeaspekt hinausgehen kann.[342]

Gegen diese Auffassung werden angesichts der unterschiedlichen Funktionen beider Normen Bedenken vorgebracht. Die beiden in Rede stehenden Normen wendeten sich an völlig unterschiedliche Adressaten. Während über Art. 79 Abs. 3 GG alle staatliche Gewalt einschließlich des verfassungsändernden Gesetzgebers an die Menschenwürdegarantie gebunden sei, wende sich Art. 19 Abs. 2 GG nur an den einfachen Gesetzgeber.[343] Damit stelle die Wesensgehaltsgarantie des Art. 19 Abs. 2 GG keine materielle Schranke für Verfassungsänderungen dar[344] und binde nur die von der Verfassung konstituierten Gewalten.[345] Der Anwendungsbereich des Art. 79 Abs. 3 GG müsse daher enger sein als der des Art. 19 Abs. 2 GG. Auch wenn man nicht ausschließen könne, dass Menschenwürdegehalt und Wesensgehalt bei einem Großteil der Grundrechte identisch seien, handele es sich doch vom Ansatz her um unterschiedliche Begriffe. Während der Wesensgehalt zunächst den Kernbereich eines Grundrechts von dessen Randbereich abgrenze, stelle der Menschenwürdegehalt den Teil dieses Kerns dar, welcher von der Menschenwürde unmittelbar durchdrungen ist. Mithin müsse der Menschenwürdegehalt aus sich selbst heraus bestimmt werden.[346]

---

341 *Dürig*, AöR 81 (1956), 117 (136).

342 *Geddert-Steinacher*, Menschenwürde als Verfassungsbegriff, S. 181 f.

343 *Dreier*, in: Seelmann, Menschenwürde, S. 37.

344 *Evers*, in: BK, GG, Art. 79 Abs. 3 Rdnr. 174; *Zeidler*, DVBl 1950, 598 (600); *Lerche*, in: HStR V, § 122 Rdnr. 30.

345 *Stern*, Staatsrecht III/2, S. 882.

346 *Döhring*, S. 370; *Stern*, JuS 1985, 329 (336 f.); *Bryde*, in: von Münch/Kunig, GG, Art. 79 Rdnr. 36.

Obschon bereits die systematische Stringenz der zweitgenannten Meinung besonders hervorzuheben ist, kann die Beantwortung der Frage, ob Menschenwürdegehalt und Wesensgehalt übereinstimmen oder voneinander zu trennen sind, für die hier zu beurteilende Zulässigkeit einer Streichung des Art. 102 GG jedoch letztlich dahinstehen. Auch die Annahme einer Identität dieser Begriffe entbindet nämlich nicht von der Aufgabe, den Menschenwürdegehalt bzw. Wesensgehalt im konkreten Einzelfall zu bestimmen.[347]

(b) Umfang des Menschenwürdegehalts des Art. 102 GG

Art. 102 GG enthält das grundsätzliche Bekenntnis der Verfassung zum menschlichen Leben. Auch demjenigen, der die unverzichtbaren Regeln des Zusammenlebens in gröbster Weise missachtet und die Würde anderer Menschen in erheblicher Weise verletzt, darf das Leben nicht im Rahmen einer strafrechtlichen Sanktion genommen werden.[348] Wie bereits vorstehend dargelegt,[349] beinhaltet Art. 102 GG damit ein konkretes Abwägungsverbot, wonach das Mittel der Todesstrafe – gleichgültig zu welchem gesetzgeberischen Zweck – nicht in Betracht kommen darf.[350]

Das Abwägungsverbot des Art. 102 GG ist vor diesem Hintergrund direkt auf seinen Menschenwürdegehalt hin zu überprüfen. Die Garantie der Menschenwürde wäre demnach betroffen, wenn das Instrument der Todesstrafe als solches – unabhängig vom jeweiligen Strafzweck – gegen die Menschenwürde verstieße.

Nach einer Auffassung wird die Todesstrafe bereits unmittelbar von Art. 1 Abs. 1 GG verboten, weil sie die Menschenwürde verletze.[351] Art. 102 GG sei daher bereits Bestandteil der Gewährleistung des Art. 1 Abs. 1 GG.[352] Dem Ver-

---

347 Zur Bedeutung dieser Frage im Zusammenhang mit der Einführung nach einer Streichung des Art. 102 GG vergleiche 3. Teil B. I. 2. b) aa).

348 *Even*, Die Bedeutung der Unantastbarkeitsgarantie, S. 243.

349 Vgl. die Ausführungen zum Rechtsstaatsprinzip unter Teil 3, A. II. 1.

350 Dieses Abwägungsverbot gilt auch für eine teilweise Änderung des Art. 102 GG, da auch nur durch kleinste Modifikationen dieser Norm deren Aussage in ihr exaktes Gegenteil verkehrt würde. So gab es in den 1950er Jahren insgesamt sieben Versuche, Art. 102 GG abzuändern. Einer der Vorschläge sah folgende Einfügung eines Art. 102 S. 2 und 3 GG vor: *„Das gilt nicht für die Verbrechen des Mordes und des Menschenraubs. Das nähere regelt ein Bundesgesetz,"* BT-Drucks. 385/2. Vgl. auch *Schaub*, Gesetzgeber, S. 282, 288 f., 293, 302; *Trost*, Änderungen des Grundgesetzes, S. 139-147, 328 f.

351 *Pieroth/Schlink*, Grundrechte, Rdnr. 401; *Kunig*, in: von Münch/Kunig, Art. 102 Rdnr. 18; *Callies*, NJW 1988, 849 (852); *Lorenz*, in: HStR VI, § 128 Rdnr. 41.

352 Vgl. *Sax*, in: Grundrechte III/2, S. 909 (963); *Hamann/Lenz*, GG, Erl. zu Art. 102 GG.

bot der Todesstrafe aus Art. 102 GG soll dabei gegenüber dem Schutz der Menschenwürde aus Art. 1 Abs. 1 GG lediglich deklaratorische Bedeutung zukommen. Art. 102 GG stelle nicht nur eine Konkretisierung des Lebensschutzes gemäß Art. 2 Abs. 2 Satz 1 GG dar, sondern auch eine Konkretisierung des Menschenwürdesatzes gemäß Art. 1 Abs. 1 GG. Dies hätte aber zur Folge, dass Art. 102 GG von der Unantastbarkeitsgarantie des Art. 79 Abs. 3 GG erfasst wird. Eine Abschaffung des Art. 102 GG ist nach dieser Ansicht durch Art. 79 Abs. 3 GG ausgeschlossen.

Nach anderer Auffassung ist Art. 102 GG dagegen grundsätzlich - auch im Lichte seines Menschenwürdegehalts - einer Abschaffung zugänglich.[353] Art. 1 Abs. 1 GG habe gerade nicht die Aufgabe, auch bei schwerster Schuld des Täters Strafen auf das zur Sozialverteidigung erforderliche Minimum zu beschränken und damit eine von mehreren Meinungen über den dominierenden Strafzweck zu Verfassungsrecht zu erheben.[354] Dafür spreche schon die historische Auslegung des Art. 102 GG unter Berücksichtigung der Beratungen des Parlamentarischen Rates zur Einführung des Art. 102 GG.[355] Darüber führten insbesondere die systematische und die teleologische Interpretation des Art. 102 GG zu der Annahme, dass Art. 102 GG gerade nicht expressis verbis wiederholen soll, was in Art. 1 GG bereits und sogar mit absoluter Bestandsgarantie über Art. 79 Abs. 3 GG ohnehin schon entschieden sei.[356] Systematisch lasse die Einbettung des Art. 102 GG in spezielle auf die Rechtsprechung bezogene Rechtspositionen im IX. Abschnitt des Grundgesetzes die unmittelbare Implantierung dieser Entscheidung in Art. 1 Abs. 1 GG als konstruiert erscheinen.[357] In teleologischer Hinsicht wird angeführt, dass eine Gleichsetzung des Verbotes der Todesstrafe mit der Menschenwürdegarantie den Begriff der Menschenwürde überlaste. Dieser Begriff solle möglichst von allzu engen wertethischen Interpretationen freigehalten werden.[358] Zwar wird auch von den Vertretern dieser Meinung ein gewisser Bezug zur Menschenwürde nicht abgestritten,[359] da Art. 102 GG, wie im Übrigen das gesamte Grundgesetz, letztlich den Leitsatz der Menschenwürde konkretisiere. Art. 102 GG sei aber nicht mit Art. 1 Abs. 1 GG iden-

---

353 *Ballhausen*, NJW 1988, 2656 (2658); *Döhring*, ZRP 1978, 25 ff.; *Scholz*, in: Maunz/Dürig, GG, Art. 102 Rdnr. 11, 12, 29 ff.; *Tettinger*, JZ 1978, 128 ff.; *Geck*, in: BK, GG, Art. 102, Anm. II. 2; *Geck*, JuS 1965, 221 (224).

354 *Geck*, in: BK, GG, Art. 102, Anm. II 2.

355 *Tettinger*, JZ 1978, 128 (131).

356 *Geck*, in: BK, GG, Art. 102, Anm. II 2; *Ballhausen*, NJW 1988, 2656 (2658); *Tettinger*, JZ 1978, 128 (131).

357 *Tettinger*, JZ 1978, 128 (131).

358 *Scholz*, in: Maunz/Dürig, GG, Art. 102 Rdnr. 11; *Geck*, JuS 1965, 221 (224).

359 *Scholz*, in: Maunz/Dürig, GG, Art. 102 Rdnr. 11; *Tettinger*, JZ 1978, 128 (130).

tisch und habe daher keine deklaratorische Bedeutung. Vielmehr bilde das Verbot der Todesstrafe eine eigenständige Konkretisierung des Satzes vom Schutz der Menschenwürde, wie alle anderen Grundrechte auch.[360] Ein absolutes Verbot der Todesstrafe lasse sich daher nicht aus Art. 1 Abs. 1 GG herleiten.[361]

Dieser letztgenannten Auffassung ist beizupflichten. Art. 102 GG greift das grundsätzliche Bekenntnis der Verfassung zum menschlichen Leben auf und bestimmt, dass der Staat auch demjenigen, der die Regeln des menschlichen Zusammenlebens missachtet und die Würde anderer in erheblicher Weise verletzt hat, nicht sein Leben nehmen darf.[362] Ein enger Zusammenhang zwischen Art. 102 GG und Art. 1 Abs. 1 GG ist vor diesem Hintergrund zwar nicht zu leugnen. Für die Annahme einer Unantastbarkeit müsste aber nachgewiesen werden, dass das Verbot der Todesstrafe nicht nur Ausfluss, sondern geradezu unverzichtbarer Bestandteil der Menschenwürde ist.[363] Nur dann dürfte das Verbot der Todesstrafe als absolut unantastbarer Grundsatz weder dem einfachen noch dem verfassungsändernden Gesetzgeber zur Disposition gestellt werden.

Die Menschenwürde bezeichnet dabei den Bereich, in dem Eingriffe in die Sphäre des Einzelnen durch keinen Zweck gerechtfertigt sind. Daher ist bei der Prüfung des Art. 102 GG auf seinen Menschenwürdegehalt auf das Mittel der Todesstrafe an sich abzustellen.

Zunächst stellt sich in diesem Zusammenhang die Frage, ob die Todesstrafe als Strafform einen Verstoß gegen das aus Art. 1 Abs. 1 GG folgende Gebot der Resozialisierung darstellt.[364] Das Gebot der Resozialisierung wurde insbesondere bei der Verfassungsmäßigkeit der lebenslangen Freiheitsstrafe diskutiert. Das sich für den Straftäter aus Art. 2 Abs. 1 i.V.m. Art. 1 Abs. 1 GG ergebende Resozialisierungsinteresse gehöre zu den Voraussetzungen eines menschenwürdigen Strafvollzugs, dessen Wesen es sei, dass

---

360 *Scholz*, in: Maunz/Dürig, GG, Art. 102 Rdnr. 11.

361 *Scholz*, in: Maunz/Dürig, GG, Art. 102 Rdnr. 11, 31; *Geck*, in: BK, GG, Art. 102 Anm. II 2; *ders.*, JuS 1965, 224; Evangelisches Staatslexikon II, Sp. 3614; *Tettinger*, JZ 1978, 128 (130).

362 *Even*, Die Bedeutung der Unantastbarkeitsgarantie, S. 243.

363 *Even*, Die Bedeutung der Unantastbarkeitsgarantie, S. 244.

364 So bspw. *Bemmann*, Strafvollzug und Menschenwürde, S. 329 ff. (331); *ders.*, in: Prittwitz/Manoledakis, Strafrecht und Menschenwürde, S. 124; *Podlech*, in: AK, GG, Art. 1 Abs. 1 Rdnr. 43; *Sax*, in: Grundrechte III/2, S. 909 (963). Dagegen *Tettinger*, JZ 1978, 128 (130 f.).

„dem zu lebenslanger Freiheitsstrafe Verurteilten grundsätzlich eine Chance verbleibt, je wieder die Freiheit zu erlangen.“ [365]

Hieraus wird abgeleitet, dass ein menschenwürdiger Vollzug der lebenslangen Freiheitsstrafe nur dann sichergestellt ist, wenn der Verurteilte eine konkrete und grundsätzlich auch realisierbare Chance hat, zu einem späteren Zeitpunkt die Freiheit wiedergewinnen zu können. Der Kern der Menschenwürde soll dagegen betroffen sein, wenn der Verurteilte ungeachtet der Entwicklung seiner Persönlichkeit jegliche Hoffnung, seine Freiheit wiederzuerlangen, aufgeben müsste.[366] Der Resozialisierungsgrundsatz wird dabei unmittelbar aus Art. 1 Abs. 1 GG und dem Sozialstaatsprinzip abgeleitet; ein subjektives Recht auf Resozialisierung für den Straftäter wird aber auf das allgemeine Persönlichkeitsrecht des Art. 2 Abs. 1 i.V.m. Art. 1 Abs. 1 GG gestützt.[367]

Unabhängig von der Frage nach der Richtigkeit dieser Auffassung bei der Beurteilung der lebenslangen Freiheitsstrafe lässt sich aus dem Gedanken der Resozialisierung aber keine Notwendigkeit für einen Fortbestand des Verbots der Todesstrafe begründen. Dies ergibt sich schlicht daraus, dass es sich bei der lebenslangen Freiheitsstrafe und der Todesstrafe um völlig wesensverschiedene Strafen handelt. Nach der Vollstreckung der Todesstrafe scheidet eine Resozialisierung zwangsläufig aus.

Bisweilen wird darüber hinaus gegen die Wiedereinführung der Todesstrafe geltend gemacht, dass diese schon aufgrund der Unmöglichkeit einer würdigen Durchführung der Todesstrafe per se gegen das Gebot zur Achtung der Menschenwürde verstieße. Auch dieser Aspekt ist jedoch nicht geeignet, dauerhaft einer Wiedereinführung der Todesstrafe entgegenzuwirken. Bisher zeigt die Geschichte der Strafrechtspflege zwar deutlich, dass an Stelle grausamer Strafen immer mildere getreten sind. Auch der Fortschritt von rohen zu humaneren, von einfacheren zu differenzierteren Formen des Strafens hält an. Das Urteil darüber jedoch, welche Strafen der Würde des Menschen entsprechen, kann *„nur auf dem jetzigen Stande der Erkenntnis beruhen und keinen Anspruch auf zeitlose Gültigkeit erheben.“*[368] Eine Umkehrung des beschriebenen Fortschritts und der damit verbundene Wandel der Erkenntnis dahingehend, die Vollstreckung der

---

365 Vgl. *BVerfGE* 35, 202 (235 f.) – Lebach; *BVerfGE* 36, 174 (188) – Tilgungsfrist im BZR; *BVerfGE* 45, 187 ff. 64, 261 (276) – Hafturlaub.

366 *BVerfGE* 45, 187 (239, 245); *Podlech*, in: AK, GG, Art. 1 Abs. 1 Rdnr. 43; *Fiedeler,* Das verfassungsrechtliche Hoffnungsprinzip, S. 20 ff.

367 *BVerfGE* 45, 187 (239); *Geddert-Steinacher,* Menschenwürde, S. 159 f.

368 *BVerfGE* 45, 187 (229).

Todesstrafe für menschenwürdig durchführbar zu halten, kann also nicht schlechterdings ausgeschlossen werden.
Schließlich könnte sich die Unvereinbarkeit der Todesstrafe mit der Menschenwürde aber auch aus der Annahme ergeben, dass die Verhängung der Todesstrafe mit der staatlichen Totaldisposition über das Leben des jeweils betroffenen Menschen gleichzusetzen ist[369]. Dem Staat ist es untersagt, hinsichtlich des Wertes menschlichen Lebens irgendwelche Differenzierungen vorzunehmen. Es gilt vielmehr, die Würde jedes Menschen gleichermaßen zu beachten.[370] Die Anerkennung der Dispositionsbefugnis des Staates über das Leben unterstellt den Betroffenen offensichtlich der totalen, da finalen staatlichen Disposition. Durch den Vollzug der Todesstrafe wird die Persönlichkeit des Betroffenen ausgelöscht und es wird ein nicht zu korrigierendes Ergebnis geschaffen.

Eine derartige Betrachtungsweise entzieht jedoch dem Staat die Möglichkeit, zu Gunsten anderer Rechtsgüter im äußersten Extremfall auch lebensbeendende Mittel in Erwägung zu ziehen. Eine die Interessen der Beteiligten und das Gewicht der Rechtsgüter berücksichtigende Verhältnismäßigkeitsprüfung könnte überhaupt nicht stattfinden. Hier ist hervorzuheben, dass Art. 2 Abs. 2 Satz 1 GG für den Staat auch eine Schutzpflicht bezüglich des Lebens und anderer Rechtsgüter seiner Bürger begründet.[371] Diese objektiv-rechtliche Seite der Grundrechte ist spätestens seit dem *Abtreibungsurteil*[372] des *BVerfG* anerkannt. In diesem Zusammenhang stellt das Grundrecht auf Leben gemäß Art. 2 Abs. 2 Satz 1 GG nicht nur ein Abwehrrecht gegenüber staatlichen Eingriffen dar.[373] Vielmehr begründet es die Pflicht des Staates zu einem aktiven und umfassenden Schutz des Lebens.[374] Auch im *Schleyer-Urteil* des *BVerfG*[375] findet sich eine solche Aussage. Nach Auffassung des *BVerfG* ist der Staat aufgrund des

---

369 *Even*, Die Bedeutung der Unantastbarkeitsgarantie, S. 244 f.

370 Vgl. hierzu *Schorn*, Der Schutz der Menschenwürde im Strafverfahren, S. 20 m.w.N.: *„Die Würde kommt jedem, auch dem straffälligen Menschen zu, ja sogar dem ‚Verbrecher', auch wenn bei ihm die Würde nicht vorhanden zu sein scheint, weil der Mensch seine Freiheit zur Selbsterniedrigung missbraucht hat; denn die Straftat beraubt dem Menschen seiner Würde nicht; sie ist ihm angeboren und unverlierbar; sie steht ihm ‚als solchem kraft seiner Wesenheit als Charakter indelebilis zu, unabhängig von der konkreten Situation, in der sich der einzelne befindet.'"*

371 *BVerfG*, 1 BvR 357/05 vom 15.02.2006, Abs. – Nr. 120 und 138; *Evers*, in: BK, GG, Art. 79 Abs. 3 Rdnr. 169.

372 *BVerfGE* 39, 1 ff.

373 So noch *BVerfGE* 1, 97 (104 f.).

374 *BVerfGE*, 39, 1 (41); 46, 160 (164).

375 *BVerfGE* 46, 160 (164).

Art. 2 Abs. 2 Satz 1 GG zum Lebensschutz verpflichtet. Insbesondere habe er das Leben vor rechtswidrigen Eingriffen seitens anderer zu bewahren.[376]

Eine Verpflichtung des Staates zum Lebensschutz lässt sich zudem auch an Hand weiterer Fälle für zulässig erachteter staatlicher Tötungen belegen. Zunächst ist in diesem Zusammenhang der sog. „finale Rettungsschuss" (auch „gezielter Todessschuss") zu nennen. Zwar dürfen nach den Polizeigesetzen der Länder Schusswaffen als schärfstes Mittel unmittelbaren Zwanges gegen Personen grundsätzlich nur eingesetzt werden, um diese angriffs- oder fluchtunfähig zu machen.[377] Darüber hinaus lassen die Polizeigesetze einiger Bundesländer[378] unter engen Voraussetzungen jedoch auch den gezielt tödlichen Schuss auf Menschen zu. Nach den Regelungen dieser Länder ist ein Schuss, der mit an Sicherheit grenzender Wahrscheinlichkeit tödlich wirken wird, zulässig, wenn er das einzige Mittel zur Abwehr einer gegenwärtigen Lebensgefahr oder der Gefahr einer schwerwiegenden Verletzung der körperlichen Unversehrtheit ist.[379]

Ferner sind gezielte Tötungshandlungen durch den Staat auch durch Soldaten zulässig. Im März 1999 haben sich Soldaten der Bundeswehr zum ersten Mal in der Geschichte der Bundesrepublik beim Kosovo-Krieg an einem direkten

---

376 *BVerfGE* 39, 1 (42); 46, 160 (164); 56, 54 (73); *BVerfG*, 1 BvR 357/05 vom 15.02.2006, Abs. – Nr. 120.

377 Vgl. *Gusy*, Polizeirecht, Rdnr. 449 m.w.N.

378 Vgl. § 54 Abs. 2 PolG BW; Art. 66 Abs. 2 S. 2 BayPAG; § 63 Abs. 2 S. 2 POG Rh.-Pf.; § 34 Abs. 2 SächsPolG; § 65 Abs. 2 S. 2 SOG LSA; § 63 Abs. 2 S. 2 ThürPAG; § 76 Abs. 2 NdsSOG.

379 Vgl. auch *Knemeyer*, Polizei- und Ordnungsrecht, Rdnr. 374; *Seebode*, StV 1991, 80 (82 ff.). Streitig ist allerdings, ob die gezielte Vernichtung des Lebens des Straftäters in solchen Situationen auch in solchen Bundesländern zulässig ist, deren Polizeigesetze keine Regelung des gezielt tödlichen Schusses enthalten. Teilweise wird eine Rechtfertigung in diesem Fall auf die Nothilferegelung des § 32 StGB gestützt (so etwa *Witzstrock*, Der polizeiliche Todesschuss, S. 73 ff.). Dagegen spricht, dass sowohl die straf- als auch die zivilrechtliche Nothilferechte nur im Verhältnis der Bürger untereinander gelten und deshalb keine hoheitsrechtlichen Befugnisse begründen (Vgl. *Lisken/Witzstrock*, ZRP 2004, 31; *Kirchhof*, NJW 1978, 969 (970 f.).; *Seebode*, StV 1991, 80 (85). Als Mitglied z.B. eines Sondereinsatzkommandos, das im Zuge einer Geiselnahme eingesetzt wird, handelt ein Polizeibeamter gerade nicht als autonome Privatperson. Die Zulässigkeit des polizeilichen Todesschusses in dieser Situation auf das „Jedermannsrecht" des § 32 StGB zu stützen, würde zu einer Umgehung der polizeirechtlichen Regelungen des Schusswaffeneinsatzes mit ihren hohen Anforderungen an die Verhältnismäßigkeit und die gebotene Güterabwägung führen. Daher wäre ohne eine explizite (landes-)gesetzliche Regelung des sog. finalen Rettungsschusses dieser in Ansehung des Gesetzesvorbehaltes in Art. 2 Abs. 2 GG somit unzulässig (vgl. *Krüger*, NJW 1973, 1 (4); *Kutscha*, NVwZ 2004, 801 (803); *Lisken/Witzstrock*, ZRP 2004, 31; *Westenberger*, DÖV 2003, 627 (628 ff.).

Kampfeinsatz beteiligt. Auch beim Einsatz des *„Kommandos Spezialkräfte"* der Bundeswehr in Afghanistan 2002 dürfte sich der Waffengebrauch der Soldaten nicht auf die bloße Selbstverteidigung beschränkt haben.[380] Neben der Problematik der verfassungs- und völkerrechtlichen Einbindung solcher Militäreinsätze[381] geht es hierbei um die Frage einer gesetzlichen Ermächtigung für Tötungshandlungen von Soldaten, vergleichbar mit dem polizeilichen Todesschuss. Die Problematik, ob der Staat das Recht zum Töten hat, ist hier ebenso mit dem Gesetzesvorbehalt des Art. 2 Abs. 2 Satz 3 GG verquickt[382] wie beim finalen Rettungsschuss.[383]

---

380 Vgl. *Kutscha*, NVwZ 2004, 801 (803 m.w.N.).

381 Vgl. *BVerfGE* 17, 306 (314); 62, 169 (183); *Kutscha*, NVwZ 2004, 801 (803 m.w.N.).

382 Art. 2 Abs. 2 GG gilt auch für Auslandseinsätze der Bundeswehr. Denn in ihrem sachlichen Geltungsumfang binden die Grundrechte des Grundgesetzes die deutsche Staatsgewalt auch dann, *„wenn Wirkungen ihrer Betätigung im Ausland eintreten,"* vgl. *BVerfGE* 6, 290 (295); 57, 9 (23); *Sachs*, in: ders., GG, vor Art. 1 Rdnr. 19; Die Geltung des Art. 1 Abs. 3 GG wird nicht dadurch aufgehoben, dass deutsche Hoheitsgewalt auf fremden Territorium ausgeübt wird, vgl. *Kutscha*, NVwZ 2004, 801 (803). A.A. *von Olshausen*, DVBl. 1974, 652.

383 § 1 des Gesetzes über die Anwendung unmittelbaren Zwangs und die Ausübung besonderer Befugnisse durch Soldaten der Bundeswehr (UZwGBw) gilt indessen nur für *„militärische Wach- und Sicherheitsaufgaben"* und deckt daher den Waffengebrauch bei Kampfeinsätzen *„out of area"* nicht ab (*Kutscha*, NVwZ 2004, 801 (803). Auch § 7 SoldatenG, welcher den Soldaten die Pflicht, *„der Bundesrepublik Deutschland treu zu dienen und das Recht, die Freiheit des deutschen Volkes tapfer zu verteidigen"* auferlegt, kann aufgrund des Klarheits- und Bestimmtheitsgebotes für Eingriffsnormen nicht dem Gesetzesvorbehalt des Art. 2 Abs. 2 Satz 3 GG genügen, vgl. *BVerfGE* 17, 306 (314); 62, 169 (183); *Baldus*, NVwZ 2003, 1289 (1294); *Frankenberg*, AK, GG, Art. 20 I-III, IV Rdnr. 36 ff.; *Kutscha*, NVwZ 2003, 1296 (1300). Teilweise wird in der Literatur die Ermächtigung der Soldaten zum Töten der Gesamtheit der verfassungsrechtlichen Bestimmungen über Bundeswehreinsätze entnommen. Die prinzipielle Zulässigkeit der Führung eines Verteidigungskrieges *„wird vom Grundgesetz vorausgesetzt (Art. 12 a, 65 a, 73 Nr. 1, 87 a, b 115 a ff. GG). Dies impliziert die Befugnis, Tötungshandlungen vorzunehmen, die nicht gegen geltendes Kriegsvölkerrecht verstoßen"*, vgl. nur *Murswiek*, in: Sachs, GG, Art. 2 Rdnr. 172. Dagegen wird jedoch eingewendet, dass die Ableitung der Eingriffsermächtigung aus der Zusammenschau verschiedenartiger Aufgaben- und Kompetenzbestimmungen dem elementaren Charakter dieses Grundrechtseingriffs nicht gerecht würde, vgl. *Kutscha*, NVwZ 2004, 802 (803). Das *BVerfG* erstreckte hingegen in seiner *AWACS*-Entscheidung die Grenzen eines rechtfertigenden Verteidigungsfalles auch auf NATO- und UN-Einsätze bei Angriffen auf andere Staaten sogar ohne einen Rückgriff auf die benannten Kompetenznormen. Bei der Einordnung in ein „System kollektiver Sicherheit" im Sinne des § 24 Abs. 2 GG seien solche Bundeswehreinsätze gedeckt, *„die im Rahmen und nach den Regeln"* solcher Systeme, also etwa des Nato-Vertrages oder der UN-Charta, stattfänden (BVerfGE 90, 286 und 345). Die Möglichkeit, in solchen Systemordnungen eine Ermächtigungsgrundlage im Sinne des Gesetzesvorbehalts des Art. 2 Abs. 2 GG zu suchen, wird teilweise wiederum negiert, vgl. *Kutscha*, NVwZ 2004, 801 (804).

An der Schnittstelle zwischen polizeilich-präventiver Gefahrenabwehr und dem Recht des Staates zum Töten durch den Einsatz von Soldaten trat jüngst das Luftsicherheitsgesetz (LuftSiG) in den Mittelpunkt der politischen und rechtswissenschaftlichen Diskussion. Das LuftSiG ist am 15. Januar 2005 als Art. 1 des Gesetzes zur Neuregelung von Sicherheitsaufgaben[384] als Reaktion auf die Terrorereignisse des 11. Septembers 2001 sowie den Frankfurter Luftzwischenfall vom 5. Januar 2003 in Kraft getreten. Die zentrale Eingriffsermächtigung in das Recht auf Leben nach Art. 2 Abs. 2 GG bot § 14 Abs. 3 LuftSiG, welcher als ultima ratio den Einsatz staatlicher Gewalt gegen Luftfahrzeuge und damit unter Umständen eine Tötung unschuldiger Passagiere und Besatzungsmitglieder erlaubte.[385] Durch die Erstreckung der staatlichen Tötungshandlung über den Rechtsbrecher hinaus auf todgeweihte Unschuldige wurden im Vergleich zum finalen Rettungsschuss und zum Ansatz der Tötung durch Soldaten früh neue verfassungsrechtliche Zweifel an der Legitimität solcher Präventivmaßnahmen geäußert.[386]

Das *BVerfG* hat nun mit Urteil vom 15. Februar 2006 erklärt, dass die Ermächtigung der Streitkräfte, gemäß § 14 Abs. 3 LuftSiG durch unmittelbare Einwirkung mit Waffengewalt ein Luftfahrzeug abzuschießen, das gegen das Leben von Menschen eingesetzt werden soll, mit dem Recht auf Leben nach Art. 2 Abs. 2 Satz 1 GG i.V.m. der Menschenwürdegarantie des Art. 1 Abs. 1 GG nicht vereinbar und nichtig ist, soweit davon tatunbeteiligte Menschen an Bord des Luftfahrzeugs betroffen werden.[387] Tatunbeteiligte würden durch die einseitige Verfügung über ihr Leben zu verdinglichten und zugleich entrechtlichten Objekten der Rettungsaktion des Staates zum Schutze anderer; sie würden als Subjekte mit Würde und unveräußerlichen Rechten missachtet.[388] Der Einsatz von Waf-

---

384 BGBl. I, S. 78.

385 § 14 Abs. 3 LuftSiG lautet: „*Die unmittelbare Einwirkung mit Waffengewalt ist nur zulässig, wenn nach den Umständen davon auszugehen ist, dass das Luftfahrzeug gegen das Leben von Menschen eingesetzt werden soll, und sie das einzige Mittel zur Abwehr dieser gegenwärtigen Gefahr ist.*"

386 Vgl. *Hartleb*, NJW 2005, 1397 ff. m.w.N., der für eine ersatzlose Streichung des § 14 Abs. 3 LuftSiG votierte, da die Legitimation von Eingriffen nach Art. 2 Abs. 2 S. 3 GG an der in Art. 1 Abs. 1 GG elementaren Gleichheit aller Menschen in Bezug auf ihr Lebensrecht zu messen sei und damit jede qualitative oder quantitative Lebensgewichtung ausgeschlossen sei. Dem ließe sich entgegenhalten, dass in der Berücksichtigung der numerisch kleineren Opferzahl zur Herstellung praktischer Konkordanz gerade keine qualitative Gewichtung von Leben vorgenommen wird, sondern der Staat, indem er keine sonstigen Kriterien heranzieht, jedem Menschen mit einem gleich hohen Achtungsanspruch gegenübertritt.

387 *BVerfG*, 1 BvR 357/05 vom 15.02.2006, Abs. – Nr. 118 ff.

388 *BVerfG*, 1 BvR 357/05 vom 15.02.2006, Abs. – Nr. 124.

fengewalt gegen ein unbemanntes Luftfahrzeug und gegen ein Luftfahrzeug, das allein durch einen Täter geführt wird, der dieses als Tatwaffe gegen Menschen auf der Erde einsetzen will, ist dagegen mit Art. 2 Abs. 2 Satz 1 i.V.m. Art. 1 Abs. 1 GG vereinbar.[389] Der Täter ist dabei nicht bloßes Objekt staatlichen Handelns, der Staat nimmt durch die Abwehr des rechtswidrigen Angriffs lediglich seine Schutzpflicht gegenüber denen wahr, deren Leben ausgelöscht werden soll.[390]

Die genannten Beispiele belegen, dass dem Staat die Aufopferung menschlichen Lebens in extremen Konfliktsituationen im Rahmen eines Abwägungsvorgangs nicht grundsätzlich verboten ist. Jedoch lässt sich die Anerkennung staatlichen Tötens in Extremsituationen nicht deckungsgleich auf die Todesstrafe als Strafe übertragen. So stellen diese Maßnahmen keine Verletzung des Art. 102 GG dar.[391] Zwar wird beim finalen Rettungsschuss in der Tat das Leben eines Rechtsbrechers, das gegenüber der staatlichen Strafgewalt durch Art. 102 GG absolut gesichert ist, geopfert.[392] Dies erfolgt aber ausschließlich deshalb, um das Leben eines anderen Menschen, das durch den Rechtsbrecher gefährdet wird, zu retten. Dem Leben des Rechtsbrechers, etwa eines Geiselnehmers, kommt nach der Verfassungsordnung nicht etwa ein geringerer Wert zu, als dem Leben seiner Geiseln. Wie sich aus dem Umkehrschluss aus Art. 18 GG ergibt, kann auch der Gewalttäter sein Leben nicht verwirken. Der Staat muss sich aber dafür entscheiden können, entweder die Tötung der Geiseln zuzulassen oder sie durch die Tötung des Geiselnehmers als einziges Abwehrmittel zu verhindern.[393] Maßgeblich ist, dass die Todesstrafe eine repressive, aufgrund strafgerichtlichen Urteils verhängte Sanktion darstellt, die mit der präventiv-polizeilichen Situation beim finalen Todesschuss nicht vergleichbar ist und insofern eine andere Wertung verlangt bzw. in dieser Extremsituation eine andere Konsequenz, den Tod des Rechtsbrechers, zulässt.[394] Darüber hinaus erfasst Art. 102 GG, wie die

---

389 *BVerfG*, 1 BvR 357/05 vom 15.02.2006, Abs. – Nr. 140.

390 *BVerfG*, 1 BvR 357/05 vom 15.02.2006, Abs. – Nr. 141.

391 Vgl. zum polizeilichen Rettungsschuss die ganz h.M. *Merten*, in: *ders.*, Aktuelle Probleme des Polizeirechts, S. 85 ff.; *ders.*, in: FS Doehring, S. 579 ff.; *Zuck*, MDR 1988, 920 f.; *Pausch*, Die Rechtmäßigkeit der vorhandenen gesetzlichen Regelungen des Todesschusses, S. 87 f.; *Schöne/Klaes*, DÖV 1996, 992 (997).

392 *Thiele*, DVBl. 1979, 705 (707).

393 *Kutscha*, NVwZ 2004, 801 (802 m.w.N).

394 Vgl. *Dreier*, in: Dreier, GG, Art. 102 Rdnr. 46; *Ipsen,* Staatsrecht II, Rdnr. 201, 237; *Merten*, in: *ders.*, Aktuelle Probleme des Polizeirechts, S. 85 ff.; *ders.*, in: FS Doehring, S. 579 ff.; *Zuck*, MDR 1988, 920 f.; *Pausch*, Die Rechtmäßigkeit der vorhandenen gesetzlichen Regelungen des Todesschusses, S. 87 f.; *Schöne/Klaes*, DÖV 1996, 992 (997); *Stein/Götz*, Staatsrecht, § 32 IV, S. 274, § 53 VII, S. 436.

systematische Stellung der Norm im Abschnitt über „Die Rechtsprechung“ zeigt, nur gerichtsförmiges und nicht polizeiliches Handeln.[395]

Zu berücksichtigen ist zudem, dass in keinem dieser Fälle die dort erlaubte Tötung mit der Situation des zum Tode Verurteilten zu vergleichen ist. Diesem wird spätestens kurz vor der Hinrichtung sein Ausgeliefertsein gegenüber dem Staat in vollem Umfang bewusst. Die Todesstrafe stellt mithin gegenüber Tötungen in anderem Zusammenhang eine besonders eingriffsintensive Maßnahme dar. Eine solche Maßnahme könnte auch gegenüber einem an sich zustimmungswürdigen Strafzweck stets unverhältnismäßig sein und damit die Menschenwürde des Betroffenen tangieren. Auch eine Begrenzung der Todesstrafe auf bestimmte Fallgruppen stünde dann in einem Widerspruch zur Menschenwürde als unantastbarer Garantie.

Andererseits muss berücksichtigt werden, dass der zum Tode verurteilte Straftäter für sein Handeln selbst verantwortlich ist, während eine derartige Verantwortung des Betroffenen in den von der h.M. anerkannten Fallgruppen autorisierter staatlicher Tötung oftmals nicht konstatiert werden kann. Wenn aber schon der Gesichtspunkt des effektiven Schutzes der Gesamtheit aller Bürger die billigende Inkaufnahme der Opferung unschuldiger Geiseln rechtfertigt,[396] so kann das Leben des Mörders kaum absolut unantastbar sein für staatliche Strafgewalt.[397]

Es ist nach alledem nicht auszuschließen, dass in bestimmten Situationen wichtige Verfassungsgrundsätze nur auf Kosten von einschneidenden Beschränkungen auch des Grundrechts auf Leben zu realisieren sind. Da aber der staatliche Entzug des Lebens den massivsten denkbaren Eingriff in die menschliche Rechtssphäre darstellt, kann der Staat solche Maßnahmen nur bei ganz erheblichen Gefahren für die oben erwähnten Rechtsgüter ergreifen. Das ist z.B. dann der Fall, wenn die Todesstrafe zur Rettung des Lebens anderer Menschen eingesetzt wird. Hier kommen besonders schwerwiegende Verbrechen in Betracht, die den Schutz des menschlichen Lebens zum Inhalt haben. Zu denken ist insbesondere an Fälle von eskalierendem Terrorismus oder rücksichtsloser Ausnutzung bestimmter Notsituationen.

In diesem Fall muss die Todesstrafe als ultima ratio – unbeschadet der dann jeweils vorzunehmenden gesetzgeberischen Abwägung – zumindest im Grundsatz zur Verfügung stehen. Nur auf diese Weise behält der Staat die Möglichkeit, auf neue Herausforderungen und wissenschaftliche Erkenntnisse zu reagieren. Häu-

---

395 *Ebel/Kunig,* JURA 1998, 617 (621); *Scholz*, in: Maunz/Dürig, GG, Art. 102 Rdnr. 17.

396 *BVerfG* 46, 160, (164 f.).

397 *Tettinger*, JZ 1978, 128 (131).

fig wird nämlich beispielsweise von Gegnern einer Verfassungsänderung behauptet, dass Beweise einer abschreckenden Wirkung der Todesstrafe nicht erbracht seien.[398] Die Erkenntnisse über Abschreckungswirkungen, Aufgaben und Menschenwürdigkeit einzelner Strafen können sich im Laufe der Zeiten aber verändern. Gerade der Bereich des Strafrechts sieht sich durch zahlreiche neue – besonders kriminologische, medizinische und psychologische – Erkenntnisse geprägt.

Da eine weitgehende Mittel-Zweck-Betrachtung im Bereich der Menschenwürdegarantie indes nicht möglich ist, muss der Begriff der Menschenwürde insbesondere im Hinblick auf die Ewigkeitsgarantie des Art. 79 Abs. 3 GG eng ausgelegt werden. Der im Demokratieprinzip verankerte Grundsatz der Volkssouveränität (Art. 20 Abs. 2 GG) fordert, dass normative Zementierungen des Art. 79 Abs. 3 GG auf ein Minimum beschränkt werden. Vielmehr muss die Handlungsfähigkeit des Gesetzgebers gewährleistet bleiben, damit dieser sich den wandelnden Vorstellungen seiner Zeit anpassen kann. Eine Streichung des Art. 102 GG bzw. dessen Ergänzung um Ausnahmetatbestände ist also zulässig.

Gleichwohl zöge eine Streichung des Art. 102 GG nicht zugleich automatisch die Einführung der Todesstrafe nach sich. Vielmehr wäre die Wiedereinführung der Todesstrafe als Sanktion durch den einfachen Gesetzgeber am Grundrecht des Art. 2 Abs. 2 Satz 1 GG und damit auch am Grundsatz der Verhältnismäßigkeit zu messen.

Im Übrigen stellt schon der Verfassungsrang des Art. 102 GG einen Schutz vor leichtfertigen Änderungen dar. So sind Versuche, Art. 102 GG abzuschaffen oder zu ändern, bislang an der von Art. 79 Abs. 2 GG aufgestellten Hürde einer erforderlichen Zweidrittelmehrheit des Bundestages und des Bundesrates gescheitert.

B. Einführung der Todesstrafe durch Änderung des einfachen Gesetzes

Setzt man die Modifikation oder Abschaffung des Art. 102 GG voraus, ist nunmehr zu untersuchen, ob die Einführung der Todesstrafe in Deutschland durch den einfachen Gesetzgeber verfassungsmäßig wäre. Zu denken wäre beispielsweise daran, dass für schwerste Delikte wie den Mord nach § 211 StGB als Rechtsfolge die Todesstrafe als Sanktion vorgesehen wird.

---

[398] *Kunig*, in: von Münch/Kunig, GG, Art. 102 Rdnr. 19.

I. Verstoß gegen das Recht auf Leben gemäß Art. 2 Abs. 2 Satz 1 GG

Eine dahingehende Gesetzesänderung könnte gegen das Grundrecht auf Leben aus Art. 2 Abs. 2 Satz 1 GG verstoßen.

1. Eingriff in den Schutzbereich

Art. 2 Abs. 2 Satz 1 GG schützt das körperliche Dasein, die biologisch-physische Existenz, deren Vernichtung er im Grundsatz untersagt.[399] Das Recht auf Leben und das Recht auf körperliche Unversehrtheit wurden erstmals in Art. 3 der Allgemeinen Erklärung der Menschenrechte vom 10. Dezember 1948 formuliert und sind als Reaktionen auf die Vernichtungsaktionen, Zwangssterilisierungen und Menschenversuche des nationalsozialistischen Regimes,[400] auf die „Säuberungen" der kommunistischen Regimes sowie auf die Forderung nach „Freigabe der Vernichtung lebensunwerten Lebens" in den 1930er Jahren zu verstehen.[401] Das zuvor nur durch die einfachen Gesetze gesicherte Leben und die körperliche Unversehrtheit, haben erst durch das Grundgesetz verfassungsrechtlichen Schutz erhalten.[402]

Das Recht auf Leben wird durch jede rechtliche oder faktische Maßnahme der öffentlichen Gewalt beeinträchtigt, die den Tod eines Menschen objektiv zurechenbar bewirkt.[403] Indem durch den Vollzug der Todesstrafe das Leben des Straftäters vernichtet wird, stellt deren Wiedereinführung einen gezielten Eingriff in den Schutzbereich des Art. 2 Abs. 2 Satz 1 GG dar.[404]

2. Verfassungsrechtliche Rechtfertigung

Obwohl das Recht auf Leben innerhalb der grundgesetzlichen Ordnung einen Höchstwert darstellt,[405] steht auch dieses Recht nach Art. 2 Abs. 2 Satz 3 GG unter Gesetzesvorbehalt. Es handelt sich dabei um einen einfachen Gesetzesvor-

---

[399] *BVerfGE* 39, 1 (36 ff.); 88, 203 (251 ff.); *Schulze-Fielitz,* in: Dreier, GG, Art. 2 Abs. 2 Rdnr. 10; *Jarass*, in: Jarass/Pieroth, GG, Art. 2 Rdnr. 52; *Kunig*, in: von Münch/Kunig, GG, Art. 2 Rdnr. 44; *Starck*, in: von Mangoldt/Klein/Starck, GG, Art. 2 Abs. 2 Rdnr. 192 m.w.N.; *Murswiek*, in: Sachs, GG, Art. 2 Rdnr. 141.

[400] *BVerfGE* 18, 112 (117); 39, 1 (36 f.). Vgl. die Beratungen des Parlamentarischen Rates, JöR 1 (1951), 56 ff.

[401] *Höfling*, in: Friauf/Höfling, GG, Art. 2 Rdnr. 2; *Starck*, in: von Mangoldt/Klein/Starck, GG, Art. 2 Abs. 2 Rdnr. 189.

[402] *Starck*, in: von Mangoldt/Klein/Starck, GG, Art. 2 Abs. 2 Rdnr. 189.

[403] *Schulze-Fielitz*, in: Dreier, GG, Art. 2 Abs. 2 Rdnr. 28.

[404] Vgl. auch *Murswiek*, in: Sachs, GG, Art. 2 Rdnr. 152.

[405] Vgl. *BVerfGE* 39, 1 (42); 46, 160 (164); 49, 24 (53).

behalt. Wegen der Intensität, welche staatlichen Eingriffen in Art. 2 Abs. 2 S. 1 GG eigen ist, ergibt sich, unter Rückgriff auf die sog. Wesentlichkeitstheorie, dass ein derartiger Eingriff vom Parlamentsgesetzgeber selbst getroffen werden muss.[406] Zwar erfordert ein Gesetzesvorbehalt zunächst lediglich, dass überhaupt ein Gesetz zur Rechtfertigung des Eingriffs vorliegt. Es ist aber insbesondere im Hinblick auf das Rechtsstaatsprinzip und die Grundrechte heute allgemein anerkannt, dass dieses einschränkende Gesetz selbst den Anforderungen des GG genügen muss.[407] An das verfassungsändernde Gesetz zur Einführung der Todesstrafe werden nunmehr die folgenden formellen und materiellen Anforderungen gestellt.

a) Formelle Anforderungen an ein einschränkendes Gesetz

Die Zuständigkeit des Bundes zur Regelung des Strafrechts ergibt sich aus Art. 74 Abs. 1 Nr. 1 i.V.m. Art. 72 Abs. 2 GG. Das Gesetzgebungsverfahren richtet sich nach den Art. 76 ff. GG.

b) Materielle Anforderungen an ein einschränkendes Gesetz

Die einfachgesetzliche Einführung der Todesstrafe muss auch den materiellen Anforderungen an ein einschränkendes Gesetz genügen. Das einschränkende Gesetz muss dabei seinerseits im Lichte des Grundrechts gesehen werden.[408] Das Grundgesetz enthält eine Reihe geschriebener und ungeschriebener Kriterien, an welche der einfache Gesetzgeber bei der Ausfüllung eines grundrechtlichen Gesetzesvorbehalts gebunden ist (sog. Schranken-Schranken).[409]

Neben dem Zitiergebot gemäß Art. 19 Abs. 1 Satz 2 GG hat der Gesetzgeber die Wesengehaltsgarantie gemäß Art. 19 Abs. 2 GG zu beachten.

aa) Verstoß gegen die Wesensgehaltsgarantie gemäß Art. 19 Abs. 2 GG

Möglicherweise liegt schon in der Wahl des Mittels der Todesstrafe ein Verstoß gegen die Wesensgehaltsgarantie des Art. 19 Abs. 2 GG. Art. 19 Abs. 2 GG sichert *„einen Kernbereich jeder Grundrechtsgewährleistung“* oder *„definitive Grundrechtspositionen.“*[410] Er versichert damit, dass kein Grundrecht so weit

---

406 *Pieroth/Schlink*, Grundrechte, Rdnr. 397.

407 *Sachs*, in: Sachs, GG, vor Art. 1 Rdnr. 108; *Stern*, Staatsrecht III/1, S. 1302.

408 *BVerfGE* 17, 108 (117); 51, 324 (346).

409 *Sachs*, in: Sachs, GG, vor Art. 1 Rdnr. 108 f.

410 Vgl. *Huber*, in: von Mangoldt/Klein/Starck, Art. 19 Abs. 2 Rdnr. 139.

beschränkt wird, dass es *„im Leben des Gemeinwesens keine Wirksamkeit mehr entfalten kann.“*[411]

Dabei ist der Begriff des Wesensgehalts weiter auszulegen als der Begriff der Menschenwürde, die, wie eben erläutert, durch die Todesstrafe gerade nicht angetastet wird.[412] Der Umfang der Wesensgehaltsgarantie ist im Übrigen streitig.

(1) Absolute Theorie

Nach einer älteren Auffassung im Schrifttum darf der Wesensgehalt eines Grundrechts unabhängig vom jeweiligen Zweck in seinem Kernbereich nicht angetastet werden.[413] Unter Zugrundelegung der Subtraktionsmethode fragt die absolute Theorie danach, ob dem Garantiebereich eines bestimmten Grundrechts auch unter Berücksichtigung der zur Überprüfung stehenden Norm noch hinreichend gewichtige Schutzgüter unterfallen.[414]

Dies wird zunächst mit dem Wortlaut der Vorschrift begründet. Wenn der Wesensgehalt „in keinem Falle“ angetastet werden dürfe, verbiete sich eine relative Betrachtungsweise unter Berücksichtigung des gesetzgeberischen Zwecks.[415] Für diese Auffassung wird ferner angeführt, dass eine Berücksichtigung des legislativen Zwecks lediglich eine Wiederholung des Verhältnismäßigkeitsgrundsatzes darstelle. Dagegen komme Art. 19 Abs. 2 GG eine eigene Bedeutung zu. Die Vorschrift wolle außerhalb einer Verhältnismäßigkeitsprüfung eine Relativierung gerade verhindern. Ein bestimmter Grundrechtsgehalt solle absolut geschützt werden.[416] Konstitutiv sollten über Art. 19 Abs. 2 GG wesentliche Bestandteile der Grundrechte gegenüber staatlichen Eingriffen unbedingt gesichert und gefestigt werden. Gegenüber dem Wesensgehalt gebe es gerade keine höherrangigen Rechtsgüter, so dass insofern eine absolute Schranken-Schranke errichtet worden sei.[417]

---

411 *Hesse*, Verfassungsrecht, Rdnr. 332; *von Hippel*, Grenzen und Wesensgehalt der Grundrechte, S. 63; *Huber*, in: von Mangoldt/Klein/Starck, Art. 19 Abs. 2 Rdnr. 139.

412 Siehe in diesem Teil, A. II. 2. c) bb) (2) (b).

413 *BVerfGE* 2, 266 (273); 7, 377 (411); 32, 373 (379); 34, 238, (245); 35, 35 (39); *Stern*, Staatsrecht III/2, S. 865 ff.

414 *Huber*, in: von Mangoldt/Klein/Starck, Art. 19 Rdnr. 140 m.w.N.

415 *Dürig*, AöR 81 (1956), 117 (156); *Schneider*, Der Schutz des Wesensgehalts, S. 188 ff.; *Krüger/Sachs*, in: Sachs, GG, Art. 19 Rdnr. 41; *Krüger.*, DÖV 1955, 597 f.; *Stern*, Staatsrecht III/2, S. 865; *Streinz*, Bundesverfassungsgerichtlicher Grundrechtsschutz, S. 273 f.;

416 *Stern*, Staatsrecht III/2, S. 872.

417 *Stern*, Staatsrecht III/2, S. 867.

Zur Bestimmung dieses absoluten Wesensgehalts werden im Rahmen dieser Auffassung verschiedene Standpunkte vertreten.

(a) Subjektiver Ausgangspunkt

Nach dem subjektiven Ansatz ist es erforderlich, dass dem Einzelnen im konkreten Fall noch etwas von seinem Grundrecht bleibt.[418]

Ein gradueller Eingriff in das Grundrecht auf Leben ist nicht möglich, dem Täter bleibt bei Vollstreckung der Todesstrafe nichts mehr von seinem Leben übrig. Folgt man dem subjektiven Ausgangspunkt, wäre Art. 19 Abs. 2 GG schon allein durch die Wahl des Mittels der Todesstrafe verletzt.

(b) Objektiver Ausgangspunkt

Nach dem objektiven Ansatz fordert die Wahrung des Wesensgehalts lediglich, dass das Grundrecht noch eine Bedeutung für die Allgemeinheit behalten muss.[419] Durch die Vollstreckung der Todesstrafe gegen einzelne Straftäter würde das Grundrecht auf Leben seine Bedeutung für die Allgemeinheit nicht verlieren. Art. 19 Abs. 2 GG wäre allein durch die Wahl des Mittels der Todesstrafe noch nicht verletzt.

(2) Relative Theorie

Nach der relativen Theorie ist der Wesensgehalt eines Grundrechts stets im Einzelfall durch Abwägung der beteiligten öffentlichen und privaten Interessen zu bestimmen.[420] Eine Antastung des Wesensgehalts sei dann anzunehmen, wenn dem Eingriffszweck gegenüber dem betroffenen Grundrecht ein geringeres Gewicht zukomme. Zur Begründung wird angeführt, dass die Garantie des Wesensgehalts zur Zeit der Weimarer Republik lediglich der Beschränkung des Gesetzgebers bei der Ausfüllung eines Gesetzesvorbehalts diente.[421] Damit sei zum damaligen Zeitpunkt nichts anderes als der Grundsatz der Verhältnismäßigkeit gemeint gewesen. Diese Auslegung habe auch der verfassungsgebenden Versammlung vorgelegen. Somit dürfe im Hinblick auf überragend wichtige Gründe des Allgemeinwohls auch der Kernbereich eines Grundrechts angetastet wer-

---

418 So wohl *BGHZ* 16, 71 (80); *Krüger*, DÖV 1955, 597 ff.; *Dürig*, AöR 81 (1956), S. 136 ff.; *Müller*, Normbereiche von Einzelgrundrechten, S. 30 ff.; *Herbert*, EuGRZ 1985, 321 (324).

419 *Huber*, DÖV 1956, 135 (142 f); *Jäckel*, Grundrechtsgeltung und Grundrechtssicherung, S. 57 ff. (91).

420 *Maunz*, in: Maunz/Dürig, Art. 19 Abs. 2 Rdnr. 29; *Doehring*, Staatsrecht, S. 370.

421 *Maunz*, in: Maunz/Dürig, GG, Art. 19 Abs. 2 Rdnr. 10.

den.[422] Auch nach dieser Auffassung wäre Art. 19 Abs. 2 GG nicht schon allein durch die Wahl des Mittels der Todesstrafe verletzt.

(3) Stellungnahme

Die absolute Theorie mit objektivem Ausgangspunkt und die relative Theorie kommen zu dem Ergebnis, dass Art. 19 Abs. 2 GG allein durch die Wahl des Mittels der Todesstrafe nicht verletzt ist. Nach den Verfechtern eines absoluten Wesensgehalts mit subjektivem Ausgangspunkt, wäre Art. 19 Abs. 2 GG durch die Einführung eines die Todesstrafe zulassenden Gesetzes dagegen verletzt. Auch wenn vieles spricht, den Wesensgehalt eines Grundrechts absolut zu definieren, darf man zumindest nicht bei jedem Grundrecht auf die subjektive Wirkung für den Grundrechtsinhaber abstellen. So gibt es Grundrechte, bei denen ein gradueller Eingriff kraft Natur der Sache nicht möglich ist. Daraus zu folgern, dass Eingriffe in ein solches Grundrecht wegen der einschneidenden, nicht abstufbaren Wirkung für den Einzelnen stets gegen Art. 19 Abs. 2 GG verstießen, ginge indes an der Systematik des Grundgesetzes vorbei. Obwohl nach dem Entzug des Lebens für den Betroffenen vom Leben nichts mehr übrig bleibt, lässt Art. 2 Abs. 2 Satz 3 GG Eingriffe in dieses Grundrecht gerade zu. Ein Eingriff in das Leben bedeutet aber stets dessen Entzug. Wenn Art. 19 Abs. 2 GG also verlangt, dass vom Grundrecht noch etwas übrig bleiben muss, kann dies zumindest beim Grundrecht auf Leben nicht im individuellen, sondern nur im kollektiven und generellen Sinn gemeint sein.[423] Die Einführung der Todesstrafe durch einfaches Gesetz verstieße also nicht gegen Art. 19 Abs. 2 GG.

bb) Verhältnismäßigkeitsgrundsatz

Das Recht auf Leben steht unter einfachem Gesetzesvorbehalt, so dass sich die Rechtfertigungsanforderungen aus dem Verhältnismäßigkeitsgrundsatz ergeben. Der Grundsatz der Verhältnismäßigkeit wird dabei zum Teil aus dem Wesen der Grundrechte selbst hergeleitet, die als Ausdruck des allgemeinen Freiheitsanspruchs des Bürgers gegenüber dem Staat von der öffentlichen Gewalt jeweils nur soweit beschränkt werden dürfen, als es zum Schutz öffentlicher Interessen unerlässlich ist. Zum Teil leitet man den Verhältnismäßigkeitsgrundsatz auch aus dem Rechtsstaatsprinzip her.[424] Nach dem Verhältnismäßigkeitsgrundsatz darf in ein Grundrecht nur eingegriffen werden, wenn der Eingriff zur Errei-

---

422 *Von Hippel*, Grenzen und Wesensgehalt der Grundrechte, S. 47; *Krebs*, in: von Münch/Kunig, Art. 19 Rdnr. 24; *Maunz*, in: Maunz/Dürig, Art. 19 Abs. 2 Rdnr. 29.

423 *Pieroth/Schlink*, Grundrechte, Rdnr. 404.

424 Siehe dazu bereits vorstehend unter 3. Teil A. II. 1.

chung eines erlaubten Zwecks geeignet, erforderlich und im Hinblick auf den Zweck angemessen ist.[425]

Zu untersuchen ist zunächst, welchen Zweck die Todesstrafe erfüllt, und ob dieser Zweck für sich genommen vom Grundgesetz erlaubt ist. Das Grundgesetz selbst trifft keine eigene Entscheidung über Zweck und Funktion der staatlichen Kriminalstrafen. Das geltende Strafsystem basiert auf einer prinzipiellen Kombination der Strafzwecke, der sog. Vereinigungstheorie,[426] die versucht, sämtliche Strafzwecke in ein ausgewogenes Verhältnis zueinander zu setzen. Das *BVerfG* hat es als allgemeine Aufgabe des Strafrechts bezeichnet, die elementaren Werte des Gemeinschaftslebens zu schützen. Schuldausgleich, Prävention, Resozialisierung des Täters, Sühne und Vergeltung für begangenes Unrecht werden dabei gleichermaßen als Aspekte einer angemessenen Strafsanktion bezeichnet.[427] Auch das Strafgesetzbuch geht in seinen §§ 46, 47 von der Vereinigungstheorie aus. Während § 46 Abs. 1 Satz 1 StGB die Schuld als Bemessungsfaktor für die Strafe festlegt und damit den Vergeltungsgedanken hervorhebt, kommt in § 46 Abs. 1 Satz 2 StGB das spezialpräventive Kriterium des Täters, der Reintegration in die Rechtsgemeinschaft, zum Ausdruck.[428] Schließlich sind nach der Wendung *„Verteidigung der Rechtsordnung"* in § 47 StGB auch generalpräventive Aspekte von Bedeutung.[429]

Die Wiedereinführung der Todesstrafe kann abschreckend wirken und damit zur Verhinderung zukünftiger Straftaten unter dem Aspekt der General- oder Spezialprävention beitragen. Im Gegensatz zu den repressiven Sanktionen von Vergeltung und Sühne[430] postulieren die relativen Straftheorien diesen Strafzweck der Prävention. Angesichts des staatlichen Schutzauftrages aus Art. 2 Abs. 2 Satz 1 GG, die Öffentlichkeit vor gefährlichen Straftätern zu schützen, ist der

---

425 *Stern,* Staatsrecht I, S. 866.

426 *BVerfGE* 45, 187 (253); *Jakobs*, Strafrecht AT, 1. Abschnitt Rdnr. 48 ff.; *Jescheck/Weigend*, Strafrecht AT, § 8; *Kaufmann*, Rechtsphilosophie, S. 161; *Lesch,* Verbrechensbegriff, S. 17; *Meier*, Strafrechtliche Sanktionen, S. 16; *Otto,* Strafrecht, Rdnr. 75; *Roxin*, Strafrecht, § 3 Rdnr. 32 ff.; *Roxin/Arzt/Tiedemann*, Strafrecht und Strafprozeßrecht, S. 6; *Streng*, Strafrechtliche Sanktionen, S. 10; *Wessels/Beulke*, Strafrecht AT, Rdnr. 12 a.

427 *BVerfGE* 32, 98 (109); 28, 264 (278).

428 *Lackner/Kühl*, StGB, Rdnr. 27 m.w.N.

429 *Wessels/Beulke*, Strafrecht AT, Rdnr. 12 a.

430 Sog. *absolute Strafzwecktheorien.* Der Begriff *„absolut"* soll hierbei verdeutlichen, dass die Bestrafung von jeder gesellschaftlichen Wirkung losgelöst ist und rein repressiv wirkt. Strafzweck ist allein die Wiederherstellung der Rechtsordnung, indem auf die Tat mit der Zufügung eines gerechten Übels durch den Staat reagiert wird, *Wessels/Beulke*, Strafrecht AT, Rdnr. 12 a. Vgl. auch *Welzel*, Strafrecht, S. 239 ff.

Zweck der Prävention als solcher nicht nur erlaubt, sondern dem Staat sogar grundgesetzlich vorgeschrieben.

Die Theorie der Generalprävention sieht den Zweck der Strafe in der Beeinflussung der Allgemeinheit, die durch die Strafdrohungen und den Strafvollzug über die gesetzlichen Verbote belehrt und von ihrer Übertretung abgehalten werden soll.[431] Historisch gründet sie in der sog. *„psychologischen Zwangstheorie"* (Theorie des psychologischen Zwanges) von *Paul Johann Anselm von Feuerbach:*

> *„Alle Uebertretungen haben ihren psychologischen Entstehungsgrund in der Sinnlichkeit, inwiefern das Begehrungsvermögen des Menschen durch die Lust an oder aus der Handhabung zur Begehung derselben angetrieben wird. Dieser sinnliche Antrieb kann dadurch aufgehoben werden, dass Jeder weiss, auf seine That werde unausbleiblich ein Uebel folgen, welches grösser ist, als die Unlust, die aus dem nicht befriedigten Antrieb zur That entspringt."*[432]

Feuerbach stellt sich die Seele eines potentiellen Straftäters vor, in der sich wie auf einem Kampfplatz die Triebe und Motive tummeln, die entgegenwirkenden Strebungen aber das Übergewicht erhalten und damit *„psychischen Zwang"* zur Unterlassung der Tat ausüben.[433] Auch heute wird die Theorie der Generalprävention noch vertreten.[434] Die Rechtsprechung und die heutige Lehre unterscheiden aber einen negativen und positiven Aspekt der Generalprävention. Der negative Aspekt besteht in der reinen Abschreckung anderer, ähnliche Straftaten zu begehen.[435] Der positive Aspekt der Generalprävention liegt in der Erhaltung

---

431 Vgl. *Kindhäuser*, Strafrecht AT, Rdnr. 13 f.; *Roxin*, Strafrecht, § 3 Rdnr. 21; *Schmidhäuser*, Strafrecht AT, 2/17 ff.; *Stree*, in: Schönke/Schröder, StGB, Rdnr. 12 m.w.N.; *Wessels/Beulke*, Strafrecht AT, Rdnr. 12 a. Zur grundsätzlichen Ablehnung des Abschreckungsgedankens wegen der Verwendung des Menschen als bloßes Mittel, *Keller*, Die Todesstrafe, S. 72 ff.; vgl. auch *Landau*, Prinzipien des Rechts, S. 25 f.; *Liepmann*, Todesstrafe, S. 36 f.; *Maurach*, in: Die Frage der Todesstrafe, S. 16: *„Auch muß man wohl bedenken, dass eine auf Abschreckung bedachte Grausamkeit der Strafen die Bevölkerung nicht nur gegenüber der Abschreckungswirkung abstumpft und unempfindlich macht, sie wirkt darüber hinaus sogar in negativem Sinne beispielhaft und leistet so dem allgemeinen Verfall des sittlichen Empfindens Vorschub, den sie gerade bekämpfen will."* Vgl. zur Abschreckungswirkung der Todesstrafe auch *Baumann*, ARSP 46 (1960), 73 (83); *Dreher*, in: Bemühungen um das Recht, 81 (90 ff.).

432 Zusammenfassung in § 13 in *Feuerbach*, Lehrbuch des Rechts, S. 38.

433 *Roxin*, Strafrecht, § 3 Rdnr. 22.

434 *Roxin*, Strafrecht, § 3 Rdnr. 24; *Wessels/Beulke*, Strafrecht AT, Rdnr. 12 a.

435 Auch *„spezielle Generalprävention"* - *BGHSt 24*, 40 (44); *BVerfGE* 45, 187 (255).

und Stärkung des Vertrauens der Bevölkerung in die Bestands- und Durchsetzungskraft der Rechtsordnung.[436]

„Es gehört zu den Aufgaben der Strafe, das Recht gegenüber dem vom Täter begangenen Unrecht durchzusetzen, um die Unverbrüchlichkeit der Rechtsordnung vor der Rechtsgemeinschaft zu erweisen und so die Rechtstreue der Bevölkerung zu stärken.“[437]

Die Theorie der Spezialprävention dagegen erkennt den Zweck der Strafe darin, den betreffenden Straftäter von künftigen Rechtsbrüchen abzuhalten, ihn zu resozialisieren und die staatliche wie gesellschaftliche Gemeinschaft bei gegebenenfalls fehlender Besserungsfähigkeit des Straftäters vor diesem zu schützen.[438] Sie stellt damit eine extreme Gegenposition zur Vergeltungstheorie dar. Diese Theorie geht bis auf die Anfänge strafrechtlichen Denkens zurück, als sich schon bei *Lucius Annaeus Seneca* unter Berufung auf *Platon* (427-347 v.Chr.) die klassische Formulierung aller präventiven Lehren findet:

„Nam, ut Plato iat: 'nemo prudens punit, quia peccatum est, sed ne peccetur...'“ („Denn, wie Platon sagt: ‚Kein kluger Mensch straft, weil gesündigt worden ist, sondern damit nicht gesündigt werde...‘“[439]

Franz von Liszt hat die Spezialprävention in dreifacher Form beschrieben. Die Allgemeinheit wird erstens vor dem Straftäter durch dessen Einsperrung gesichert, zweitens indem man den Täter durch die Strafe von der Begehung weiterer Strafen abschreckt und drittens indem man ihn durch die Besserung vor der Rückfälligkeit bewahrt.[440] Die spezialpräventiven Zielsetzungen haben insbesondere auch in der Reformgesetzgebung in der Bundesrepublik seit 1969 Anklang gefunden, so fordert der seinerzeit eingefügte § 46 Abs. 1 Satz 2 StGB die Beachtung spezialpräventiver Zwecke bei der Strafzumessung:

„Die Wirkungen, die von der Strafe für das künftige Leben des Täters in der Gesellschaft zu erwarten sind, sind zu berücksichtigen.“

---

436 *BGHSt* 24, 40 (46); 24, 64 (66); *BGH* GA 1976, 113 (114); *BVerfGE* 45, 187 (256).

437 *BVerfGE* 45, 187 (256).

438 Vgl. *Kindhäuser*, Strafrecht AT, Rdnr. 12; *Schmidhäuser*, Strafrecht AT, 2/20; *Stree*, in: Schönke/Schröder, StGB, Vorbem §§ 38 ff. Rdnr. 15; *Scholz* in: Maunz/Dürig, GG, Art. 102 Rdnr. 11; *Wessels/Beulke*, Strafrecht AT, Rdnr. 12 a.

439 *Seneca*, de ira, Buch 1, 19-7.

440 Vgl. *von Liszt*, ZStW 3 (1883), 1 = Strafrechtliche Vorträge und Aufsätze Bd. 1, 1905 (reprint 1970), S. 126 ff.

In diesem Zusammenhang ist auch § 2 des Strafvollzugsgesetzes zu nennen, welcher als *„Vollzugsziel"* nennt:

> *„Im Vollzug der Freiheitsstrafe soll der Gefangene fähig werden, künftig in sozialer Verantwortung ein Leben ohne Straftaten zu führen."*

Seitdem schenkt auch die Rechtsprechung des *BVerfG* dem Gedanken der Resozialisierung mehr Beachtung als zuvor:

> *„Als Träger der aus der Menschenwürde folgenden und ihren Schutz gewährleistenden Grundrechte muß der Verurteilte Straftäter die Chance erhalten, sich nach Verbüßung seiner Strafe wieder in die Gemeinschaft einzuordnen. Vom Täter aus gesehen erwächst dieses Interesse an der Resozialisierung aus seinem Grundrecht aus Art. 2 Abs. 1 in Verbindung mit Art. 1 GG. Von der Gemeinschaft aus betrachtet, verlangt das Sozialstaatsprinzip staatliche Vor- und Fürsorge."*[441]

Auch der *BGH* stellt fest,

> *„daß die Strafe nicht die Aufgabe hat, Schuldausgleich um ihrer selbst willen zu üben, sondern nur gerechtfertigt ist, wenn sie sich zugleich als notwendiges Mittel zur Erfüllung der präventiven Schutzaufgabe des Strafrechts erweist."*[442]

Die Vergeltungstheorie (oder Sühnetheorie) betrachtet den Sinn der Strafe hingegen nicht in der Verfolgung sozialer Zwecke. Vielmehr fordert sie, dass durch Auferlegung eines Übels die Schuld, die der Täter durch seine Tat auf sich geladen hat, in gerechter Weise vergilt, ausgleicht, sühnt.[443] Diese Theorie basiert auf dem Talionsprinzip – Auge um Auge, Zahn um Zahn –, die Konzeption der Strafe liegt in der ausgleichenden Vergeltung.[444] Wichtigster Ursprung für diese Theorie ist aber ein philosophischer. So war es *Immanuel Kant*, der in der „Metaphysik der Sitten" (1798) die Ideen von Vergeltung und Gerechtigkeit als unverbrüchlich geltende Gesetze zu begründen und gegen utilitaristische Auffassungen durchzusetzen versucht hat:

---

441 *BVerfGE* 35, 202 (235 f.) – Lebach-Urteil; sinngemäß auch *BVerfGE* 36, 174 (188); 45, 187 (239).

442 *BGHSt* 24, 40 (42); *Roxin*, Strafrecht, § 3 Rdnr. 14 m.w.N.

443 *Roxin*, Strafrecht, § 3 Rdnr. 2 m.w.N.

444 *Roxin*, Strafrecht, § 3 Rdnr. 2 m.w.N.

„So viel also der Mörder sind, die den Mord verübt oder auch befohlen, oder dazu mitgewirkt haben, so viele müssen auch den Tod leiden; so will es die Gerechtigkeit als Idee der richterlichen Gewalt nach allgemeinen a priori begründeten Gesetzen."[445]

„... Das Strafgesetz ist ein kategorischer Imperativ, ... Denn wenn die Gerechtigkeit untergeht, so hat es keinen Wert mehr, dass Menschen auf Erden leben."[446]

Auch wenn sich Staat und Gesellschaft auflösen,

„müßte der letzte im Gefängnis befindliche Mörder vorher hingerichtet werden, damit jedermann das widerfahre, was seine Taten wert sind, und die Blutschuld nicht auf dem Volke hafte, das auf diese Bestrafung nicht gedrungen hat."[447]

Für *Immanuel Kant* ist als Strafgesetz als *„kategorischer Imperativ"* ein von allen Zweckerwägungen freies Gebot der Gerechtigkeit. [448] Die Strafe hat allein den Sinn der Sühne von Schuld und ist daher inhaltlich losgelöst von ihrer gesellschaftlichen Wirkung. In Anbetracht des hohen Wertes, welcher dem Leben und anderen vom Strafrecht geschützten Rechtsgütern im Geltungsbereich des Grundgesetzes zukommt, ist auch der Sühnezweck für sich nicht zu beanstanden. Gerade die Sühne von Verletzungen dieser Rechtsgüter stellt eine eindeutige Positionierung des Staates auf Seiten des Rechts dar.

Georg F. W. Hegel fasst die Vergeltungstheorie ganz ähnlich auf:

„Das Aufheben des Verbrechens ist insofern Wiedervergeltung, als sie dem Begriffe nach Verletzung der Verletzung ist..."[449]

Übereinstimmend mit *Immanuel Kant* erkennt *Georg F. W. Hegel* präventive Ziele wie Abschreckung und Besserung als Strafzwecke nicht an:

„Es ist mit der Begründung der Strafe auf diese Weise, als wenn man gegen einen Hund den Stock erhebt, und der Mensch wird nicht nach seiner Ehre, Freiheit, sondern wie ein Hund behandelt."[450]

---

445 *Kant*, Die Metaphysik der Sitten, S. 196.

446 *Kant*, Die Metaphysik der Sitten, S. 192 f.

447 *Kant*, Die Metaphysik der Sitten, S. 194.

448 Vgl. *Baumann/Weber/Mitsch*, Strafrecht, § 3 Rdnr. 51.

449 *Hegel*, Grundlinien der Philosophie des Rechts, § 101, S. 97.

Ein vergeltender Ansatz findet sich auch in der frühen Theologie, in welcher der von *Walter Künneth* vertretenen These, der Staat sei zur Ausübung der Todesstrafe verpflichtet'[451] besondere Bedeutung zukommt.[452]. Der Obrigkeit sei von Gott ein außerordentliches, ein heiliges Amt anvertraut, in Ausübung der Todesstrafe das Amt der Stellvertreterin Gottes auf Erden zu vollziehen. Im Sühneamt der Todesstrafe vollziehe Gott eine partielle Antizipation des Weltgerichts, das in dieser Vorwegnahme zugleich den Zug der göttlichen Barmherzigkeit trage. Hierzu führt *Walter Künneth* aus:

> *„Mit dieser Bevollmächtigung ist allerdings die Verantwortlichkeit der Staatsführung im höchsten Maße in Anspruch genommen. In dem Recht auf Todesstrafe begegnet uns die letzte metaphysische Würde und Hoheit der staatlichen Rechtsordnung und die Anfrage, ob sich der Staat als Treuhänder des göttlichen Lebensgesetzes versteht oder nicht."*[453]

Schließlich ist auch die Rechtsprechung der Vergeltungstheorie bis in die jüngste Zeit hinein gerne gefolgt.

> *„Jede Kriminalstrafe ist ihrem Wesen nach Vergeltung durch Zufügung eines Übels."*[454]

> *„Von ihrer Bestimmung als gerechter Schuldausgleich darf sich die Strafe weder nach oben noch nach unten inhaltlich lösen."*[455]

Die Einführung der Todesstrafe könnte auch dem Druck der öffentlichen Meinung entgegenwirken.[456] Hier stellt sich aber schon die Frage, ob die Berücksichtigung der Volksmeinung einen legitimen Zweck für die Einführung der Todesstrafe darstellt. Zwar könnte die Volksmeinung gerade im Hinblick auf die Demokratie ein besonders schlagkräftiges Argument darstellen. Problematisch ist dieser Ansatzpunkt aber deshalb, weil die Mehrheitsüberzeugung in der Frage der Todesstrafe stets großen Schwankungen unterworfen ist.[457] Diese

---

450 *Hegel*, Grundlinien der Philosophie des Rechts, § 99, Zusatz in Fn. 1, S. 96.

451 Vgl. *Künneth*, in: Die Frage der Todesstrafe, S. 149 ff.

452 *Lang-Hinrichsen*, JR 1961, 321. Vgl. auch *Roxin*, Strafrecht, § 3 Rdnr. 5 m.w.N.

453 *Künneth*, in: Die Frage der Todesstrafe, S. 157.

454 *BVerfGE* 22, 132. Auch in anderen Entscheidungen hat das *Bundesverfassungsgericht* neben der Abschreckung und Besserung die Vergeltung als Wesen oder Zweck der Strafe bezeichnet, vgl. *Roxin*, Strafrecht, § 3 Rdnr. 6 m.w.N.

455 *BGHSt* 24, 134.

456 Siehe auch *Müller-Meiningen jr.*, in: Die Frage der Todesstrafe, S. 104 f.

457 *Hohmann*, JURA 2000, 285 (287).

Schwankungen sind von Emotionen geprägt,[458] die insbesondere auf die Medien zurückzuführen sind. Beispielsweise war ein starker Anstieg der Befürworter der Todesstrafe im Jahre 1977 und zu Beginn der neunziger Jahre zu erkennen. Anlass für dem markanten Stimmungsumschwung war damals die Entführung und Ermordung des Arbeitgeberpräsidenten *Hans Martin Schleyer* durch die RAF. Der später zu verzeichnende Stimmenanstieg der Befürworter der Todesstrafe findet seine Ursache in den durch die Presse bekannt gemachten Sexualmorden an Kindern. Hat dagegen ein Wiederaufnahmeverfahren Erfolg, so wendet sich die Stimmung gegen die Todesstrafe.[459] Schon vor dem Hintergrund dieser Schwankungen gebietet die vom Grundgesetz errichtete demokratische Ordnung mithin nicht die Durchsetzung des aktuellen Volkswillens in jeder Einzelfrage.[460] Somit kommt die Berücksichtigung der Volksmeinung als gesetzgeberischer Zweck für die Einführung der Todesstrafe nicht in Betracht.

Die Einführung der Todesstrafe könnte aber nach den dargestellten Straftheorien legitimiert sein.

Zur Wahrung des Verhältnismäßigkeitsgrundsatzes müsste die Todesstrafe ferner sowohl unter dem Aspekt der Prävention als auch unter dem Aspekt der Sühne geeignet sein, den jeweiligen gesetzgeberischen Strafzweck zu fördern.

Die Eignung der Todesstrafe zur Erreichung des negativen Aspektes der Generalprävention, der – wie gerade erläutert – in der Abschreckung der Bevölkerung besteht, ist aus mehreren Gründen zweifelhaft.

Zum einen entfaltet bei einem nicht unerheblichen Teil der Morde die Strafandrohung überhaupt keine akute Wirkung auf das Bewusstsein des Täters bei Begehung der Tat. Dies gilt einmal für Affekttaten im weitesten Sinne, z.B. aus Eifersucht, Familienzwist usw., ferner für bestimmte Triebtaten, insbesondere Sexualmorde.[461] Hier tritt oft eine Bewusstseinseinengung ein, bei welcher das Tatvorhaben zur allein beherrschenden Idee wird und Gegenmotive nicht zur Geltung kommen.[462] Darüber hinaus befindet sich der Täter bei Begehung eines Mordes fast immer in einer seelischen Ausnahmesituation, in der ein Abwägen

---

458 *Scholz*, in: Maunz/Dürig, GG, Art. 102 Rdnr. 31.

459 *Lang-Hinrichsen*, JR 1961, 321 (325).

460 *Dreher*, ZStrW 70 (1958), 534 (550 f.); *Grasberger*, Verfassungsrechtliche Problematiken der Höchststrafen, S. 41; *Kunig*, in: von Münch/Kunig, GG, Art. 102 Rdnr. 20; *Lang-Hinrichsen*, JR 1961, 321 (325).

461 Vgl. *Kaufmann*, Schuld und Strafe, S. 5; *Middendorf*, Todesstrafe, S. 28.

462 *Lang-Hinrichsen*, JR 1961, 321 (323).

des Für und Wider der Tat nicht erfolgt.[463] Zudem vertraut der Täter in der Regel darauf, dass die Tat nicht aufgeklärt werde. Abschreckend wirkt dann aber nicht eine möglichst schwere, sondern eine möglichst sicher zu erwartende Strafe.[464]

Ferner hat die Empirie in der Vergangenheit keine generalpräventive Wirkung der Todesstrafe belegen können.[465] Die Todesstrafe wurde in zahlreichen Fällen insbesondere im Spätmittelalter und bis in den Beginn der Neuzeit hinein angedroht und grausam durch Rädern, Vierteilen, Reißen mit glühenden Zangen, Werfen in siedendes Öl usw. vollstreckt.[466] Durch die öffentliche Hinrichtung eines Verbrechers, durch dessen Schmerzen, Angst und qualvolles Sterben glaubte man, dem Zuschauer nachdrücklich vor Augen führen zu können, dass es mit den Tätern kein gutes Ende nehme.[467] Gleichwohl konnte die Kriminalität nicht auf ein Minimum reduziert werden. Langfristig durchgeführte kriminalpsychologische und kriminologische Untersuchungen haben überdies ergeben, dass die Mordkurve unabhängig von dem Bestehen der Todesstrafe verläuft. Weder verursachte die Abschaffung der Todesstrafe ein Ansteigen noch die Wiedereinführung ein Sinken der Mordkurve.[468] Zahlreiche neuere empirische Untersuchungen haben gezeigt, dass nach der Abschaffung der Todesstrafe die Kapitalverbrechen, die vorher in den betreffenden Ländern mit der Todesstrafe bedroht waren, nicht zugenommen haben.[469]

---

463 *Sarstedt*, in: Ders./Hamm/Körberer/Michalke Rechtsstaat als Aufgabe, S. 83.

464 Vgl. *Dölling*, ZStW 102 (1990), 1 (3, 8); *Kaufmann*, Schuld und Strafen, S. 5.

465 Dagegen *Süsterhenn*, in: FS Schorn, 84 (92), der die Kriminalstatistik als Beweis für die fehlende Abschreckungswirkung der Todesstrafe generell ablehnt: *„Ich halte alle Versuche, mittels der Kriminalstatistik einen Beweis für oder gegen die Abschreckungswirkung der Todesstrafe zu führen, für äußerst bedenklich, da die Entwicklung der Kriminalität von einer ganzen Reihe von äußeren und inneren Faktoren abhängt, die teils statistisch gar nicht erfassbar sind, teils Vergleiche kaum zulassen. Insbesondere lassen sich diejenigen Fälle überhaupt nicht erfassen, in denen die Androhung der Todesstrafe ihre abschreckende Wirkung erfüllt und denjenigen, der sich mit Mordabsichten trägt, von der Tat abhält."*

466 *Bockelmann*, in: Die Frage der Todesstrafe, S. 137; *von Hentig*, Die Strafe 2, S. 110.

467 *Alt*, Todesstrafe, S. 24 ff.

468 *Lang-Hinrichsen*, JR 1961, 321 (323) m.w.N., auch in den USA hat man die Mordstatistik verschiedener Bundesstaaten mit ähnlicher sozialer Schichtung, Bevölkerungszusammensetzung usw. verglichen, von denen der eine Staat die Todesstrafe abgeschafft, der andere sie beibehalten oder wiedereingeführt hat. Hier ließen sich ebenfalls keine Unterschiede feststellen.

469 *Hood*, in: Council of Europe, The Death Penalty, S. 13; *Lohmann*, in: Boulanger/Heyes/Hanfling, Zur Aktualität der Todesstrafe, S. 30.

Gegen die Abschreckungswirkung lässt sich schließlich einwenden, dass selbst der öffentliche Vollzug der Todesstrafe nicht vor weiterer Kriminalität schützen konnte. So belegen historische Quellen, dass sich etwa bei der öffentlichen Exekution von Taschendieben überproportional viele Taschendiebstähle ereigneten.[470]

Nach alledem ist nach dem momentanen wissenschaftlichen Erkenntnisstand der Wissenschaft die Todesstrafe nicht zur Erreichung des negativen Teilaspekts der Generalprävention geeignet.

Für die Eignung der Todesstrafe zur Erreichung des positiven Aspektes der Generalprävention, der gemeinhin in der Erhaltung und Stärkung des Vertrauens in die Bestands- und Durchsetzungskraft der Rechtsordnung gesehen wird, kann angeführt werden, dass eine so schwerwiegende Strafe wie die Todesstrafe besonderes geeignet ist, im Bewusstsein der Bevölkerung die Erkenntnis zu festigen, dass das menschliche Leben ein besonders wertvolles und unersetzliches Rechtsgut ist, das besonderen Schutz und allgemeine Achtung und Anerkennung verdient. Durch die Bildung dieses Bewusstseins wird in der Bevölkerung ganz allgemein die Hemmung davor erhöht, menschliches Leben zu gefährden und insbesondere davor, es vorsätzlich zu vernichten.[471]

Diesem positiven Aspekt der Generalprävention kann die Todesstrafe genügen und ist damit auch zur Erreichung dieses Strafzwecks geeignet.

Der spezialpräventive Effekt der Todesstrafe ist dagegen, zumindest was die erzieherische Wirkung auf den Täter angeht, zu bezweifeln. Schließlich wird durch die Vollstreckung der Todesstrafe jeder erzieherische Effekt ad absurdum geführt. Andererseits kann die Todesstrafe den Zweck der Spezialprävention in anderer Hinsicht fördern, da von dem hingerichteten Täter zukünftig keine Gefahren mehr ausgehen können. Auch damit ist bereits den Anforderungen der Spezialprävention genüge getan. Mithin stellt die Todesstrafe auch in dieser Hinsicht ein geeignetes Mittel dar.

Die Todesstrafe ist zudem geeignet, eine ausgleichende Gerechtigkeit für die begangene Straftat zu schaffen. Theoretisch setzt der Vergeltungsgedanke der staatlichen Strafgewalt aus sich heraus eine Grenze, indem die Strafe der Schuld entsprechen muss und hat insofern eine liberale, freiheitswahrende Funktion.[472]

---

470 *Lang-Hinrichsen*, JR 1961, 321 (323).

471 *BVerfGE* 45, 187 (257).

472 *Roxin*, Strafrecht, § 3 Rdnr. 4. Dagegen *Arndt*, Wieder Todesstrafe, S. 35, der die sühnende Wirkung der Todesstrafe verneint: „*Auch der Glaube an einen sühnende Kraft des*

Diese Grenze ist angesichts der Schuld des Täters im Falle der verwirkten Todesstrafe natürlich denkbar weit gefasst.

Mithin ist die Todesstrafe zur Förderung aller angeführten Strafzwecke geeignet. Das strafrechtliche Mittel der Todesstrafe müsste zur Erreichung der aufgeführten Strafzwecke aber auch erforderlich sein. Der Zweck darf nicht durch ein gleich wirksames, aber weniger belastendes Mittel erreichbar sein.[473]

Unter generalpräventiven Gesichtspunkten muss man sich insbesondere die Frage stellen, ob nicht die lebenslange Freiheitsstrafe als milderes Mittel gleichermaßen der Abschreckung der Allgemeinheit dient. Beweise im Verhältnis zur lebenslangen Freiheitsstrafe für einen höheren Abschreckungsgrad der Todesstrafe sind nicht erbracht.[474] Zwar besitzt der Gesetzgeber bei der Bewertung der Erforderlichkeit eine gewisse Einschätzungsprärogative, diese muss aber umso begrenzter sein, je einschneidender sich der zu rechtfertigende Eingriff darstellt. Die Todesstrafe greift in besonderem Maße in das Recht auf Leben ein. Infolge dessen wird man trotz genereller Einschätzungsprärogative zumindest grobe Anhaltspunkte für die Effektivität der Todesstrafe verlangen müssen. Solche Anhaltspunkte sind indes nicht ersichtlich. Die Todesstrafe ist, weil es das gleich geeignete, aber mildere Mittel der lebenslangen Freiheitsstrafe gibt, unter dem Aspekt der Generalprävention nicht erforderlich.

Unter dem Aspekt der Spezialprävention könnte die Todesstrafe aber dennoch erforderlich sein, weil die bereits erwähnte Unschädlichmachung des Täters auch durch die lebenslange Freiheitsstrafe nicht erreicht werden kann.[475] Dies ergibt sich, abgesehen von der nicht immer nur theoretischen Möglichkeit einer Flucht aus der Haft, daraus, dass der zu lebenslanger Freiheitsstrafe Verurteilte gemäß § 57 a StGB nach fünfzehn Jahren einen Anspruch auf Prüfung einer Haftentlassung. Sofern aber von dem Täter weiterhin eine potentielle Gefahr für die Allgemeinheit ausgeht, kann dieses Ziel im Einzelfall auch durch das strafrechtliche Instrument der Sicherungsverwahrung i.S.d. § 66 StGB im Anschluss an die Freiheitsstrafe erreicht werden. Damit ist die Verhängung und Vollstreckung der Todesstrafe zum Zweck der Spezialprävention nicht erforderlich.

Todes kann die Todesstrafe nicht als Sühne verständlich machen, weil es doch nicht entsühnt, einen anderen zu opfern statt sich selber und die erzwungene Gewaltsamkeit der Hinrichtung mit dem Ethos des Sühnegedankens im Widerspruch steht."

473 *Pieroth/Schlink*, Rdnr. 285.

474 Vgl. *Baumann*, ARSP 46 (1960), 73 (78); *Beckmann*, NJW 1983, 537 (539); *Keller*, Die Todesstrafe, S. 87; *Middendorf*, Todesstrafe, 26; *Scholz*, in: Maunz/Dürig, GG, Art. 102 Rdnr. 31. Ablehnend *Schultz*, MDR 1958, 205 (206). Vgl. allgemein hierzu *Dölling*, ZStW 102 (1990), 1 ff.

475 *Scholz*, in: Maunz/Dürig, GG, Art. 102 Rdnr. 31.

Die Einführung der Todesstrafe ist mithin nur unter dem Aspekt der Sühne erforderlich. Die Sühnewirkung der Todesstrafe ist in jedem Fall höher als die Sühnewirkung anderer Bestrafungen, insbesondere der lebenslangen Freiheitsstrafe.

Es stellt sich daher die Frage, ob die Todesstrafe im Hinblick auf den verbleibenden Sühne- und Vergeltungszweck angemessen ist.[476] Hier stehen sich einerseits das Recht auf Leben gemäß Art. 2 Abs. 2 Satz 1 GG und andererseits der Aspekt der Vergeltung in Form der ausgleichenden Gerechtigkeit gegenüber. Bei dieser Gegenüberstellung muss berücksichtigt werden, dass die Todesstrafe auf Seiten des Täters die Auslöschung des Lebens zur Folge hätte. Darüber hinaus tritt zu der Auslöschung des Lebens auch noch der vorgelagerte Zustand des Ausgeliefertseins, in welchem sich der Straftäter gegenüber den staatlichen Autoritäten befindet. Dieser Aspekt des Ausgeliefertseins rückt die Wahl des Mittels Todesstrafe nahe an die Grenze zu einer Verletzung der Menschenwürde.[477] Der Effekt verstärkt sich mit jedem Tag, den der zum Tode Verurteilte in der Todeszelle auf die Vollstreckung des Urteils wartet. Der Staat darf töten, das gilt z.B. für den finalen Rettungsschuss und den Kriegseinsatz. In diesen Fällen fehlt aber gerade der Aspekt des Ausgeliefertseins. Daher müsste die zusätzliche Härte bei der Wahl des Mittels durch eine höhere Verantwortlichkeit des Betroffenen für seine Situation ausgeglichen werden. Das Vorliegen eines besonders hohen Verschuldens ist mithin erforderlich.[478]

In materieller Hinsicht müsste das Verschulden des Täters auch seinen Ausdruck in der verletzten Strafnorm finden, da die Todesstrafe allenfalls bei besonders verwerflichen Tötungen durch einen Täter mit besonders hohem Schuldgrad gerechtfertigt sein könnte. Auch müsste eine solche Vorschrift auf der Rechtsfolgenseite Ermessen vorsehen.

Darüber hinaus wird man unter Berücksichtigung prozessualer Aspekte die Wiedereinführung der Todesstrafe sogar dauerhaft als unangemessenes Mittel ansehen müssen. Dies ergibt sich aus der Erwägung, dass die Todesstrafe auch in Fällen schweren Täterverschuldens nur dann in Betracht kommen kann, wenn dieses Verschulden mit an Sicherheit grenzender Wahrscheinlichkeit feststeht. Diese Voraussetzung ist jedoch kaum je zu erfüllen.[479] Zwar versucht das deutsche Straf- und Strafprozessrecht, insbesondere als Konkretisierung der Justiz-

---

476 Vgl. hierzu auch *Maurach*, in: Karrenberg/von Bismarck, Todesstrafe?, S. 24 (26).

477 Siehe in diesem Teil 3, A. II. 3.b) dd) (4) (b) (cc).

478 *BVerfGE* 20, 323 (331); 27, 18 (29); 45, 187 (260 f.); *Dürig*, in: Maunz/Dürig, Art. 1 Abs. 1 Rdnr. 31 f..

479 A.A. *Süsterhenn*, in: FS Hubert Schorn, 84 (91).

grundrechte (Rechtsweg mit zweifacher Rechtsmittelmöglichkeit) bzw. des Grundsatzes *„in dubio pro reo"*, dieser Anforderung gerecht zu werden, Justizirrtümer können indes niemals völlig ausgeschlossen werden. Die Meinung, dass nicht nur die Hinrichtung den Irrtum unwiderruflich mache, sondern auch der Vollzug einer Freiheitsstrafe nicht rückgängig gemacht werden könne,[480] übersieht, dass hier Unvergleichbares parallelisiert wird. Der unwiderrufliche Entzug des Lebens wiegt ungleich schwerer als der unwiderrufliche Freiheitsentzug über eine gewisse Zeitspanne.[481]

3. Ergebnis zu Art. 2 Abs. 2 Satz 1 GG

Die Einführung der Todesstrafe durch den einfachen Gesetzgeber ließe sich zwar formell verfassungsmäßig vollziehen, ihre Einführung wäre aber unter keinem denkbaren Zweck verfassungsmäßig zulässig. Zwar würde durch den Eingriff in das Leben gemäß Art. 2 Abs. 2 Satz 1 GG der Wesensgehalt eines Grundrechts nicht angetastet. Art. 19 Abs. 2 GG ist allein durch die Wahl des Mittels der Todesstrafe nicht verletzt. Die Einführung der Todesstrafe würde aber am Grundsatz der Verhältnismäßigkeit scheitern. Zwar ist sie nach den meisten Strafzwecktheorien noch geeignet. Angesichts der der Generalprävention entgegenstehenden Empirie und der Austauschbarkeit der Mittel zur Erreichung einer spezialpräventiven Wirkung konzentriert sich die Erforderlichkeit der Todesstrafe aber alleine auf den Aspekt der Sühne und Vergeltung. Schließlich kann aber auch zu diesem verbliebenen Strafzweck die Angemessenheit der Todesstrafe nicht begründet werden. Die lebenslange Freiheitsstrafe mit der optionalen anschließenden Sicherungsverwahrung bildet ein gleichgeeignetes Mittel.

II. Verstoß gegen Art. 1 GG

Die Einführung der Todesstrafe durch den einfachen Gesetzgeber könnte auch einen Verstoß gegen Art. 1 GG darstellen.

---

480 *Lang-Hinrichsen*, JR 1961, 321 (324).

481 Dagegen *Süsterhenn*, in: Die Frage der Todesstrafe, S. 125.

1. Art. 1 GG als eigenes Grundrecht?

Einhellig wird anerkannt, dass Art. 1 Abs. 1 GG weder lediglich ein ethisches Bekenntnis noch nur einen Programmsatz darstellt, sondern eine unmittelbar verbindliche Norm des Verfassungsrechts.[482]

Umstritten ist aber, ob es sich bei Art. 1 Abs. 1 GG um ein Individualgrundrecht handelt. Zweifel ergeben sich insbesondere daraus, dass in Art. 1 Abs. 3 GG von den „nachfolgenden Grundrechten" die Rede ist. Die vorausgehenden Inhalte des Art. 1 GG selbst könnten daher mit dieser Formulierung nicht erfasst sein.[483]

Teilweise wird wegen dieser proklamatorischen Unbestimmtheit der in Art. 1 Abs. 3 GG statuierten Bindung der öffentlichen Gewalt an die *„nachfolgenden Grundrechte"* und weil deren Schutz ohnehin lückenlos sei, die Auffassung vertreten, dass Art. 1 Abs. 1 GG kein Grundrecht darstelle.[484]

Die heute ganz herrschende Auffassung nimmt dagegen an, dass Art. 1 Abs. 1 GG eine echte Grundrechtsgewährung enthält.[485] Auch das *BVerfG* geht explizit[486] oder implizit[487] im Verfassungsbeschwerdeverfahren vom Grundrechtscharakter des Menschenwürdesatzes aus. Andere Grundrechte können den Schutz der Menschenwürde nicht lückenlos gewähren. Der Bürger hätte dann für nicht geregelte Bereiche gegebenenfalls kein einklagbares subjektives Recht.

---

482 *Benda*, in: HdbVerfR, § 6 Rdnr. 6; *Dreier*, in: Dreier, GG, Art. 1 Abs. 1 Rdnr. 124; *Kunig*, in: von Münch/Kunig, Art. 1 Rdnr. 18; *Lecheler*, in: Rauscher, S 77; *Stern*, Staatsrecht III/1, S. 26.

483 *Dürig*, in: Maunz/Dürig, GG, Art. 1 Abs. 1 Rdnr. 4, 13 m.w.N.

484 Gegen den Grundrechtscharakter des Art. 1 GG *Enders*, in: Friauf/Höfling, GG, Art. 1 Rdnr. 63 ff.; *Dürig*, in: Maunz/Dürig (1958), Art. 1 Rdnr. 29; *Doehring*, Staatsrecht, S. 280 f.; *Ehmke*, Grundgesetz und Menschenwürde, S. 32 f.; *Geddert-Steinacher*, Menschenwürde, S 167 ff.; *Neumann*, KritV 76 (1993), 276 (288); Gröschner, Menschenwürde, S. 45.

485 *Podlech*, in: AK,GG, Art. 1 Abs. 1 Rdnr. 61; *Enders*, in: Seelmann, Menschenwürde, S. 52 f.; *Häberle*, in: HStR I, in der Vorauflage von 1987, § 20 Rdnr. 74; *Höfling*, in: Sachs, GG, Art. 1 Rdnr. 3 ff.; *ders.*, JuS 1995, 857 f.; *Kunig*, in: von Münch/Kunig, GG, Art. 1 Rdnr. 3; *Stern*, Staatsrecht III/1, S. 26 f.; 351 f.. Offenlassend *Jarass*, in: Jarass/Pieroth, GG, Art. 1 Rdnr. 3 f.

486 *BVerfGE* 15, 283 (286); 28, 151 (163); 28, 243 (263); 61, 126 (137).

487 *BVerfGE* 1, 332 (333, 343, 348); 12, 113 (122 f.); 13, 132 (152); 27, 1 (5 ff.); 45, 187 (227 f.); 52, 256 (261); 65, 1 (3, 41); 71, 183 (190, 201); 75, 369 (380).

2. Verletzung des Art. 1 Abs. 1 GG

Wie schon bei der Frage nach der Abschaffung des Art. 102 GG dargestellt, verstößt die Einführung der Todesstrafe als solche nicht in jedem Fall gegen die Menschenwürde. Selbst unter Zugrundelegung der Objektformel kann eine Würdeverletzung nicht schon in jeder Tötung gesehen werden,[488] da ansonsten der Gesetzesvorbehalt von Art. 2 Abs. 2 Satz 3 GG leer liefe. Täter, die Rechtsgüter anderer rechtswidrig angreifen, indem sie etwa ein Luftfahrzeug als Waffe zur Vernichtung menschlichen Lebens missbrauchen wollen, werden nicht als bloßes Objekt staatlichen Handelns in ihrer Subjektqualität grundsätzlich in Frage gestellt, wenn der Staat sich gegen den rechtswidrigen Angriff zur Wehr setzt und ihn in Erfüllung seiner Schutzpflicht gegenüber denen, deren Leben ausgelöscht werden soll, abzuwehren versucht. Vielmehr entspricht es gerade der Subjektstellung des Täters, wenn er das von ihm in Gang gesetzte Geschehen in Verantwortung genommen wird und ihm damit die Folgen seines selbstbestimmten Verhaltens persönlich zugerechnet werden. Er wird daher in seinem Recht auf Achtung der auch ihm eigenen menschlichen Würde nicht beeinträchtigt.[489]

Sowohl für präventive als auch für repressive staatliche Eingriffe wird von der Menschenwürde nur ein absoluter Kern der Rechtssphäre des Individuums erfasst, welcher jeder staatlichen Beschränkung entzogen bleiben soll. In diesen unantastbaren Bereich greift die Todesstrafe aber gerade nicht ein, da durchaus Situationen denkbar sind, welche ihre Androhung und Vollstreckung als gerechtfertigt erscheinen lassen.[490]

Ein Verstoß gegen Art. 1 Abs. 1 GG liegt mithin nicht vor.

III. Ergebnis des 3.Teils

Eine Aufhebung oder Änderung des Art. 102 GG wäre zulässig, da dieser weder selbst noch über seinen Menschenwürdegehalt den Schutz der Ewigkeitsgarantie des Art. 79 Abs. 3 GG genießt. Allerdings ließe sich, auch bei einem kaum wahrscheinlichen Erreichen der erforderlichen Mehrheiten für eine Verfassungsänderung, auch im Falle der Streichung des Art. 102 GG eine einfachgesetzliche Wiedereinführung der Todesstrafe wegen einer Verletzung des Art. 2 Abs. 2 Satz 1 GG nicht vornehmen. Obgleich die Todesstrafe zur Erreichung des

---

488 *Herdegen*, in: Maunz/Dürig, GG, Art. 1 Rdnr. 90; *Murswiek*, in: Sachs, GG, Art. 2 Rdnr. 170.

489 *BVerfG*, 1 BvR 357/05 vom 15.02.2006, Abs. – Nr. 141.

490 Vgl. 3. Teil, A. II. 3. b) dd) (4) (b) (cc).

Strafzwecks der Sühne und Vergeltung geeignet und erforderlich erscheinen könnte, wäre sie zumindest vor dem Hintergrund der gegenwärtigen nationalen moral-ethischen Vorstellungen bzw. des gegenwärtigen Standes der Wissenschaft mangels Angemessenheit nicht als verfassungsgemäße Schranke i.S.d. Art. 2 Abs. 2 Satz 3 GG in Betracht kommen. Eine Wiedereinführung der Todesstrafe durch den Gesetzgeber wäre somit nicht verfassungsgemäß.

4. Teil: Die Behandlung der Todesstrafe im internationalen und im europäischen Recht

Die vorstehenden Ausführungen haben gezeigt, dass eine Wiedereinführung der Todesstrafe in Deutschland bei alleiniger Berücksichtigung des deutschen Verfassungsrechts grundsätzlich unzulässig ist. Nach dem derzeitigen Stand der Wissenschaft und der Bewertung des Sühne- und Vergeltungsgedankens lässt sich die Wiedereinführung der Todesstrafe als unverhältnismäßige Strafe verfassungsrechtlich nicht rechtfertigen. Sie verstieße gegen Art. 2 Abs. 2 GG i.V.m. dem Verhältnismäßigkeitsgrundsatz. Unterstellt man aber, zukünftige empirische Forschungsergebnisse würden die Effizienz der Androhung der Todesstrafe durch ein signifikantes Ausbleiben von Tötungsdelikten belegen oder unterstellt man, schwerste Verbrechen ließen zukünftig die Sanktion des Todes trotz des Ausgeliefertseins des Täter angemessen erscheinen, kann eine einfachgesetzliche Wiedereinführung der Todesstrafe nicht kategorisch ausgeschlossen werden. Für diese Fallkonstellationen bedarf es der Prüfung, ob international- oder supranationalrechtliche Normen eine Einführung erlauben.
Es stellt sich daher grundsätzlich die Frage, welchen Einfluss das internationale und das europäische Recht auf die Zulässigkeit der Wiedereinführung der Todesstrafe in Deutschland haben.

A. Verbot der Todesstrafe im universellen Völkerrecht

I. Völkervertragsrecht

Derzeit ist die Todesstrafe in einer Vielzahl völkerrechtlicher Abkommen geächtet. Gleichwohl regelt das Völkerrecht[491] in Form des internationalen Menschenrechtsschutzes das Verbot der Todesstrafe in unterschiedlichem Umfang.

1. Internationale Menschenrechtserklärungen

Systematisch gehören die völkerrechtlichen Regeln mit Relevanz für die Todesstrafe in den Bereich des Menschenrechtsschutzes.[492]

---

[491] Allgemein wird der Begriff des Völkerrechts als die Summe der Rechtsnormen definiert, die die Beziehungen der Völkerrechtssubjekte untereinander regeln und nicht der inneren Rechtsordnung eines dieser Völkerrechtssubjekte angehören, *Schweitzer*, Staatsrecht III, Rdnr. 7. Vgl. auch *Bleckmann*, Völkerrecht, § 1 m.w.N.; *Geiger*, Grundgesetz und Völkerrecht, § 1 m.w.N.; *Herdegen*, Völkerrecht, § 1; *Ipsen*, Völkerrecht, § 1 m.w.N.; *Vitzthum*, in: Bothe/Dolzer/Hailbronner/Klein/Kunig/Schröder/ Graf Vitzthum, Völkerrecht, § 1; *Seidl-Hohenveldern/Stein*, Völkerrecht, § 1.

[492] So *Ebel*, JURA 1989, 617 (622), der zum „internationalen Strafrecht“ abgrenzt. Vgl. auch *Frankenberg*, JZ 1986, 414 (416); *Maier*, Vereinte Nationen 1981, 6.

Schon seit dem 19. Jahrhundert gab es ernsthafte Versuche, aus Gründen des Individualschutzes die Menschenrechte systematisch im Völkerrecht zu verorten.[493] Vor dem Hintergrund der Grausamkeiten des 2. Weltkrieges kam die Frage nach einer Verankerung und Sicherung der Menschenrechte *„neben"* und *„zusätzlich"* zu den nationalen Grundrechtskatalogen auf. Es war dabei das Ziel, auf der internationalen Ebene Individualrechte zu begründen und zu sichern, die auch gegen die nationale Staatsgewalt (oder andere Kollektive oder Individuen) geltend gemacht werden können.[494]

Maßgebend für die Entwicklung des Menschenrechtsschutzes auf internationaler Ebene war die Gründung der Vereinten Nationen, die zum Ziel hatte, den Menschenrechten allgemeine Achtung zu verschaffen.[495] Das große Werk der Vereinten Nationen war die am 24. Oktober 1945 in Kraft getretene *Charta of the United Nations* (UN-Charta) vom 26. Juni 1945. Die UN-Charta war zunächst nur die Verfassung für einen Teil der universellen Völkerrechtsordnung, da die UNO ursprünglich nur 51 Staaten umfasste. Da inzwischen aber nahezu alle Staaten Mitglieder dieser Organisation geworden sind und auch die restlichen Staaten ihre leitenden Grundsätze anerkannt haben, ist die UN-Charta zur Grundordnung des gegenwärtigen universellen Völkerrechts aufgerückt.[496]

Im Jahre 1948 legte die UN-Generalversammlung den Entwurf einer *Declaration of Human Rights* vor, welcher am 10. Dezember 1948 als Allgemeine Erklärung der Menschenrechte angenommen wurde.[497] Die Erklärung enthält einige weitgefasste Regeln, die die Todesstrafe zwar betreffen, ausdrücklich erwähnt wird sie aber nicht:

---

493 *Stern*, Staatsrecht III/1, S. 251 f. m.w.N. Z.B. wurde angestrebt, durch den für das britische Weltreich erlassenen *„Act of Abolition of Slave Trade"* vom 25.3.1807 das Verbot des Sklavenhandels auch international durchzusetzen. Ergebnis war die Erklärung auf dem Wiener Kongress vom 8.2.1815 *„sur l'abolition de la traite des nègres"*. Diese Erklärung wurde durch weitere Verträge erweitert und schließlich im sog. *Quintriple-Vertrag* vom 3.7.1842 auf 26 Staaten ausgedehnt, *Stern*, Staatsrecht III/1, S. 251 m.w.N. Dieser Vertrag, aber auch weitere, wurden zwar als erste internationale Verpflichtung der Staaten zur Gewährleistung von Menschenrechten angesehen. Die tatsächliche Rechtsentfaltung war aber gering, da die Grundrechte eine innere Angelegenheit der jeweiligen Staaten blieben.

494 *Stern*, Staatsrecht III/1, S. 247.

495 *Stern*, Staatsrecht III/1, S. 253.

496 *Verdross/Simma*, Universelles Völkerrecht, § 91.

497 Vgl. allgemein zum Inhalt und zum Zustandekommen *Herdegen*, Völkerrecht, § 2 Rdnr. 16; *Stern*, Staatsrecht III/1, S. 255 f.

Art. 3 der Allgemeinen Erklärung der Menschenrechte lautet:

> *„Jeder Mensch hat das Recht auf Leben, Freiheit und Sicherheit der Person."*

Hinzuzulesen ist Art. 5 der Allgemeinen Erklärung der Menschenrechte:

> *„Niemand darf der Folter oder grausamer, unmenschlicher oder erniedrigender Behandlung oder Strafe unterworfen werden."*

Zwar bestand schon damals eine Tendenz, die Abschaffung der Todesstrafe in der Erklärung festzuschreiben. Da aber die Todesstrafe in zahlreichen Staaten noch Bestandteil der Rechtsordnung und von den Alliierten als den eigentlichen Gründern der Vereinten Nationen im Zusammenhang mit der Ahndung von Kriegsverbrechern auch noch verhängt worden war, ließ sich in der Frage nach der Abschaffung der Todesstrafe kein Konsens erzielen.[498]

Auf die genannten Bestimmungen nahm die UN-Generalversammlung in ihren späteren Resolutionen zur Todesstrafe im Jahre 1968 Bezug. In den darauffolgenden Resolutionen der Jahre 1971 und 1977 berücksichtigte sie das Recht auf Leben als Argument gegen die Todesstrafe.[499] Die Frage, ob die Todesstrafe zulässig ist, hat die Allgemeine Erklärung der Menschenrechte damit aber auch weiterhin offen gelassen.

Überdies entfaltet die Allgemeine Erklärung der Menschenrechte ohnehin nicht die unmittelbare Bindungswirkung zwingenden Völker- oder Völkergewohnheitsrechtes.[500] Eine mittelbare rechtliche Wirkung ist ihr aber gleichwohl nicht abzusprechen. So wird sie als Interpretationshilfe für die als Völkerrechtssatz allgemein verbindliche UN-Charta angesehen.[501] Schließlich gilt die Allgemeine Erklärung der Menschenrechte wegen ihrer großen moralischen, politischen und rechtlichen Wirkung als Vorbild für zahlreiche weitere Menschenrechtsproklamationen.[502]

---

498 *Maier*, Vereinte Nationen 1981, 6.

499 Vgl. *Martis*, Die Funktionen der Todesstrafe, S. 10 m.w.N.

500 *Stern*, Staatsrecht III/1, S. 256 m.w.N.: Den Charakter eines zwingenden Völkerrechtssatzes konnte sie schon deshalb nicht haben, weil die Generalversammlung der UN nach Art. 13 ff. UN-Charta nur zu Empfehlungen befugt ist, nicht aber zur Rechtssetzung.

501 *Stern*, Staatsrecht III/1, S. 259.

502 Vgl. auch die Auflistung der Menschenrechtsproklamationen bei *Stern*, Staatsrecht III/1, S. 258 f.

2. Internationaler Pakt über bürgerliche und politische Rechte

Für die Bundesrepublik Deutschland trat der Internationale Pakt über bürgerliche und politische Rechte (IPBPR) mit Ausnahme seines Art. 41[503], der ein internationales Verfahren zur Untersuchung und Prüfung von Menschenrechtsverletzungen durch einen Menschenrechtssausschuss (Staatenbeschwerde) vorsieht, am 23. März 1976 in Kraft,[504] nachdem ihn gemäß Art. 49 IPBPR 35 Staaten ratifiziert hatten. Inzwischen gilt er für 149 Staaten.[505] Durch Art. 2 IPBPR verpflichten sich die Vertragsstaaten, die im Vertrag genannten Rechte zu achten, sie innerstaatlich zu garantieren und mit wirksamen Rechtsschutzinstrumenten zu versehen.[506] Die Besonderheit dieses Vertrages liegt zum einen in seiner rechtlichen Verbindlichkeit für die Vertragsstaaten[507] und zum anderen darin, dass er die Einrichtung eines Organs zur Überwachung der Einhaltung der Verbürgungen durch die Mitgliedsstaaten enthält.[508]

---

[503] Art. 41 IPBPR ist erst drei Jahre später für die Bundesrepublik am 28.3.1979 in Kraft getreten (BGBl 1979 II, 1218), nachdem die erforderlichen zehn Unterwerfungserklärungen gemäß Art. 41 Abs. 1 Satz 1 IPBPR (inkl. der Unterwerfungserklärung der Bundesrepublik) bei dem UN-Generalsekretär hinterlegt worden waren, *Schweitzer/Weber*, Handbuch der Völkerrechtspraxis, Rdnr. 1328.

[504] BGBl. 1976 II, S. 1068. Gleichzeitig mit dem Pakt über bürgerliche und politische Rechte wurde auch der Pakt über wirtschaftliche, soziale und kulturelle Rechte verabschiedet.

[505] *Schweitzer/Weber*, Handbuch der Völkerrechtspraxis, Rdnr. 1328.

[506] Vgl. zur Unterwerfungsunterklärung der Bundesrepublik zu Art. 41 IPBPR und den Vorbehalten, die sich aus der Konkurrenz zu den innerstaatlichen gewährleisteten Grundrechten und insbesondere zu den bereits bestehenden Verpflichtungen aus der EMRK ergeben, *Schweitzer/Weber*, Handbuch der Völkerrechtspraxis, Rdnr. 1329 f.

[507] Dass die deutschen Gerichte den IPBPR auch tatsächlich anwenden, zeigt sich in der jüngeren Rechtsprechung. So verwarf der BGH im sog. ersten *Mauerschützen-Urteil* vom 3.11.1992 die Staatspraxis der DDR und die Rechtfertigungsgründe für den Schusswaffengebrauch an der Berliner Mauer als unvereinbar mit dem IPBPR. Der *BGH* zog Art. 12 Abs. 2 IPBPR (*„Jedermann steht es frei, jedes Land, einschließlich seines eigenen, zu verlassen.")* und Art. 6 Abs. 1 Satz 1 und 3 zur Konkretisierung des Gebots materieller Gerechtigkeit durch völkerrechtlich geschützte Menschenrechte heran, *Schweitzer/Weber*, Handbuch der Völkerrechtspraxis, Rdnr. 1332. *„Heute sind konkrete Prüfungsmaßstäbe hinzugekommen: Die Internationalen Menschenrechtspakte* (Internationaler Pakt über bürgerliche und politische Recht und Internationaler Pakt über wirtschaftliche, soziale und kulturelle Rechte) *bieten Anhaltspunkte dafür, wann der Staat nach der Überzeugung der weltweiten Rechtsgemeinschaft Menschenrechte verletzt. Hierbei ist der Internationale Pakt über bürgerliche und politische Rechte vom 19.10.1966 (BGBl. 1973 II, S. 1534 – IPBPR –) von besonderer Bedeutung. ... Der Internationale Pakt ist für beide deutsche Staaten am 23.3.1976 in Kraft getreten (BGBl. 1976 II, S. 1068). ... Ein Staat kann sich nicht durch eine Berufung auf seine innerstaatliche Rechtsordnung der Erfüllung von ihm eingegangener Verpflichtungen entziehen"*, *BGHSt* 39, 1 (16); *Schweitzer/Weber*, Handbuch der Völkerrechtspraxis, Rdnr. 1332 m.w.N.

[508] *Schweitzer/Weber*, Handbuch der Völkerrechtspraxis, Rdnr. 1327.

a) Rechtliche Bedeutung

Die rechtliche Bedeutung des Paktes geht über die der Allgemeinen Erklärung der Menschenrechte hinaus, da der IPBPR für die Staaten, die ihm beigetreten sind, verbindliches Völkerrecht bildet.[509] Die Verbindlichkeit kommt durch Art. 2 des IPBPR zum Ausdruck, wonach sich jeder Vertragsstaat verpflichtet, die im Pakt anerkannten Rechte zu achten und sie allen in seinem Gebiet befindlichen und seiner Herrschaftsgewalt unterstehenden Personen ohne Unterschied wie insbesondere der Rasse, Hautfarbe etc. zu gewährleisten.

Als Durchsetzungsinstrument für den Pakt ist ein Berichtsverfahren des besonders eingerichteten, international und mit 18 Mitgliedern besetzen Menschenrechtsausschusses vorgesehen (Art. 28 ff. IPBPR). Die Möglichkeiten des Menschenrechtsausschusses sind indes beschränkt, da er zwar Bemerkungen machen, aber keine Rechtsverletzungen oder Sanktionen aussprechen kann (vgl. Art. 40 Abs. 4 IPBPR).[510] Die Staatenbeschwerde, die eine Unterwerfungserklärung des beschwerdeführenden und des betroffenen Staates voraussetzt, führt zunächst zu einem Schlichtungsverfahren und endet bei Erfolglosigkeit der Schlichtung mit einem Bericht des Menschenrechtsausschusses (vgl. Art. 41-43 IPBPR).

Eine Frage der rechtlichen Bedeutung ist auch, ob der IPBPR dem Einzelnen subjektive Rechte einräumt. Dagegen spricht aber, dass der IPBPR aus sich heraus nicht unmittelbar anwendbar ist („self executing“).[511] Der Wortlaut des Paktes und die Auslegung nach dem Willen der Vertragspartner sprechen gegen eine Einräumung unmittelbarer subjektiver Rechte.[512]
Allerdings kommt eine Individualbeschwerde nach dem ersten Fakultativprotokoll zum IPBPR vom 19.12.1966[513] als Rechtsbehelf gegen das zweite Fakultativprotokoll[514] in Betracht, welches, wie später zu erörtern sein wird,[515] eine Verpflichtung zur Abschaffung der Todesstrafe enthält. Die Individualbeschwerde gibt dem Ausschuss aber nur die Befugnis, seine Auffassungen dem beschuldigten Vertragsstaat mitzuteilen (Art. 5 des Zweiten Fakultativprotokolls).

---

509 Vgl. *Stern*, Staatsrecht III/1, S. 262 m.w.N.

510 *Stern*, Staatsrecht III/1, S. 262 m.w.N.

511 Im Gegensatz zur EMRK. *Stern*, Staatsrecht III/1, S. 264; und allgemein zur unmittelbaren Anwendbarkeit des Völkerrechts *ders.*, Staatsrecht I, S. 491.

512 *Stern*, Staatsrecht III/1, S. 263 f. m.w.N.

513 BGBl. 1992 II, S. 1247 ff.

514 Vom 15.12.1989, BGBl. 1992 II, S. 391 ff.

515 Vgl. die Ausführungen im 4. Teil, A I. 2. c).

b) Art. 6 des Internationalen Paktes über bürgerliche und politische Rechte

Art. 6 IPBPR lautet wie folgt:

> *„(1) Jeder Mensch hat ein angeborenes Recht auf Leben. Dieses Recht ist gesetzlich zu schützen. Niemand darf willkürlich seines Lebens beraubt werden.*
>
> *(2) In Staaten, in denen die Todesstrafe nicht abgeschafft worden ist, darf ein Todesurteil nur für schwerste Verbrechen auf Grund von Gesetzen verhängt werden, die zur Zeit der Begehung der Tat in Kraft waren und die den Bestimmungen dieses Paktes und der Konvention über die Verhütung und Bestrafung des Völkermordes nicht widersprechen. Diese Strafe darf nur auf Grund eines von einem zuständigen Gericht erlassenen rechtskräftigen Urteils vollstreckt werden.*
>
> *(3) Erfüllt die Tötung den Tatbestand des Völkermordes, so ermächtigt dieser Artikel die Vertragsstaaten nicht, sich in irgendeiner Weise einer Verpflichtung zu entziehen, die sie nach den Bestimmungen der Konvention über die Verhütung und Bestrafung des Völkermordes übernommen haben.*
>
> *(4) Jeder zum Tode Verurteilte hat das Recht, um Begnadigung oder Umwandlung der Strafe zu bitten. Amnestie, Begnadigung oder Umwandlung der Todesstrafe kann in allen Fällen gewährt werden.*
>
> *(5) Die Todesstrafe darf für strafbare Handlungen, die von Jugendlichen unter 18 Jahren begangen worden sind, nicht verhängt und an schwangeren Frauen nicht vollstreckt werden.*
>
> *(6) Keine Bestimmung dieses Artikels darf herangezogen werden, um die Abschaffung der Todesstrafe durch einen Vertragsstaat zu verzögern oder zu verhindern."*

Art. 6 IPBPR offenbart damit eine Tendenz zur Einschränkung der Todesstrafe[516], oder, anders gewendet, ist todesstrafenfeindlich formuliert.[517] Er lässt zwar die Verhängung und Vollstreckung der Todesstrafe als Ausnahme zum Recht auf Leben ausdrücklich zu, begrenzt aber deren Anwendbarkeit durch die Absätze 2, 4, 5 und 6, schließt also beispielsweise die Verhängung der Todesstrafe

---

516 *Weiß*, in: Boulanger/Heyes/Hanfling, Zur Aktualität der Todesstrafe, S. 429; *Naldi*, NILR 1991, 373.

517 *Peters*, EuGRZ 1999, 650.

für unter 18-jährige aus. *„Schwerste Verbrechen"* i.S.d. des Abs. 2 werden indes materiell nicht näher definiert. Art. 6 Abs. 2 IPBPR fordert als zusätzliches materielles Bewertungskriterium lediglich, dass diese Gesetze nicht seinen sonstigen Bestimmungen sowie der Konvention über Verhütung und Bestrafung des Völkermords widersprechen dürfen. Der gesetzliche Tatbestand, für den die Todesstrafe angedroht wird, muss also auch aus der Sicht der Wertordnung des IPBPR und bei Berücksichtigung der dort dem einzelnen garantierten Rechte und Freiheiten als *„schwerstes Verbrechen"* einzustufen sein. Andererseits darf er nicht ein Ziel verfolgen, das der Konvention gegen den Völkermord widerspricht, weil die Konvention Ausdruck einer gegen bestimmte Personengruppen gerichtete Ausrottungspolitik ist.[518] Im Übrigen wird die Festlegung der mit Todesstrafe bewehrten Tatbestände dem jeweiligen Staat überlassen.

In seiner allgemeinen Bemerkung zu Art. 6 IPBPR (gemäß Art. 40 Ab. 4 Satz 2 IPBPR) hat der Menschenrechtsausschuss den besonderen Stellenwert des Rechts auf Leben nochmals besonders bekräftigt:

> *„The right enshrined in this article (6(1)) is the supreme right of the human being. It follows that the deprivation of life by the authorities of the State is a matter of the utmost gravity. This follows from the article as a whole and in particular is the reason why paragraph 2 ... lays down that the right shall be protected by law and that no one shall be arbitrarily deprived of his life which means that the law must strictly control and limit the circumstances in which a person may be deprived of his life by the authorities."*[519]

Der Menschenrechtssausschuss äußerte damit die – allerdings nicht verbindliche – Ansicht, dass die Staaten verpflichtet seien, die Todesstrafe für andere als schwerste Verbrechen abzuschaffen. Ferner verletzt nach Auffassung des Menschenrechtsausschusses die Todesstrafe das Recht auf Leben aus Art. 6 Abs. 1 IPBPR, wenn die die Todesstrafe verhängende Entscheidung unter Verletzung von Paktrechten (Art. 14 IPBPR[520]) zustande gekommen und nicht mehr rechtsmittelfähig ist:

---

[518] *Gollwitzer*, Menschenrechte, MRK/IPBPR, Art. 2/Art. 6 Rdnr. 15.

[519] Vgl. *Naldi*, NILR 1991, 373 (374); Cases Nos. 45/1979 (*Camargo* v. *Columbia*), Human Rights Committee, *Selected Decisions under the Optional Protocol (Second to sixteenth sessions)* (UN Publications, 1985) p. 112 at p.117; *Decisions under the Optional Protocol (Seventeenth to thirty-second sessions)* (UN Publications, 1990), Vol. II, p. 172 at p. 175

[520] Art. 14 IPBPR enthält Verfahrensgarantien.

„The Committee is of the opinion that the imposition of a sentence of death after a trial in which the provisions of the Covenant have not been respected constitutes, if no appeal against the sentence is possible, a violation of Article 6 of the Covenant ... the provision that a sentence of death may be imposed only in accordance with the law and not contrary to the provisions of the Covenant implies that „the procedural guarantees therein prescribed must be observed, including the right to a fair hearing by an independent tribunal, the presumption of innocence, the minimum guarantees for the defence, and the right to review by a higher tribunal." In the present case, the final sentence of death having been passed without requirements of a fair trial set fourth in article 14 having been met, it must be concluded that the right protected by article 6 of the Convent has been violated."[521]

Andererseits sind die Verhängung der Todesstrafe und der Aufenthalt in der Todeszelle demnach nur dann rechtswidrig, wenn der Beschwerdeführer sich auf zusätzliche zwingende Umstände (*compelling conditions)* bei der Verhängung und Vollstreckung der Todesstrafe beruft. Zwingende Umstände können z.B. einen Verstoß gegen das Folterverbot aus Art. 7 IPBPR oder einen Verstoß gegen die in Art. 14 IPBPR niedergelegten Verfahrensregeln begründen.[522]

c) Zweites Fakultativprotokoll

Das zweite Fakultativprotokoll zu dem Internationalen Pakt über bürgerliche und politische Rechte zur Abschaffung der Todesstrafe[523], welches durch die Resolution 44/128 der UN-Generalversammlung vom 15. Dezember 1989 verabschiedet wurde, beinhaltet die Abschaffung der Todesstrafe. Man kann dieses Protokoll als plastisches Beispiel für die Wandelbarkeit des Rechts im Laufe der Zeit bezeichnen, wenn es exemplarisch aufzeigt, dass auf der einen Seite das Bemühen besteht, die Todesstrafe in aller Welt abzuschaffen und auf der anderen Seite ein ausgeprägter Wille der Staaten festgestellt werden kann, an dieser Strafe festzuhalten.[524] Das zeigt schon das Abstimmungsergebnis in der UN-Generalversammlung, in der 59 Staaten für das Protokoll, 26 dagegen gestimmt und 48 sich enthalten hatten. Die Bundesrepublik hat das Protokoll am 18. De-

---

[521] Vgl. *Naldi*, NILR 1991, 373 (375) m.w.N.; Cases Nos. 232d/1987 (*Daniel Pinto* v. *Trinidad and Tobago*) and 250/1987 (*Carlton Reid* v. *Jamaica*) GAOR: A/45/40, Vol. II, IX. H and J.

[522] *Weiß*, in: Boulanger/Heyes/Hanfling, Zur Aktualität der Todesstrafe, S. 430 f.

[523] BGBl. 1992 II, S. 391 ff.

[524] *Schweitzer/Weber*, Handbuch der Völkerrechtspraxis, Rdnr. 1336.

zember 1992 ratifiziert.[525] Es ist zwei Monate später in Kraft getreten.[526] Gleiches ist bis heute in lediglich 49 Staaten geschehen.

Art. 1 des Zweiten Fakultativprotokolls zum IPBPR enthält eine Verpflichtung der unterzeichnenden Staaten zur Abschaffung der Todesstrafe. Damit „überlagert“ es Art. 6 Abs. 2, 4, 5 und 6 des IPBPR für diejenigen Staaten, die das Protokoll ratifiziert haben.[527]

Art. 1 des Zweiten Fakultativprotokolls lautet:

> *„(1) Niemand, der der Hoheitsgewalt eines Vertragsstaates dieses Fakultativprotokolls untersteht, darf hingerichtet werden.*
>
> *(2) Jeder Vertragsstaat ergreift alle erforderlichen Maßnahmen, um die Todesstrafe in seinem Hoheitsgebiet abzuschaffen.“*

Dass der völkerrechtliche Wert dieses Paktes für die Abschaffung der Todesstrafe letztlich nur der eines Desiderates ist, spiegelt sich schon in der Präambel des Fakultativprotokolls wieder:

> *„Die Vertragsstaaten dieses Protokolls –*
> *im Vertrauen darauf, dass die Abschaffung der Todesstrafe zur Förderung der Menschenwürde und zur fortschreitenden Entwicklung der Menschenrechte beiträgt,*
> *unter Hinweis auf Art. 3 der am 10. Dezember 1948 angenommenen Allgemeinen Erklärung der Menschenrechte und auf Art. 6 des am 16. Dezember 1966 angenommenen Internationalen Paktes über bürgerliche und politische Rechte,*
> *in Anbetracht dessen, dass Art. 6 des Internationalen Paktes über bürgerlich und politische Rechte auf die Abschaffung der Todesstrafe in einer Weise Bezug nimmt, die eindeutig zu verstehen gibt, dass die Abschaffung wünschenswert ist,*
> *überzeugt, dass alle Maßnahmen zur Abschaffung der Todesstrafe im Hinblick auf die Wahrung des Rechtes auf Leben einen Fortschritt bedeuten,*

---

525 BGBl. 1992 II, S. 391.

526 BT-Drucks. 12/937, 10; *Schweitzer/Weber*, Handbuch der Völkerrechtspraxis, Rdnr. 1336 m.w.N: Gemäß Art. 8 Abs. 1 des Protokolls bedarf es nur einer Mindestzahl von zehn Ratifikationen, um in Kraft zu treten.

527 *Weiß*, in: Boulanger/Heyes/Hanfling, Zur Aktualität der Todesstrafe, S. 431.

in dem Wunsch, hiermit eine internationale Verpflichtung zur Abschaffung der Todesstrafe einzugehen - ...“

Der Wortlaut der Präambel des Zweiten Fakultativprotokolls und die Tatsache, dass dieses Protokoll nur in 49 Staaten in Kraft getreten ist, zeigen, dass es zwar ein großes Zustimmungspotential gibt, die Bereitschaft zur rechtsverbindlichen Abschaffung aber deutlich geringer ausfällt.[528] Hinzu kommt, dass die Todesstrafe im Kriegsfall immer noch akzeptiert wird. So legt Art. 2 Abs. 1 des Zweiten Fakultativprotokolls fest, dass *„die Anwendung der Todesstrafe in Kriegszeiten aufgrund einer Verurteilung wegen eines in Kriegszeiten begangenen besonders schweren Verbrechens militärischer Art...“* zulässig ist, sofern ein entsprechender Vorbehalt des jeweiligen Vertragsstaates zum Zeitpunkt des Beitritts erklärt wird.[529]

Dennoch haben die ausdrücklichen vertraglichen Verbote drei wichtige Funktionen. Zunächst errichten sie eine völkerrechtliche Barriere für die Vertragsstaaten hinsichtlich einer Wiedereinführung der Todesstrafe. Darüber hinaus sind sie im Hinblick auf die Völkergewohnheitsrechtsbildung bedeutsam als Ausdruck der *opinio juris* der Vertragsstaaten. Und letztlich üben die vertraglichen Verbote auf Nichtvertragsstaaten möglicherweise einen gewissen politischen Druck in Richtung Abschaffung aus.

d) Weitere ausdrückliche völkerrechtliche Einschränkungen der Anwendbarkeit der Todesstrafe

Die Anwendbarkeit der Todesstrafe wird ferner eingeschränkt in Art. 37 des Übereinkommens über die Rechte des Kindes vom 20. November 1989. Zur Todesstrafe bestimmt Art. 37 a) des Übereinkommens, dass für Straftaten, die von Personen vor Vollendung des achtzehnten Lebensjahres begangen worden sind, weder die Todesstrafe noch die lebenslange Freiheitsstrafe ohne die Möglichkeit vorzeitiger Entlassung verhängt werden dürfen. Damit korrespondiert die Norm mit der Altersgrenze des Art. 6 Abs. 5 IPBPR und dehnt sie auf die lebenslange Freiheitsstrafe aus.

---

528 Vgl. *Weiß*, in: Boulanger/Heyes/Hanfling, Zur Aktualität der Todesstrafe, S. 431.

529 Einen solchen Vorbehalt hat nur Spanien erklärt, vgl. *Peters*, EuGRZ 1999, 650 (651, Fn. 20 m.w.N.).

II. Völkergewohnheitsrecht

Im Unterschied zum geschriebenen Völkerrecht wird das Völkergewohnheitsrecht, sofern es sich um allgemeine Regeln handelt, ohne Transformationsgesetz über Art. 25 GG wirksam und bindet daher unmittelbar den Gesetzgeber.[530] Nach herrschender Auffassung wird das Völkergewohnheitsrecht durch gleichförmige Übung der Staaten mit allmählich hinzutretender Rechtsüberzeugung gebildet, oder, wie Art. 38 Abs. 1 lit. b des IGH-Statutes formuliert, durch eine allgemeine, als Recht anerkannte Übung.[531] Das Völkergewohnheitsrecht entsteht also durch das Zusammentreffen eines objektiven Elements, der allgemeinen ständigen Übung mit einem subjektiven Element, der *opinio iuris vel necessitatis* der betreffenden Staaten.[532]

Als dritte, zum Vertrags- und Gewohnheitsrecht subsidiäre Rechtsquelle kommen gemäß Art. 38 Abs. 1 lit. c IGH-Statut die von den Kulturvölkern anerkannten allgemeinen Rechtsgrundsätze in Betracht. Dabei kann es sich nur um Grundsätze handeln, die Leitprinzipien der nationalen Rechtsordnungen enthalten oder für diese von grundlegender Bedeutung sind.[533]

1. Universelles völkergewohnheitsrechtliches Verbot der Todesstrafe

Ein über das kodifizierte Völkerrecht hinaus gehendes völkergewohnheitsrechtliches Verbot der Todesstrafe wäre nach den so eben dargelegten Regeln insbe-

---

530 Vgl. *BVerfGE* 6, 309 (363). Völkerrechtlichen Verträgen kommt die Bindungswirkung nur zu, soweit sie einen völkergewohnheitsrechtlichen Inhalt haben.

531 *Geiger*, Grundgesetz und Völkerrecht, S. 74 f.; *Ipsen*, Völkerrecht, § 16 Rdnr. 2 ff. m.w.N.; *Hobe/Kimminich*, Völkerrecht, S. 184 ff.

532 Vgl. die Fälle des *Internationalen Gerichtshofes*: ICJ Reports 1950, p. 266 (267) – Asylfall; ICJ Reports 1969, p. 44 – Festlandsockel-Fälle; ICJ Reports 1986, p.14 (97) – Nicaragua/USA. Vgl. *BVerfGE* 15, 25 (35); 16, 27 (34); 46, 342 (367); 66, 39. Dagegen wird teilweise angeführt, dass die opinio iuris der Staaten allein genüge, um eine völkerrechtliche Regel entstehen zu lassen. Die innere Rechtsüberzeugung der Staaten sei allein entscheidend, weil die Staatenpraxis nur das Indiz für das Vorliegen dieser Überzeugung sei, dass durch andere Indizien ersetzt werden könne, vgl. *Geiger*, Grundgesetz und Völkerrecht, S. 74 m.w.N.

533 *Ipsen*, Völkerrecht, § 17 Rdnr. 3, der unter Rdnr. 8 auf die abnehmende Bedeutung der allgemeinen Rechtsgrundsätze hinweist, da diese zwischenzeitlich zumeist als Vertrags- oder Gewohnheitsrecht gelten und für allgemeine Rechtsgrundsätze aufgrund der Vielfalt der den nationalen Rechtsordnungen zugrunde liegenden Wertentscheidungen immer weniger Raum bleibt. Vgl. auch *Hobe*, in: Friauf/Höfling, GG, Art. 25 Rdnr. 25.

sondere dann anzunehmen, wenn eine dahingehende Staatenpraxis und die entsprechende Überzeugung vorlägen.[534]
Für die Annahme eines universellen völkergewohnheitsrechtlichen Verbots der Todesstrafe fehlt es bereits an einer entsprechenden tatsächlichen Übung in der Staatenwelt. Zwar kann seit dem Zweiten Weltkrieg eine deutliche Tendenz zur Abschaffung der Todesstrafe verzeichnet werden, die im IPBPR ihren Höhepunkt in der dargestellten Kodifikation fand. Bis zum Jahre 1999 haben laut der Menschenrechtsorganisation *Amnesty International* 80 Staaten die Todesstrafe abgeschafft. In 15 Staaten wird die Todesstrafe nur noch für besondere Verbrechen z.B. in Kriegszeiten angedroht. Aus diesem Befund folgt jedoch gleichzeitig, dass immerhin 78 Staaten die Todesstrafe beibehalten haben.[535] Allein diese Zahlen lassen den Schluss auf eine Staatenpraxis zur Abschaffung der Todesstrafe nicht zu. Die Situation ist vielmehr ambivalent. Man muss sich hierzu nur die von der einzig verbliebenen politischen und wirtschaftlichen Weltmacht USA vehement vertretene Position zugunsten einer Aufrechterhaltung der Todesstrafe vergegenwärtigen.[536] An dieser Stelle spricht gegen die Annahme eines der Todesstrafe entgegenstehenden Völkergewohnheitsrechts auch der beachtliche Widerstand gegen die Annahme des Zweiten Fakultativprotokolls zum IPBPR. Es votierten 26 Staaten gegen die Annahme, darunter China, Japan und die USA, nur 59 stimmten dafür.[537]

---

534 *Gusy*, in: von Mangoldt/Klein/Starck, GG, Art. 102 Rdnr. 8. Vgl. auch *Peters*, EuGRZ 1999, 650 (651*Peters*, EuGRZ 1999, 650 (651); *Rogall*, in: Boulanger/Heyes/Hanfling, Zur Aktualität der Todesstrafe, S. 48.

535 *Amnesty International*, Facts and Figures on the death penalty, vgl. http://web.amnesty.org/web/web.nsf/print/deathpentalty-facts-eng. Vgl. auch *Schumacher*, 14 Int'l J. Comp. & Appl. Crim. Just. 307; *Wiechman/Kendall/Bae*, 28 How. L.J: 124.

536 *Giegerich*, EuGRZ 1995, 1 (13); *Gusy* in: von Mangoldt/Klein/Starck, GG, Art. 102 Rdnr. 8 m.w.N.; *Rodley*, in: Council of Europe, S. 125. Da die amerikanische Todesstrafengesetzgebung und -praxis selbst mit der Garantie des Rechts auf Leben in Art. 6 IPBPR nicht zu vereinbaren ist, hielten die USA es für erforderlich, ihren am 8.9.1992 erfolgten Beitritt insoweit unter Vorbehalt zu stellen: *„(2) That the United States reserves the right, subject to its constitutional constraints, to impose capital punishment on any person (other than a pregnant woman) duly convicted under existing or future laws permitting the imposition of capital punishment, including such punishment for crimes committed by persons below eighteen years of age."* Dieser umfassende Vorbehalt hat die USA praktisch von allen vertraglichen Beschränkungen der Todesstrafe freigestellt, nicht nur von dem ausdrücklich erwähnten Verbot, die Todesstrafe für Straftaten Jugendlicher zu verhängen (Art. 6 Abs. 5 IPBPR), *Giegerich*, EuGRZ 1995, 1 (13 m.w.N.).

537 *Naldi*, 40 Int'l J. & Comp. L.Q. 948 (951 Fn. 18). Vgl. auch *Badinter*, in : Council of Europe, The Death Penalty, S. 9ff.

Die Ablehnung der Todesstrafe kann damit darüber hinaus auch nicht als allgemeiner Rechtsgrundsatz der Kulturvölker im Sinne des Art. 38 Abs. 1 lit. c IGH-Statutes gelten.

2. Regionales völkergewohnheitsrechtliches Verbot der Todesstrafe

Unabhängig vom fehlenden weltweiten Völkergewohnheitsrecht zur Abschaffung der Todesstrafe kann jedenfalls auf der Ebene des Europarats der Schluss gezogen werden, dass mittlerweile in Europa das Verbot der Todesstrafe zum regionalen Völkergewohnheitsrecht erstarkt ist. Schon seit 1973 versucht die Parlamentarische Versammlung des Europarates, die Todesstrafe vollständig abzuschaffen.[538] Die entsprechende Staatenpraxis wird anhand der Tatsache deutlich, dass das 6. Zusatzprotokoll zur EMRK von allen Mitgliedstaaten des Europarates ratifiziert worden ist.[539] Das 6. Zusatzprotokoll schafft die Todesstrafe für Friedenszeiten ab (Art. 1), lässt ihre Verhängung in Kriegszeiten aber zu (Art. 2).[540]

III. Zwischenergebnis Teil A

Allgemein kann auf universeller Ebene nicht von einem völkerrechtlichen oder völkergewohnheitsrechtlichen Verbot der Todesstrafe gesprochen werden. Letzteres lässt sich allenfalls auf europäischer Ebene konstatieren.

B. Verbot der Todesstrafe im europäischen Recht

I. Europäische Menschenrechtskonvention

Mit der Schaffung der Europäischen Konvention zum Schutze der Menschenrechte und Grundfreiheiten vom 4. November 1950 wurde die Nachkriegsinitiative der UNO aufgegriffen und eine „International Bill of Rights" geschaffen.[541] Die Bundesrepublik ratifizierte die Konvention am 5. Dezember 1952.[542]

---

538 Vgl. *Gusy*, in: von Mangoldt/Klein/Starck, GG, Art. 102 Rdnr. 14; *Hartig*, EuGRZ 1980, 340 ff.; *Wohlwend*, in: Council of Europe, The Death Penalty, S. 66.

539 Vgl. die Übersicht in *Council of Europe*, The death penalty, S. 239 ff.

540 Vgl. zu den Einzelheiten 4. Teil B. I. 3. b) aa).

541 *Schweitzer/Weber*, Handbuch der Völkerrechtspraxis, Rdnr. 1364. Die Präambel der EMRK nimmt wie folgt auf die von der UN-Generalversammlung verabschiedete Allgemeine Erklärung der Menschenrechte Bezug: *„In Anbetracht der Allgemeinen Erklärung der Menschenrechte, die am 10. Dezember 1948 von der Generalversammlung der Vereinten Nationen verkündet worden ist; in der Erwägung, dass diese Erklärung bezweckt,*

Die Menschenrechte wurden in der EMRK erstmals internationalrechtlich kodifiziert. Die Arbeiten an den Menschenrechtspakten[543] begannen zwar bereits zu einem früheren Zeitpunkt, wurden aber erst 16 Jahre später mit ihrer Unterzeichnung abgeschlossen. Die zahlreichen Zusatzprotokolle der EMRK[544] kamen insbesondere dadurch zustande, dass sie aufgrund der Entwicklungen der universell geltenden Menschrechtspakte inhaltlich angeglichen werden musste.[545] Daneben wurden Ergänzungen des Rechtekatalogs der Konvention von 1950 für erforderlich gehalten.

1. Allgemeine Bedeutung der EMRK

Mit der Schaffung der EMRK sprach man umgangssprachlich erstmalig von einem „ersten europäischen Gesetz" oder „einem Teil der europäischen Verfassung."[546] Ihren Ursprung hat diese Idee im Wortlaut des Art. 1 EMRK:

> *„Die Hohen Vertragsparteien sichern allen ihrer Hoheitsgewalt unterstehenden Personen die in Abschnitt I bestimmten Rechte und Pflichten zu."*

Art. 1 EMRK drückt das Neuartige der EMRK, die unmittelbar rechtliche Gewährung von Individualrechten der im Hoheitsbereich der Mitgliedstaaten lebenden Personen, aus. Die Individualrechte bedürfen – anders als beim IPBPR - keiner nationalen Umsetzung mehr.[547]

Die Durchsetzung der in der EMRK genannten Rechte wurde aufgrund des 11. Zusatzprotokolls[548] dem einheitlichen *EGMR* übertragen. Dieser löst die bisherige Zweiteilung der Rechtsschutzorgane in Kommission und Gerichtshof ab[549]. Die Ausführung der Urteile wird weiterhin vom Ministerkomitee überwacht.

---

die universelle und wirksame Anerkennung und Einhaltung der in ihr aufgeführten Rechte zu gewährleisten... ", BGBl. 1952 II, S. 686; Neubek. BGBl. 2002 II, S. 1055.

542 BGBl. 1952 II, S. 686 ff.

543 Internationaler Pakt über Bürgerliche und Politische Rechte und Internationaler Pakt über wirtschaftliche, soziale und kulturelle Rechte.

544 Vgl. die Aufstellung bei Schweitzer/Weber, Handbuch der Völkerrechtspraxis, Rdnr. 1366.

545 Schweitzer/Weber, Handbuch der Völkerrechtspraxis, Rdnr. 1365.

546 Vgl. die Nachweise bei *Stern*, Staatsrecht III/1, S. 276 f.

547 *Stern*, Staatsrecht III/1, S. 279 m.w.N.

548 Gesetz zu dem Protokoll Nr. 11 vom 11.5.1994 zur Konvention zum Schutze der Menschenrechte und Grundfreiheiten vom 24.7.1995, BGBl. 1995 II, S. 578 ff.; neue Bek. vom 17.5.2002, BGBl. 2002 II, S. 1054 ff.

549 Eine Reform war deshalb von Nöten, weil sich die Zahl der Vertragsstaaten seit dem Inkrafttreten der Konvention verdreifacht hatte. Die Kommission litt stark unter Überlas-

Die Zuständigkeiten des Gerichtshofs wurden auch nach der Fusion beider Organe beibehalten. Gemäß Art. 34 EMRK kann jede natürliche Person, nichtstaatliche Organisation oder Personengruppe eine Individualbeschwerde erheben mit der Behauptung, durch eine Vertragspartei in ihren Rechten aus der EMRK oder in ihren in den Zusatzprotokollen anerkannten Rechten verletzt zu sein.[550] Staatenbeschwerden bleiben weiterhin nach Art. 33 EMRK möglich.[551] Im Übrigen gibt es noch das Gutachterverfahren, in welchem das Ministerkomitee des Europarates Gutachten über die Auslegung der Konvention und der Protokolle beim Gerichtshof beantragen kann. Dabei darf es sich allerdings nur um Verfahrensfragen und nicht um Fragen bezüglich materiell verbürgter Rechte handeln (Art. 47 EMRK).

Das Grundrechtssystem der EMRK einschließlich ihrer Zusatzprotokolle hat im Wesentlichen dieselbe Struktur wie die nationalen Grundrechte. Das System besteht überwiegend aus klassischen Freiheitsrechten, justiziellen Rechten und politischen Mitwirkungsrechten.[552] Für die Schrankensystematik der EMRK ist ein dreistufiger Rechtfertigungsstandard auffällig: Die Einschränkung der in der EMRK verbürgten Rechte bedarf einer gesetzlichen Grundlage, der Erforderlichkeit „in einer demokratischen Gesellschaft" und der Verfolgung bestimmter öffentlicher Interessen.[553]

2. Rechtliche Bedeutung für die innerstaatliche Rechtsordnung

Allgemein anerkannt ist, dass die in der EMRK niedergelegten Rechte und Freiheiten die weitergehenden nationalen Grundrechte nicht verdrängen. Vielmehr stellen sie grundrechtliche Mindeststandards dar.[554]

Obgleich sie bereits fast 50 Jahre in Kraft ist, hat die EMRK erst in den 1980er und 1990er Jahren vor deutschen Gerichten ernsthaft Beachtung gefunden.[555] Es

---

tung, *Hailbronner*, in: Bothe/Dolzer/Hailbronner/Klein/Kunig/Schröder/Graf Vizthum, Völkerrecht, 3. Abschnitt Rdnr. 274.

550 Gemäß Art. 35 EMRK ist aber vorausgesetzt, dass alle innerstaatlichen Rechtsmittel ausgeschöpft sind.

551 Vgl. *Hailbronner*, in: Bothe/Dolzer/Hailbronner/Klein/Kunig/Schröder/ Graf Vizthum, Völkerrecht, 3. Abschnitt Rdnr. 275 ff.

552 Vgl. im Einzelnen *Stern*, Staatsrecht III/1, S. 283 ff.

553 Vgl. Art. 8 Abs. 2, 9 Abs. 2, 10 Abs. 2, 11 Abs. 2 EMRK. *Herdegen*, Völkerrecht, Rdnr. 34 m.w.N. zur Rechtsprechung. Vgl. allgemein zur Verhältnismäßigkeitsprüfung bei Eingriffen in Rechte der EMRK *Grabenwarter*, EMRK, § 18 Rdnr. 14. ff.

554 *Hailbronner*, in: Bothe/Dolzer/Hailbronner/Klein/Kunig/Schröder/Graf Vizthum, Völkerrecht, 3. Abschnitt Rdnr. 266; *Stern*, Staatsrecht III/1, S. 281.

stellt sich daher die Frage, welchen Rang die EMRK in der bundesdeutschen Normenhierarchie hat und welche innerstaatliche Geltung sie beansprucht.

Grundsätzlich überlässt die EMRK den Vertragsstaaten, in welcher Weise sie ihrer Pflicht der Beachtung der Vertragsvorschriften genügen. Maßgebend ist, dass die EMRK ein völkerrechtlicher Vertrag ist, der gemäß Art. 59 Abs. 2 GG durch Transformation in das innerstaatliche Recht den Rang einfachen Bundesgesetzes einnimmt. Das gilt auch für die Zusatzprotokolle.[556] Aus der *lex posterior derogat legi priori-Regel* folgt aber, dass theoretisch spätere Bundesgesetze als lex posterior innerstaatlich gültige und verbindliche Regelungen enthalten, selbst wenn sie der EMRK widersprechen. Entsprechend hat in den frühen 80er Jahren die Rechtsprechung verdeutlicht, dass der EMRK als einfachem Bundesgesetz widersprechende deutsche Gesetze strikt zu befolgen seien und die EMRK im Kollisionsfalle nicht anzuwenden sei.[557]

Den Wendepunkt der deutschen Rechtsprechung zum Verständnis des Verhältnisses der EMRK zum nationalen Verfassungsrecht markiert die Entscheidung des *BVerfG* zur Unschuldsvermutung des Art. 6 Abs. 2 EMRK vom 26. März 1987, in welcher das Gericht grundlegend zur Relevanz der Konvention und der Rechtsprechung des *EGMR* für die deutschen Gerichte Stellung genommen hat.[558] In dieser Entscheidung hat das *BVerfG* nicht nur eine Ausstrahlungswirkung des Inhalts der EMRK auf die Interpretation des

---

555 Vgl. *Schweitzer/Weber*, Handbuch des Völkerrechts, Rdnr. 387 ff.

556 So die h.M. Vgl. *BVerfGE* 1, 396 (411); 4, 57 (162); 6, 290 (294 f.); 30, 272, (284 f.); *Stern*, Staatsrecht III/1, S. 278 m.w.N.

557 So hat sich beispielsweise das *BVerwG* geäußert: *„Auch die ... Konvention zum Schutze der Menschenrechte und Grundfreiheiten ... (und die...), die - anders als die allgemeine Erklärung der Menschenrechte – im Range einfacher bundesgesetzlicher Vorschriften innerdeutsches Recht sind (vgl. BVerwGE 5, 153 (161), gewähren keinen über das GG hinausgehenden Schutz,"* *BVerwGE* 52, 313 (334).

558 Vgl. *Schweitzer/Weber*, Handbuch des Völkerrechts, Rdnr. 1373: *„1. a) Die Unschuldsvermutung ist eine besondere Ausprägung des Rechtsstaatsprinzips und hat damit Verfassungsrang. Sie ist auch kraft Art. 6 Abs. 2 EMRK Bestandteil des positiven Rechts der Bundesrepublik Deutschland im Range eines Bundesgesetzes. ... Wenn das Bundesverfassungsgericht sich zur Definition der Unschuldsvermutung auf den Wortlaut des Art. 6 Abs. 2 EMRK bezogen hat ..., der in der Bundesrepublik den Rang von Verfassungsrecht nicht genießt, so beruht dies auf der rechtlichen Wirkung, die das Inkrafttreten der Konvention auf das Verhältnis zwischen den Grundrechten des Grundgesetzes und ihnen verwandten Menschenrechten der Konvention hat. Bei der Auslegung des Grundgesetzes sind auch Inhalt und Entwicklungsstand der Europäischen Menschenrechtskonvention in Betracht zu ziehen, sofern dies nicht zu einer Einschränkung oder Minderung des Grundrechtsschutzes nach dem Grundgesetz führt, eine Wirkung, die die Konvention indes selbst ausgeschlossen wissen will (Art. 60 EMRK). Deshalb dient insoweit auch die Rechtsprechung des Europäischen Gerichtshofs für Menschenrechte als Auslegungshilfe*

Grundgesetzes, sondern auch ausdrücklich anerkannt, dass die Rechtsprechung des *EGMR* für die Bestimmung von Inhalt und Reichweite von Grundrechten und rechtsstaatlichen Grundsätzen des Grundgesetzes maßgeblich ist. Die Änderung der Rechtsprechung bedeutet zwar nicht zugleich die Aufhebung der *lex posterior derogat legi priori-Regel.* Im Kollisionsfalle steht dieser Regel aber der Grundsatz der völkerrechtsfreundlichen Auslegung entgegen: jede Regelung ist, soweit es der Wortlaut zulässt, so zu interpretieren, dass sie mit den völkerrechtlich verbindlichen Vorgaben vereinbar ist.[559] Es spricht insoweit eine Vermutung dafür, dass sich der Gesetzgeber mit späteren Regelungen nicht in Widerspruch zu vertraglichen Vereinbarungen setzen will.
Diese Rechtsprechung bestätigte das *BVerfG* im Jahre 2004 dahingehend, dass alle Behörden und Gerichte der Bundesrepublik Deutschland verpflichtet sind, die EMRK in der Auslegung durch den *EGMR* zu berücksichtigen.[560] Das *BVerfG* reagierte damit auf eine Entscheidung des *EGMR*[561] zu einer von *Caroline von Hannover* erhobenen Individualbeschwerde. In dieser Entscheidung befasste sich der *EGMR* nicht nur mit der Abwägung der Pressefreiheit gegenüber dem allgemeinen Persönlichkeitsrecht. Darüber hinaus hat der *EGMR* auch in ganz erheblicher Weise den Beurteilungsspielraum der Mitgliedsstaaten bei der Erfüllung aus den Konventionsrechten abzuleitenden Pflichten eingeschränkt und die bisher durchgeführte Abwägungsdogmatik des *BGH* zum Interesse sog. Personen der Zeitgeschichte an einem ungestörten Privatleben als im Sinne der Konvention unzulänglich verworfen.[562] Die Bundesrepublik Deutschland ist gemäß § 46 Abs. 1 EMRK verpflichtet, endgültige Urteile des *EGMR* zu befolgen. Diese vertragsvölkerrechtliche Verpflichtung wurde durch Zustimmungsgesetz vom 8. August 1952 in einfaches innerstaatliches Recht transformiert. Ob neben der Bindung der deutschen Gerichte im Rahmen des Streitgegenstandes (Art. 46 Abs. 1 EMRK bzgl. der res iudicata) aus der festgestellten Vertragsverletzung aber eine darüber hinausgehende allgemeine Verpflichtung zur Anpassung der Rechtsprechung an die vom *EGMR* entwickelten Maßstäbe oder sogar

---

für die Bestimmung von Inhalt und Reichweite von Grundrechten und rechtsstaatlichen Grundsätzen des Grundgesetzes," *BVerfGE* 74, 358 (370).

559 *Schweitzer/Weber*, Handbuch des Völkerrechts, Rdnr. 1374: *„Auch Gesetze sind, wie das Gericht ausdrücklich feststellt, in Einklang mit den völkerrechtlichen Verpflichtungen auszulegen, selbst wenn sie zeitlich später erlassen worden sind als ein geltender völkerrechtlicher Vertrag. Es ist nicht anzunehmen, dass der Gesetzgeber, sofern er dies nicht klar bekundet hat, von völkerrechtlichen Verpflichtungen der Bundesrepublik abweichen oder die Verletzung solcher Verpflichtungen ermöglichen will."* *BVerfGE* 74, 358 (370); siehe auch *BVerfGE* 82, 106 (125); 83, 119 (128).

560 *BVerfG*, NJW 2004, 3407ff.

561 *EGMR*, NJW 2004, 2647 ff.

562 *Dörr*, Anm. zu *EGMR* – „Caroline", JuS 2005, 160 (161).

eine Verpflichtung der Legislative zu konventionskonformen Gesetzgebungsmaßnahmen besteht,[563] darf bezweifelt werden.[564] Vielmehr hat das *BVerfG* im Rahmen des vorerwähnten Beschlusses bereits festgehalten, dass eine völkerrechtsfreundliche nationale Rechtsprechung und Einpassung der Rechtsprechung des *EGMR* bei der Auslegung deutscher Grundrechte immer in höherrangigem Recht, also beispielsweise Verfassungsrecht in Form von Grundrechten Dritter ihre Grenze findet:[565]

> *„Die Völkerrechtsfreundlichkeit entfaltet Wirkung nur im Rahmen des demokratischen und rechtsstaatlichen Systems des Grundgesetzes."*

Ein automatischer Vorrang kommt der Konvention damit gerade nicht zu. Den Konventionsverstoß würdigen deutsche Behörden und Gerichte vielmehr bereits dann ausreichend, wenn sie

> *„sich mit der Entscheidung erkennbar auseinander setzen und gegebenenfalls nachvollziehbar begründen, warum sie der völkerrechtlichen Rechtsauffassung gleichwohl nicht folgen."*[566]

Weitgehende Versuche, den unmittelbaren Verfassungsrang der EMRK zu begründen, konnten sich zu Recht weder beim *BVerfG* noch im Schrifttum durchsetzen.[567] So wurde teilweise in der Literatur angenommen, die Unterwerfung der Bundesrepublik unter das Rechtsschutzsystem der EMRK als Übertragung von Hoheitsrechten im Sinne von Art. 24 Abs. 1 GG zu verstehen.[568] Das hätte zur Folge, dass sich Entscheidungen des *EGMR* auch gegen entgegenstehendes Verfassungsrecht durchsetzen würden. Dieser Annahme lässt sich aber entgegenhalten, dass der *EGMR* nur die rechtsprechende, nicht aber die rechtsetzende Funktion innehat. Er ist gar nicht in der Lage, Rechtsakte mit innerstaatlicher Wirkung zu erlassen oder neue Rechte und Pflichten unter „Durchgriff" auf den Einzelnen zu begründen.

Darüber hinaus gab es den Vorschlag aus der Literatur, die EMRK über Art. 1 Abs. 2 GG als Grundrechtsverfassung zu inkorporieren.[569] Dieser Vorschlag

---

563 So ausdrücklich *Heldrich* , NJW 2004, 2634 (2635 f.).

564 So auch *Mann*, NJW 2004, 3220 f.

565 *BVerfG*, NJW 2004, 3407 (3408), so auch *Dörr*, Anm. zu *EGMR* – „Caroline", JuS 2005, 160 (165).

566 *BVerfG*, NJW 2004, 3407 (3410).

567 *Grabenwarter*, EMRK, § 3 Rdnr. 7.

568 *Ress*, in: FS Zeidler, S. 1775 (1790 ff.); *Walter*, ZaöRV 1999, 961 (974 ff.).

569 *Hoffmeister*, Der Staat 2001, 349 (367 ff.).

verkennt aber, dass ein solcher Verfassungsbegriff von dem des Grundgesetzes verschieden ist und dass der Begriff der Grundrechte auf jene des Grundgesetzes beschränkt ist.[570]
Schließlich wurde erwogen, dass die EMRK Völkergewohnheitsrecht darstellen könne und somit unmittelbar über Art. 25 GG Verfassungsrang hätte.[571] Dafür wäre aber eine allgemeine Rechtsüberzeugung erforderlich, die nicht nachweisbar ist.

Festzuhalten bleibt jedoch, dass sich aus der *„besonderen völkerrechtlichen Qualität"* der Konvention wenigstens faktisch auch der Vorrang der EMRK vor dem bundesdeutschen Recht ergibt.[572]

3. Einschränkung des Rechts auf Leben (Art. 2 EMRK)

a) Die Beschränkung der Todesstrafe

Art. 2 Abs. 1 EMRK, der mit dem Recht auf Leben eine Fundamentalgarantie[573] beinhaltet, lautet:

> *„Das Recht jedes Menschen auf das Leben wird gesetzlich geschützt. Abgesehen von der Vollstreckung eines Todesurteils, das von einem Gericht im Falle eines durch Gesetz mit der Todesstrafe bedrohten Verbrechens ausgesprochen worden ist, darf eine absichtliche Tötung nicht vorgenommen werden."*

Art. 2 Abs. 1 Satz 2 EMRK lässt damit als Ausnahme zum Recht auf Leben in Satz 2 die Todesstrafe ausdrücklich zu.[574] Folglich verstößt die Vollstreckung der Todesstrafe oder die Auslieferung an einen Staat, in dem die Todesstrafe vollstreckt wird, nicht gegen Art. 2 Abs. 1 EMRK. Die rechtsstaatliche Vorgabe ist hierbei, dass das Todesurteil von einem Gericht im Falle eines durch Gesetz

---

570 *Grabenwarter*, EMRK, § 3 Rdnr. 7.

571 Vgl. insbesondere *Bleckmann*, EuGRZ 1994, 149 (153 f.).

572 *Schweitzer/Weber*, Handbuch des Völkerrechts, Rdnr. 1374. Vgl. auch *Herzog*, DÖV 1979, 44 (47); *Stern*, Staatsrecht III/1, S. 278. Daher kann eine Verfassungsbeschwerde auch nicht unmittelbar auf eine Konventionsverletzung gestützt werden, *BVerfGE* 64, 135 (157).

573 *Grabenwarter*, EMRK, § 20 Rdnr. 1.

574 Vgl. hierzu *Uerpmann*, in: Ehlers, Europäische Grundrechte und Grundfreiheiten, § 3 Rdnr. 55 ff. *Lagodny*, in: Golsong/Karl/Miehsler/Petzold/Rogge/Vogler/Wildhaber, EMRK, Art. 2 Rdnr. 1; *Meyer-Ladewig*, EMRK, Art. 2 Rdnr. 1; *Schabas*, Abolition of death penalty, S. 214 ff.; *Villiger*, EMRK, Rdnr. 264 ff.

mit der Todesstrafe bedrohten Verbrechens ausgesprochen werden muss. Weitere Schranken ergeben sich aus anderen Vorschriften und allgemeinen Grundsätzen der EMRK.[575] Die Verurteilung muss auf einem fairen Verfahren im Sinne von Art. 6 EMRK basieren und die verhängte Strafe in einem angemessenen Verhältnis zum verübten Verbrechen stehen. Art. 7 EMRK legt fest, dass die Tat zum Tatzeitpunkt mit der Todesstrafe bedroht gewesen sein muss. Schließlich darf die Strafe nicht in diskriminierender Weise verhängt, vollstreckt oder gnadenhalber umgewandelt werden, vgl. Art. 14 EMRK.

b) Zusatzprotokolle Nr. 6 und 13

Die Aussage zum Recht auf Leben nach Art. 2 wird durch das 6.[576] und das 13. Zusatzprotokoll[577] ergänzt. Diese Protokolle beschränken die Eingriffsermächtigung des Art. 2 Abs. 1 Satz 2 EMRK. Soweit die Zusatzprotokolle Nr. 6 und Nr. 13 jeweils ratifiziert worden sind, hat ein vollstreckender oder ausliefernder Staat deren jeweilige Restriktionen zu beachten.

aa) Weitgehende Abschaffung der Todesstrafe durch das Zusatzprotokoll Nr. 6

Das Protokoll Nr. 6 zur Konvention zum Schutze der Menschenrechte und Grundfreiheiten über die Abschaffung der Todesstrafe vom 28. April 1983 bestimmt in Art. 1 mit teilweise gleichem Wortlaut wie Art. 102 GG:

> *„Die Todesstrafe ist abgeschafft. Niemand darf zu dieser Strafe verurteilt oder hingerichtet werden."*

Eine Ausnahme erlaubt allerdings Art. 2, der für die Anwendbarkeit der Todesstrafe in Kriegszeiten normiert:

> *„Ein Staat kann in seinem Recht die Todesstrafe für Taten vorsehen, welche in Kriegszeiten oder bei unmittelbarer Kriegsgefahr begangen werden; diese Strafe darf nur in den Fällen, die im Recht vorgesehen sind, und in Übereinstimmung mit dessen Bestimmungen angewendet werden. Der Staat übermittelt dem Generalsekretär des Europarats die einschlägigen Rechtsvorschriften."*

---

575 *Lagodny*, in: Golsong/Karl/Miehsler/Petzold/Rogge/Vogler/Wildhaber, EMRK, Art. 2 Rdnr. 59; *Grabenwarter*, EMRK, § 20 Rdnr. 7 f.; *Peters*, EuGRZ 1999, 650 (654) m.w.N.

576 Vgl. unter 4. Teil, B. I. 3. b) aa).

577 Vgl. unter 4. Teil, B. I. 3. b) bb).

Da Art. 1 Satz 1 die Abschaffung der Todesstrafe voraussetzt, kann ein Staat dem Protokoll erst beitreten, wenn er die Todesstrafe mindestens für Friedenszeiten abgeschafft hat.[578] Ohne Kündigung des Protokolls ist eine Wiedereinführung der Todesstrafe nicht möglich. Das Zusatzprotokoll Nr. 6 ist damit Ausdruck des Willens zur Abschaffung der Todesstrafe und spiegelt den in der Bundesrepublik und in den meisten Vertragsstaaten nach nationalem Recht bereits bestehenden Rechtszustand wider.[579] Es ist nach Art. 3 notstandsfest und kann nach Art. 4 des Zusatzprotokolls Nr. 6 nicht unter Vorbehalt unterzeichnet werden.

Zwar hat die Bundesrepublik zum 6. Zusatzprotokoll erklärt,

> *„dass sich nach ihrer Auffassung die Verpflichtung aus dem Protokoll Nr. 6 in der Abschaffung der Todesstrafe im Geltungsbereich des jeweiligen Staates erschöpfen und nichtstrafrechtliche innerstaatliche Rechtsvorschriften unberührt bleiben. Die Bundesregierung hat ihren Verpflichtungen bereits durch Art. 102 GG genügt."*[580]

Da aber Vorbehalte nach Art. 4 des Zusatzprotokolls Nr. 6 verboten sind, kann es sich bei dieser Erklärung nur um eine Interpretationserklärung handeln.[581]

bb) Umfassendes Verbot der Todesstrafe durch das Zusatzprotokoll Nr. 13

> *„... in dem Wunsch, den Schutz des Rechts auf Leben, der die am 4. November 1950 in Rom unterzeichnete Konvention zum Schutz der Menschenrechte und Grundfreiheiten gewährleistet wird, zu stärken..."*

wurde am 3. Mai 2002 in Vilnius das Protokoll Nr. 13 zur Konvention zum Schutze der Menschenrechte und Grundfreiheiten bezüglich der Abschaffung der Todesstrafe unter allen Umständen von 36 Staaten unterzeichnet.[582]

---

578 Vgl. hierzu *Hartig*, EuGRZ 1983, 270 ff.; *Krüger*, in: Council of Europe, The Death Penalty, S. 87 ff.

579 *Weiß*, in: Boulanger/Heyes/Hanfling, Zur Aktualität der Todesstrafe, S. 434.

580 BGBl. 1989 II, S. 814.

581 So *Meyer-Ladewig*, EMRK, Protokoll Nr. 6, Art. 1 Rdnr. 4.

582 Das Protokoll Nr. 13 zur EMRK *„concerning the abolition of the death penalty in all circumstances"* ist abrufbar unter http://coventions.coe.int. Vgl. hierzu *Ravaud*, in: Council of Europe, The Death Penalty, S. 112 f.

Art. 1 des 13. Zusatzprotokolls lautet:

> *„Die Todesstrafe ist abgeschafft. Niemand darf zu dieser Strafe verurteilt oder hingerichtet werden."*

Es schafft die Todesstrafe sowohl in Friedens- als auch Kriegszeiten sowie bei unmittelbarer Kriegsgefahr – also unter allen Umständen – ab.[583] Art. 2 verbietet das Abweichen und Art. 3 Vorbehalte zu diesem Protokoll. Bisher haben 30 Staaten das 13. Zusatzprotokoll ratifiziert.[584] Es ist noch nicht in Kraft.[585]

c) Das Verhältnis von Art. 2 Abs. 1 EMRK zu Art. 3 EMRK

Fraglich ist ferner, wie sich das Verhältnis von Art. 2 Abs. 1 EMRK zu Art. 3 EMRK gestaltet, also ob die Todesstrafe gegen Art. 3 EMRK verstößt. Art. 3 EMRK lautet:

> *„Niemand darf der Folter oder unmenschlicher oder erniedrigender Strafe oder Behandlung unterworfen werden."*

Art. 1 des UN-Übereinkommens gegen Folter und andere grausame Strafen vom 10. Dezember 1984[586] definiert die Folter wie folgt:

> *„(1) Im Sinne dieses Übereinkommens bezeichnet der Ausdruck ‚Folter' jede Handlung, durch die einer Person vorsätzlich große körperliche oder seelische Schmerzen oder Leiden zugefügt werden, z.B. um von ihr oder einem Dritten eine Aussage oder ein Geständnis zu erlangen, um sie für eine tatsächlich oder mutmaßlich von ihr oder einem Dritten begangene Tat zu bestrafen oder um sie oder einen Dritten einzuschüchtern oder zu nötigen, oder aus einem anderen auf irgendeiner Art von Diskriminierung beruhenden Grund, wenn diese Schmerzen oder Leiden von einem Angehörigen des öffentlichen Dienstes oder einer anderen in amtlicher Eigenschaft handelnden Person, auf deren Veranlassung oder mit deren ausdrücklichem oder stillschweigendem Einverständnis verursacht werden. Der Ausdruck umfasst nicht Schmerzen oder Leiden, die sich lediglich aus*

---

583 Vgl. erläuternder Bericht des Ministerkomitees vom 21.2.2002.

584 Die Bundesrepublik hat es mit Gesetz vom 5.7.2004 ratifiziert, BGBl. II S. 982.

585 Vgl. *Gollwitzer*, Menschenrechte, Einf. MRK Rdnr. 28.

586 BGBl. 1990 II, S. 246. Vgl. auch *Gollwitzer*, Menschenrechte, EMRK/IPBPR, Art. 3/Art. 7 Rdnr. 3 m.w.N. Siehe zur aktuellen Diskussion über Folter *Düx/Schroeder*, ZRP 2005, 180; *Erb*, NStZ 2005, 593 ff.; *Götz*, NJW 2005, 953 ff.; *Haurand/Vahle*, NVwZ 2003, 513 ff.; *Jerouschek*, JuS 2005, 296 ff.; *Schnorr/Wissing*, ZRP 2003, 142 f.

gesetzlich zulässigen Sanktionen ergeben, dazu gehören oder damit verbunden sind.“

Im Fall *Kirkwood vs. Vereinigtes Königreich*[587] stellte die Kommission fest, dass die Todesstrafe zwar einerseits zulässig sei, sich aber andererseits eine Verletzung von Art. 3 EMRK insbesondere durch eine lange Verfahrensdauer und eine damit verbundene Unsicherheit für den Beschuldigten (sog. *„death row phenomenon“*) ergeben könne.[588]

In seiner Entscheidung vom 7. Juli 1989 im Falle *Soering,*[589] in dem es um die Auslieferung eines Deutschen von Großbritannien in die USA (Virginia) ging, befasste sich der *EGMR* mit der Frage, ob Art. 3 der EMRK dahingehend zu interpretieren sei, dass er die Todesstrafe generell verbiete. Großbritannien hatte damals das 6. Zusatzprotokoll zur EMRK, das die Todesstrafe verbietet, noch nicht ratifiziert. Der *EGMR* befand einstimmig, dass die Auslieferung in einen Staat, in dem die Todesstrafe droht, an sich noch kein Verstoß gegen Art. 2 oder Art. 3 EMRK darstelle. Art. 3 EMRK kann *„nach dem Willen der Verfasser nicht die Intention eines generellen Verbots der Todesstrafe unterlegt werden, da sonst der eindeutige Wortlaut des Art. 2 Abs. 1 unwirksam wäre.“*[590] Diese Norm sieht die Zulässigkeit der Todesstrafe schließlich ausdrücklich vor. Die Auflage einer Unterzeichnung des 6. Zusatzprotokolls zeige, dass die Vertragsparteien noch 1983 den üblichen Weg der Vertragsänderung einschlugen, um eine neue Verpflichtung zur Abschaffung der Todesstrafe einzuführen. Die Staaten hätten damit mittels eines freiwilligen Instruments die Möglichkeit erhalten, den Zeitpunkt zu wählen, zu dem sie diese Verpflichtung eingehen wollen. Art. 3 EMRK sah der *EGMR* im konkreten Fall aber verletzt, weil er nicht die Todesstrafe als solche bewertete, sondern die persönlichen Umstände des Verurteilten, insbesondere dessen Alter und Geisteszustand.[591] Auch wertete der *EGMR* die lange Wartezeit von durchschnittlich zwischen sechs und acht Jahren bis zur Vollstreckung als unmenschliche und erniedrigende Behandlung bzw. Bestrafung.[592]
Seinerzeit wies der Richter *De Meyer* in einem Sondervotum[593] darauf hin, dass Art. 2 Abs. 1 Satz 2 EMRK schon lange nicht mehr die derzeitige Rechtslage

---

587 Appl. 10479/83, Entsch. der *EKMR* v. 12.3. 1984, Decision & Reports B. 37, 158 ff.

588 Vgl. auch *Villinger,* EMRK Rdnr. 288 f. m.w.N.

589 *Soering vs. Vereinigtes Königreich,* in: *EGMR,* EuGRZ 1989, 314 ff.

590 Ziffer 103 der Urteils, *EGMR*, EuGRZ 1989, 314 (321).

591 Ziffer 108 des Urteils, *EGMR*, EuGRZ 1989, 314 (321).

592 Ziffer 106 des Urteils, *EGMR*, EuGRZ 1989, 314 (322); vgl. auch Giegerich, EuGRZ 1995, 1 (4); *Stein/von Buttlar*, Völkerrecht, Rdnr. 600.

593 Vgl. Sondervotum zu *Soering vs. Vereinigtes Königreich* EuGRZ 1998, 325 ff.

widerspiegele. De facto existiere die Todesstrafe in keinem Mitgliedsstaat des Europarats.[594] Keinem Vertragsstaat könne zugestanden werden, auch wenn er das 6. Zusatzprotokoll noch nicht ratifiziert hat, irgendeinen Menschen auszuliefern, wenn dieser dadurch Gefahr liefe, im ersuchenden Staat ums Leben gebracht zu werden. Eine solche Auslieferung wäre mit den europäischen Gerechtigkeitsvorstellungen und der öffentlichen Ordnung Europas unvereinbar.[595]

Im Fall des Führers der kurdischen Arbeiterpartei PKK, *Abdullah Öcalan,*[596] dessen Verurteilung zum Tode durch das türkische Staatsicherheitsgericht nach gesetzlicher Abschaffung der Todesstrafe mit Urteil vom 3. Oktober 2002 in lebenslange Haft umgewandelt worden war, stellte der *EGMR* jedoch fest, dass sich die rechtliche Beurteilung der Todesstrafe seit dem Urteil *Soering* geändert habe.[597] Die bis dahin zu konstatierende *de-facto*-Abschaffung habe sich mittlerweile zu einem *de-jure*-Verbot in 43 der 44 Konventionsstaaten umgewandelt. Die vollständige Abschaffung der Todesstrafe in Friedenszeiten spiegele sich ferner in der Politik des Europarats wider, nach der sich neue Mitgliedsstaaten als Bedingung für ihre Aufnahme in die Organisation verpflichten, die Todesstrafe abzuschaffen.[598] Nach Ansicht des Gerichtshofes könne daher mittlerweile auch die Verhängung der Todesstrafe als eine Art. 3 EMRK widersprechende unmenschliche und erniedrigende Behandlung betrachtet werden. Insbesondere erwog der Gerichtshof, ob nicht Art. 2 Abs. 1 EMRK durch ein etabliertes, wenngleich nicht ausdrückliches Übereinkommen der Signatarstaaten der EMRK jenseits des Wortlauts geändert worden ist, und die Todesstrafe dadurch als abgeschafft gelten[599] und damit zugleich als Verstoß gegen Art. 3 EMRK angesehen werden muss.[600] Der Gerichtshof erachtete es aber im konkreten Fall nicht als notwenig, hierüber eine abschließende Entscheidung zu treffen,[601] da die Verhängung der Todesstrafe in einem unfairen Verfahren jedenfalls konventionswidrig sei.[602]

---

594 Dagegen *Blumenwitz,* Anmerkung zu *Soering v. Vereinigtes Königreich,* EuGRZ 1989, 326 (327).

595 Vgl. *mutatis mutandis* das Urteil des französischen *Conseil d' Etat* vom 27.3.1987 im Fall Fidan, Recueil Dalloz Sirey, 1987, S. 305-310.

596 Abgedruckt in EuGRZ 2003, 472 ff.

597 Vgl. Ziffer 194 des Urteils, *EGMR*, EuGRZ 2003, 472 (482).

598 Vgl. Ziffer 195 des Urteils, *EGMR*, EuGRZ 2003, 472 (483).

599 Ziffer 191, 194 des Urteils, *EGMR*, EuGRZ 2003, 472 (482 f.).

600 Ziffer 198 des Urteils, *EGMR*, EuGRZ 2003, 472 (483).

601 Vgl. Ziffer 198, *EGMR*, EuGRZ 2003, 472 (483).

602 Der *EGMR* befand, dass das Recht *Öcalans*, unverzüglich nach der Festnahme einem Richter vorgeführt zu werden und eine Entscheidung über die Rechtmäßigkeit der Inhaftierung herbeizuführen, verletzt worden sei. Ferner stellte nach Ansicht des Gerichtshofes das türkische Staatssicherheitsgericht kein unabhängiges und unparteiisches Gericht dar.

Nachdem das Verfahren auf Antrag *Abdullah Öcalans* und auf Antrag der türkischen Regierung gem. Art. 43 EMRK an die Große Kammer des *EGMR* verwiesen wurde, hat diese nun die Rechtsprechung der Kammer ausdrücklich bestätigt.[603] Die Große Kammer des *EGMR* beschränkte sich im Anschluss an die Gründe des Kammerurteils auf die Feststellung, dass die Verhängung der Todesstrafe nach einem unfairen Verfahren gegen die Konvention verstoße[604]. Durch Auferlegung der Unterzeichnung des 13. Zusatzprotokolls hätten sich die Vertragsstaaten zwar einerseits

> *„zur Verfolgung ihrer Abschaffungspolitik für die traditionelle Methode der Textänderung an der Konvention entschieden (...). Im Zeitpunkt des Ergehens dieses Urteils haben drei Mitgliedsstaaten dieses Protokoll noch nicht unterzeichnet und 16 müssen es noch ratifizieren. Freilich kann dieser letzte Schritt hin zu einer vollständigen Beseitigung der Todesstrafe – d.h. zur Beseitigung sowohl in Friedenszeiten als auch in Kriegszeiten – als Bestätigung der Abschaffungstendenzen in der Praxis der Vertragsstaaten angesehen werden.“*[605]

Der Umstand der noch weitgehenden Nicht-Ratifizierung vermochte aber andererseits die Große Kammer des *EGMR* auch zwei Jahre nach Entscheidung der Kammer noch

> *„daran hindern festzustellen, dass es gefestigte Praxis der Vertragsstaaten sei, die Vollstreckung der Todesstrafe als von Artikel 3 der Konvention verbotene unmenschliche und erniedrigende Behandlung zu betrachten, da jene Vorschrift nicht außer Kraft gesetzt werden darf, nicht einmal in Kriegszeiten.“*[606]

In seinem Sondervotum warf das polnische Mitglied der Großen Kammer, Richter *Garlicki*, dem Gerichtshof vor, er habe es aus Gründen der – sonst ehrbaren – richterlichen Zurückhaltung versäumt, im Tenor des Urteils eine Verletzung von Artikel 3 EMRK festzustellen,

---

Überdies habe es mehrfach gegen den Grundsatz des fairen Verfahrens (Art. 6 EMRK) verstoßen, vgl. Ziffer 199 ff., *EGMR*, EuGRZ 2003, 472 (483 ff.).

603 Ziffer 163 des Urteils *EGMR*, EuGRZ 2005, 463 (465) unter wörtlicher Widergabe der Ziffern 189 - 196 des Kammerurteils.

604 Ziffer 165 des Urteils, *EGMR*, EuGRZ 2005, 463 (466).

605 Ziffer 164 des Urteils, *EGMR*, EuGRZ 2005, 463 (465).

606 Ziffer 165 des Urteils, *EGMR*, EuGRZ 2005, 463 (466).

> *„weil jede Todesstrafe* per se *eine von der Konvention verbotene unmenschliche und erniedrigende Behandlung darstellt."*[607]

Wie auch der Gerichtshof richtig befunden habe, seien die Gebiete der Europaratsstaaten binnen der letzten 15 Jahre zu einer todesstrafenfreien Zone geworden. Damit ließe sich auf eine Einigung der Vertragspartein dahingehend schließen, Art. 2 Abs. 1 Satz 2 EMRK aufzuheben oder zumindest zu modifizieren.

> *„Demgemäß ist die Ablehnung der Todesstrafe heute, im Jahr 2005, eine absolute geworden, und auch die größte Verfahrensfairness kann die Verhängung einer solchen Strafe nicht legitimieren."*[608]

Für die inhaltlich insoweit unstrittige Bewertung der Todesstrafe als unmenschliche und erniedrigende Behandlung sei der *EGMR* auch zuständig. Bei der EMRK handele es sich – der *EGMR* teilt diese Ansicht – um ein lebendiges Instrument, welches im Lichte gegenwärtiger Umstände ausgelegt werden müsse und welches richterlichen Änderungen ihrer ursprünglichen Bedeutung offenstehe.[609] Während das *Soering*-Urteil die Entscheidung über eine Ergänzung der EMRK angesichts der noch weitgehenden Nicht-Ratifizierung des 6. Zusatzprotokolls noch richtigerweise den Vertragsstaaten als *„Vorrechtsdoktrin"* überantwortete habe, lasse sich dieses Argument heute nicht ohne weiteres auf die noch nicht vollständige Ratifizierung des 13. Zusatzprotokolls übertragen. Das Zögern einzelner Mitgliedsstaaten beziehe sich nämlich lediglich auf den günstigsten *Zeitpunkt* der Unterzeichnung. Die förmliche Ergänzung der Konvention sei nur ein Beleg für die mangelnde Existenzberechtigung der Todesstrafe, hindere den EGMR aber nicht an einem Handeln aus eigener Initiative.[610] Gegen die vom EGMR und insofern zustimmend auch von Richter *Garlicki* vertretene Annahme, die Verhängung der Todesstrafe sei nicht mehr nach Art. 2 EMRK zulässig, lässt sich der eindeutige Wortlaut des Art. 2 EMRK anführen. Denn auch eine evolutive Auslegung der EMRK mit der Ableitung eines vollständigen Todesstrafenverbots findet ihre Grenze schließlich im Wortlaut der Norm.[611] Anderenfalls ließe sich auch der Bestand *zweier* (Fakultativ-) Protokolle mit entsprechendem Inhalt und die gleichzeitig erfolgte Ratifizierung des 13. Zusatzprotokolls nicht erklären.[612] Eine schlicht richterliche Anpassung würde es dem *EGMR* ermöglichen, sich vom Text der Konvention vollständig zu be-

---

607 Ziffern I.1. und I.2. des Sondervotums *Garlicki*, EuGRZ 2005, 468.

608 Ziffer I.3. des Sondervotums *Garlicki*, EuGRZ 2005, 468.

609 Ziffer I.4. des Sondervotums *Garlicki*, EuGRZ 2005, 468 (469).

610 Ziffer I.5. des Sondervotums *Garlicki*, EuGRZ 2005, 468 (469).

611 Ziffer 3 der Anm. *Breuer*, EuGRZ 2005, 46

612 So auch *Grabenwarter*, EMRK, § 20 Rdnr. 10; *Kühne*, JZ 2003, 670 (673).

freien und kraft seiner Jurisdiktion Zusatzprotokolle auch für Staaten in Kraft zu setzen, die diese noch gar nicht unterzeichnet haben. Die Konvention würde über ihren Wortlaut hinaus und ohne Legitimation durch die Signatarstaaten in unzulässiger Weise ergänzt.[613] Die Behauptung *Garlickis*, die Vertragsstaaten seien bereits sämtlich von der Unzulässigkeit der Todesstrafe überzeugt, wurde richtigerweise als *„Behauptung oder Wunschdenken"*[614] eingeordnet. Die Freiheit der Entscheidung zur Ratifizierung des 13. Zusatzprotokolls kann den Vertragsstaaten damit aber nicht genommen werden.

Auf nationaler Ebene musste auch der *BGH* in seiner Entscheidung zur Rechtsbeugung durch die DDR-Richter die Zulässigkeit der Vollstreckung eines Todesurteils nach Art. 2 Abs. 1 Satz 2 EMRK festhalten:

> *„... Bei der Prüfung der individuellen Schuld ist vielmehr zu beachten, dass die Todesstrafe in der Nachkriegszeit in den sogenannten sozialistischen Staaten in erheblichem Umfang angewandt wurde (...und) auch führende westliche Demokratien in ihren Rechtsordnungen zur Tatzeit die Todesstrafe androhten; in Großbritannien etwa war sie bis 1969, in Frankreich bis 1981 vorgesehen. (...) Heute noch gibt es die Todesstrafe in der überwiegenden Zahl der US-amerikanischen Bundesstaaten."*[615]

Zwar begegnet die Todesstrafe nach Auffassung des Senats aus heutiger Sicht unüberwindlichen Schwierigkeiten:

> *„Eine derartige Betrachtung kommt im Völkerrecht der Nachkriegszeit indes mit geringerer Eindeutigkeit zum Ausdruck. Art. 2 I 2 der vor dem Tatzeitraum vereinbarten MRK vom 4.11.1950 (...) ging von der Zulässigkeit der Vollstreckung eines Todesurteils, das von einem Gericht im Falle eines mit der Todesstrafe bedrohten Verbrechens ausgesprochen worden ist, aus. Erst durch das 6. Zusatzprotokoll (...) ist die Todesstrafe für die Mitgliedsstaaten des Europarates grundsätzlich abgeschafft und ihre ausnahmsweise gegebene Zulässigkeit auf Kriegszeiten beschränkt worden.(...) Bemühungen um die Förderung einer Abschaffung und Ächtung der Todesstrafe in aller Welt, (...) dauern, da viele Staaten immer noch an dieser Sanktion festhalten (vgl. BT-Drucks. 12/37), bis in die Gegenwart an."*[616]

---

613 *Kühne*, JZ 2003, 670 (673).

614 *Kühne*, JZ 2005, 653 (655).

615 *BGHSt* 41, 317 (324 f.); *Frankowski*, ZStW 100 (1988), 951 ff.

616 *BGHSt* 41, 317 (235 f.).

II. OSZE/KSZE

Auch die OSZE[617] nahm sich des Schutzes der Menschenrechte an. Erster Meilenstein ist die Schlussakte der Konferenz von Helsinki vom 1. August 1975, die von den Repräsentanten der politischen Führung der beteiligten Staaten (Staats-, Regierungs- und Parteichefs) unterzeichnet wurde.[618] Teilnehmer waren 34 Staaten Europas und Nordamerikas (USA und Kanada) und der Heilige Stuhl.[619] Die Achtung der Menschenrechte wurde als selbständiger Grundsatz verankert, und Korb III enthielt Vereinbarungen über „menschliche Kontakte".[620] Die Schlussakte soll zwar ausdrücklich keine völkerrechtlichen Verpflichtungen begründen. Dennoch kann ihr mehr Bedeutung als einer *„politische Absichtserklärung"*[621] beigemessen werden. Denn sie wurde von den westlichen und nach dem Zusammenbruch des kommunistischen Systems in Osteuropa auch von den östlichen KSZE-Staaten als verbindlich angesehen. Damit konnte sich allgemein das „westliche Verständnis" der Menschenrechte als gegen den Staat gerichtete Gewährleistungen in einer pluralistischen Ordnung unter den KSZE Staaten durchsetzen.[622]

Das wichtigste Dokument der OSZE / KSZE im Bereich der Menschenrechte ist die *„Charta von Paris für ein neues Europa"*.[623] In diesem Dokument, welches die Überwindung des Ost-West-Gegensatzes auf bemerkenswerte Weise vorangetrieben hat, bekannten sich die Staats- und Regierungschefs der Teilnehmerstaaten der Pariser KSZE-Konferenz zum Zeitalter der Demokratie, des Friedens und der Einheit.

---

617 Organisation für Sicherheit und Zusammenarbeit in Europa (früher: Konferenz für Sicherheit und Zusammenarbeit in Europa (KSZE).

618 Bulletin der Bundesregierung vom 15. August 1975, Nr. 102, S. 965 ff.

619 Insbesondere bestimmte die KSZE-Schlussakte zehn Leitprinzipien: (I.) Souveräne Gleichheit und Achtung der mit der Souveränität verbundenen Rechte, (II.) Absage an die Androhung oder Anwendung von Gewalt, (III.) Unverletzlichkeit der Grenzen, (IV.) territoriale Integrität der Staaten, (V.) friedliche Beilegung von Streitigkeiten, (VI.) keine Einmischung in innere Angelegenheiten, (VII.) Anerkennung der Menschenrechte und Grundfreiheiten einschließlich der Gedanken-, Gewissens-, Religions- und Glaubensfreiheit, (VIII.) Gleichberechtigung und Selbstbestimmungsrecht der Völker, (IX.) Zusammenarbeit zwischen Staaten und (X.) die Erfüllung völkerrechtlicher Verpflichtungen nach Treu und Glauben.

620 *Hailbronner*, in: Bothe/Dolzer/Hailbronner/Klein/Kunig/Schröder/Graf Vitzthum, Völkerrecht, 3. Abschnitt, Rdnr. 282.

621 *Herdegen*, Europarecht, Rdnr. 478.

622 *Herdegen*, Europarecht, Rdnr. 479.

623 Bulletin der Bundesregierung vom 24. November 1990, Nr. 137, S. 1409 ff.

Sie erkannten die Demokratie als die einzige Regierungsform ihrer Nation an und verpflichteten sich sogleich zu Schutz, Förderung und Achtung der Menschenrechte.[624]

Der Problembereich Todesstrafe wurde aber nicht prioritär behandelt. In Wien (1989), Kopenhagen (1990) und Moskau (1991) verständigte man sich lediglich darauf, die Frage der Todesstrafe weiter zu verfolgen, Informationen über die Abschaffung auszutauschen sowie die Öffentlichkeit über deren Anwendung zu informieren.[625] Die Rolle der Teilnehmerstaaten kann als passiv bezeichnet werden, weil sie nur das Zustandekommen völkerrechtlicher Verträge beobachteten, selbst aber keine Anstrengungen unternahmen, die Todesstrafe abzuschaffen.
Die Frage nach der Abschaffung der Todesstrafe wurde lediglich auf die Agenda der regelmäßigen OSZE-Überprüfungskonferenzen und der Implementierungstreffen gesetzt. Innerhalb der OSZE-Staaten lässt sich ein Konsens über die Abschaffung der Todesstrafe bis jetzt aber nicht verzeichnen.[626]

III. Das Verbot der Todesstrafe im Recht der Europäischen Union

Die Frage nach der Existenz eines Verbots der Todesstrafe ist untrennbar mit der Frage nach dem gemeinschaftsrechtlichen Grundrechtsschutz im Allgemeinen verknüpft. Bevor spezifisch auf das Verbot der Todesstrafe eingegangen wird, sollen daher Entwicklung und heutiger Stand des Grundrechtsschutzes in der Europäischen Union dargestellt werden.

1. Die Entwicklung des europäischen Grundrechtsschutzes im Allgemeinen

Die Europäische Gemeinschaft hat erst allmählich zu einer Grund- und Menschenrechtspolitik gefunden.

a) Der Grundrechtsschutz in der Zeit vor den Verträgen von Maastricht und Amsterdam

aa) Das Fehlen individueller Abwehrrechte des Bürgers in den Gründungsverträgen

Die „europäischen“ Grundrechte und Grundfreiheiten als Teil eines noch in der Entwicklung befindlichen Menschenrechtsschutzes entwickelten sich maßgeb-

---

624 *Herdegen*, Europarecht, Rdnr. 480 m.w.N.; *Weiß*, in: Boulanger/Heyes/Hanfling, Zur Aktualität der Todesstrafe, S. 437.

625 *Weiß*, in: Boulanger/Heyes/Hanfling, Zur Aktualität der Todesstrafe, S. 437.

626 *Weiß*, in: Boulanger/Heyes/Hanfling, Zur Aktualität der Todesstrafe, S. 437. Vgl. z.B. den Bericht über das Vierte OSZE-Implementierungstreffen im Oktober/November 1998, abrufbar unter http://www.osce.org/odihr/news.

lich in der Zeit nach dem Zweiten Weltkrieg.[627] Die Frage nach einem Grundrechtsschutz kam bereits mit der Gründung des Europarats auf[628] und setzte sich dann in den Europäischen Gemeinschaften fort. Mit der sukzessiven Aufgabe partieller Hoheitsgewalt der Mitgliedsstaaten und ihrer Übertragung auf die Europäischen Gemeinschaften wurde die Ausübung dieser Hoheitsgewalt auch den nationalen Systemen des Grundrechtsschutzes entzogen und ausschließlich dem den Europäischen Gemeinschaften inhärenten Schutz unterworfen.[629]
Obschon die Gründungsverträge[630] keinen Grundrechtskatalog enthalten, haben doch einzelne Bestimmungen zumindest Grundrechtscharakter.[631] Hierbei handelt es sich zunächst um die Nichtdiskriminierungsklauseln, welche als Ausfluss des Gleichheitssatzes gesehen werden.[632] Weitere Ausprägungen des Diskriminierungsverbots mit Grundrechtscharakter finden sich in den Grundfreiheiten bzw. Marktfreiheiten.[633] Der freie Verkehr von Waren, Personen, Dienstleistungen und Kapital kennzeichnet nach Art. 14 Abs. 2 EG den von der Gemeinschaft errichteten Binnenmarkt und bildet die sogenannten Markt- oder Grundfreiheiten.[634] Grundsätzlich kommen die Grundfreiheiten jedoch nicht als Grundrechtssurrogate in Betracht; sie sind vielmehr von eigenständiger Qualität.[635] Während

---

627 *Walter*, in: Ehlers, Europäische Grundrechte und Grundfreiheiten, § 1 Rdnr. 1.

628 Vgl. 4. Teil B. I.

629 *Nickel*, ZRP 1980, 161 m.w.N.

630 Vertrag über die Gründung der Europäischen Gemeinschaft für Kohle und Stahl vom 18.4.1951, BGBl. 1952 II, S. 447; Vertrag über die Gründung der Europäischen Wirtschaftsgemeinschaft vom 25.3.1957, BGBl. 1957 II, S. 753; Vertrag über die Gründung der Europäischen Atomgemeinschaft vom 25.3.1957, BGBl. 1957 II, S. 1014.

631 *Kingreen*, in: Calliess/Ruffert, EUV/EGV, Art. 6 EUV Rdnr. 16; *Pernice/Mayer*, in: Grabitz/Hilf, EUV/EGV, nach Art. 6 EUV Rdnr. 8 ff.; *Hilf*, EuR 1991, 19 ff.; Pescatore, EuR 1979, 1 (3). Vgl. auch *Kingreen/Störmer*, EuR 1998, S. 263 ff.; *Bitterlich*, in: Lenz/Borchardt, EU- und EG-Vertrag, Art. 6 EUV Rdnr. 4; *Schilling*, EuGRZ 2000, S. 3 ff.; *Schweitzer/Hummer*, Europarecht, Rdnr. 787 ff.

632 Art. 7, 40, 48, 52, 60, 119 EWGV. *Pernice/Mayer*, in: Grabitz/Hilf, EUV/EGV, nach Art. 6 EUV Rdnr. 8 m.w.N.

633 Vgl. dazu *Chwolik-Langfermann*, Die Grundrechte im Recht der Europäischen Gemeinschaften, S. 76; *Pernice/Mayer*, in: Grabitz/Hilf, EUV/EGV, nach Art. 6 EUV Rdnr. 10, 134; *Pescatore*, EuGRZ 1978, 441; *Streinz*, Europarecht, Rdnr. 793; *Schweitzer/Hummer*, Europarecht, Rdnr. 788.

634 *Walter*, in: Ehlers, Europäische Grundrechte und Grundfreiheiten, § 1 Rdnr. 35. Der Begriff „Grundfreiheiten“ wird zwar in den Verträgen nicht ausdrücklich erwähnt, er wird aber seit Beginn der achtziger Jahre vom *EuGH* verwendet, vgl. *EuGH*, „Casati“, Slg. 81, S. 2595, 2613, Rdnr. 8. In der Literatur war er schon früher üblich, vgl. *von Boeckh/von der Groeben*, EWG-Vertrag, S. 506; *Pfeil*, Historische Vorbilder, S. 6; *Runge*, JuS 1964, 305 (307).

635 *Bieber/Epiney/Haag*, Europäische Union, § 2 Rdnr. 8; *Kingreen*, in: Calliess/Ruffert, EUV/EGV, Art. 6 EUV Rdnr. 78 ff.; *Gebauer*, Die Grundfreiheiten des EG-Vertrages,

es sich bei Grundrechten klassischerweise um Abwehrrechte des Bürgers gegenüber allen Trägern hoheitlicher Gewalt handelt, haben die Grundfreiheiten einzig den Charakter von gegen die Mitgliedsstaaten gerichteten Verboten der Einschränkung des freien grenzüberschreitenden Wirtschaftens.[636] Zwar wurden bereits im Rahmen der traditionellen Regelungsmaterien auch Lebensbereiche erfasst, die über die Wirtschaftskooperation hinausgreifen.[637] Es fehlt aber nach wie vor an unmittelbaren Abwehrrechten des Bürgers gegenüber der staatlichen Hoheitsgewalt im Hinblick auf diese Regelungsmaterien. Die diesbezügliche Zurückhaltung der Gründungsverträge lässt sich damit erklären, dass durch die Verträge ursprünglich nur ein Wirtschaftsverbund angestrebt wurde, der nur eine beschränkte Wahrnehmung von Hoheitsgewalt erwarten ließ.

Einen Fortschritt brachte die Einheitliche Europäische Akte aus dem Jahr 1987, wurde darin doch zumindest in der Präambel auf den Schutz der Grundrechte, so wie sie sich aus den Verfassungen der Mitgliedsstaaten, der Europäischen Menschenrechtskonvention sowie der Europäischen Sozialcharta ergeben, Bezug genommen.[638] Damit wird das Spektrum des potentiellen Grundrechtsschutzes erweitert, weil die Europäische Sozialcharta nicht, wie die Gründungsverträge, dafür konzipiert ist, wirtschaftsbezogene Rechte des Bürgers im Binnenmarkt zu sichern, sondern Freiheit, Gleichheit und soziale Gerechtigkeit losgelöst von einer wirtschaftlichen Betätigung zu schützen.[639]

bb) Die Entwicklung eines Grundrechtsschutzes durch den *EuGH*

Die Ausführungszuständigkeit der Mitgliedsstaaten bedingt, dass Grundrechtsfragen anlässlich gemeinschaftsrechtlicher Regelungen in erster Linie durch die nationale Gerichtsbarkeit zu klären sind, die grundsätzlich an den Anwendungs-

---

S. 286 ff. m.w.N.; *Giegerich*, ZaöRV 50 (1990), 836 (855); *Pernice/Mayer*, in: Grabitz/Hilf, EUV/EGV, nach Art. 6 EUV Rdnr. 10; *Beutler*, in: von der Groeben/Schwarze, EUV/EGV, Art. 6 EUV Rdnr. 42; *Jarass*, EU-Grundrechte, § 2 Rdnr. 9 f.; *Oppermann*, Europarecht, § 19 Rdnr. 2; *Rengeling/Szczekalla*, Grundrechte, Rdnr. 142 ff.; *Schwarze*, ZfV 1993, 1 (2 Sp. 1); *Streinz*, Europarecht, Rdnr. 812.

636 *Hobe*, Europarecht, Rdnr. 239. Vgl. auch *Gumbel*, Grundrechte im EG-Kartellverfahren, S. 32; *Kingreen*, JuS 2000, 857 ff.

637 *Losch/Radau*, ZRP 2000, 84.

638 Die Präambel der Einheitlichen Europäischen Akte lautet insoweit: *„ENTSCHLOSSEN, gemeinsam für die Demokratie einzutreten, wobei sie sich auf die in den Verfassungen und Gesetzen der Mitgliedsstaaten, in der Europäischen Konvention zum Schutze der Menschenrechte und Grundfreiheiten und der Europäischen Sozialcharta anerkannten Grundrechte, insbesondere Freiheit, Gleichheit und soziale Gerechtigkeit, stützen ...“*

639 *Gumbel*, Grundrechte im EG-Kartellverfahren, S. 37; *Knecht*, Die Charta der Grundrechte, S. 41.

vorrang des Gemeinschaftsrechts gebunden ist. Je weiter das Gemeinschaftsrecht aber ausgeweitet wurde, desto häufiger wurde der *EuGH* mit dem Problem befasst, ob der Vorrang des Gemeinschaftsrechts vor dem nationalen Recht überhaupt Bestand haben kann. Daraufhin begann der *EuGH*, weil er sich nicht länger mit dem Verweis auf die Rechtsprechung der Mitgliedsstaaten begnügen wollte, einen eigenständigen Grundrechtsschutz zu entwickeln.[640] Zunächst wurde nur zögerlich mit der Entscheidung *„Stauder"*[641] aus dem Jahre 1969, dann aber immer deutlicher mit den Entscheidungen *„Internationale Handelsgesellschaft"*[642], *„Nold"*[643] und *„Hauer"*[644] die Geltung der Grundrechte als allgemeine Grundsätze im Gemeinschaftsrecht fest verankert.[645] Der *EuGH* hat dabei die Bindungswirkung der Gemeinschaftsgrundrechte nicht nur auf die Hoheitsgewalt der EG selbst bezogen, sondern auch auf ihre Mitgliedsstaaten, soweit sie im Anwendungsbereich des Gemeinschaftsrechts handeln.[646] Damit ist das gesamte EG-Sekundärrecht, die Regelungen des Völkerrechts (eingeschränkt auf die Fälle der unmittelbaren Anwendbarkeit der betreffenden Regelungen) sowie das mitgliedsstaatliche Umsetzungs- und Ausführungsrecht zu gemeinschaftsrechtlichen Bestimmungen am Maßstab der Gemeinschaftsgrundrechte zu messen.[647]

Die Legitimation, den Grundrechtsschutz der Gemeinschaftsbürger auf dem Wege der Rechtsprechung zu sichern, leitet der *EuGH* aus Art. 220 (Art. 164

---

640 Vgl. *Kingreen*, EuGRZ 2004, 570; *Losch/Radau*, ZRP 2000, S. 84. Vgl. zum Schutz der Grundrechte durch den *EuGH* jüngst *Schwarze*, NJW 2005, 3459 ff.

641 *EuGH*, Slg. 1969, 419 (425) – Stauder.

642 *EuGH*, Slg. 1970, 1125 (1135).

643 *EuGH*, Slg. 1974, 491 (507 f.) – Nold. In diesem Verfahren hat der EuGH anerkannt, dass die von den Mitgliedsstaaten abgeschlossenen völkerrechtlichen Verträge über den Schutz der Menschenrechte „Hinweise geben (können), die im Rahmen des Gemeinschaftsrechts zu berücksichtigen sind." Diese zunächst recht zurückhaltende Formulierung bekräftigte der EuGH später, indem er die „besondere Bedeutung" der EMRK gegenüber anderen völkerrechtlichen Verträgen mehrfach hervorgehoben hat. Gleichwohl hat es der EuGH bisweilen trotz verschiedener Ansätze in der Literatur abgelehnt, eine förmliche Bindung der Gemeinschaftsrechtsordnung an die EMRK anzunehmen, sondern sie statt als Rechtsquelle nur als Rechtserkenntnisquelle genutzt, vgl. *Walter*, in: Ehlers, Europäische Grundrechte und Grundfreiheiten, § 1 Rdnr.25 f. m.w.N.

644 *EuGH*, Slg. 1979, 3727 (3744 ff.) – Hauer.

645 *Knecht*, Die Charta der Grundrechte, S. 44 ff.; *Ritgen*, ZRP 2000, 371.

646 *EuGH*, Slg. 1989, 2609 Rdnr. 19 ff.; Slg. 1991, I-2925 Rdnr 41 ff..;

647 *Kingreen*, in: Calliess/Ruffert, EUV/EGV, Art. 6 EUV Rdnr. 57 ff.; *Hilf/Schorkopf*, in: Grabitz/Hilf, EUV/EGV, Art. 6 EUV, Rdnr. 58 ff.; *Beutler*, in: Groeben/Schwarze, EUV/EGV, Art. 6 EUV Rdnr. 58; *Ruffert*, EuGRZ 1995, 518 (527 ff.). *Pechstein*, in: Streinz, EUV/EGV, Art. 6 EUV Rdnr. 9. Vgl. zum durch den *EuGH* entwickelten Grundrechtsschutz auch *Müller-Graff*, Integration 2000, 34 (39).

a.F.) EG ab, wonach ihm die *„Wahrung des Rechts bei der Auslegung und Anwendung dieses Vertrages"* obliegt. Ausgangspunkt hierfür sei die Anerkennung allgemeiner Rechtsgrundsätze in der Gemeinschaftsordnung, die durch das Gemeinschaftsrecht selbst zwar nicht ausdrücklich, aber doch impliziert garantiert seien.[648] Ergänzend und durch wertende Rechtsvergleichung[649] hat der *EuGH* schon im Urteil *Hauer* auf die gemeinsamen Verfassungsüberlieferungen der Mitgliedsstaaten zurückgegriffen, *„soweit sie sich in die Struktur und Ziele der Gemeinschaft einfügen."* Schließlich hat der *EuGH* zunehmend neben den gemeinsamen Verfassungsüberlieferungen der Mitgliedsstaaten auf internationale Verträge über den Schutz der Menschenrechte zurückgegriffen. Dazu zählen der IPBPR, der Pakt über wirtschaftliche, soziale und kulturelle Rechte sowie die EMRK, welche die gemeinsamen Verfassungsüberlieferungen der Mitgliedsstaaten zunehmend verdrängt haben.[650] Maßgebliche Bedeutung hat der *EuGH* im Rahmen seiner Rechtsprechung schon früh der EMRK beigemessen, bei welcher ihm schon der Verweis auf die dortige Verankerung eines Rechts, dessen *„Wahrung (er) zu sichern hat"*, ausreicht. Später hat er die Bestimmungen der EMRK sogar (quasi) unmittelbar angewendet.[651] Damit hatte der *EuGH* einen Rechtszustand geschaffen, der zwar effizient, nicht aber transparent war.[652]

cc) Initiativen für einen Grundrechtsschutz außerhalb der Rechtsprechung des *EuGH*

Auch außerhalb der Rechtsprechung des *EuGH* fehlte es nicht an Initiativen und Entwürfen für einen Grundrechte-Katalog. Die Idee eines eigenen Grundrechte-Kataloges für den europäischen Integrationsverbund geht bis in die letzten drei Jahrzehnte zurück.[653] Schon in seinem *Solange I*-Beschluss vom 29. Mai 1974 hat das *BVerfG* zur Schaffung eines *„formulierten Katalog(es) von Grundrechten"* ermutigt.[654] Vorläufer für eine Grundrechte-Charta sind die – wenn auch

648 Die ergänzende Rechtsvergleichung stellte insbesondere darauf ab, die Eignung und Bedeutung dieser Grundsätze für die sich entwickelnde Gemeinschaftsrechtsordnungen darzulegen, *Lecheler*, Einführung in das Europarecht, S. 120 m.w.N.

649 *Rodriguez Iglesias*, NJW 1999, 1 (6 ff.).

650 *Lecheler*, Einführung in das Europarecht, S. 120.

651 Vgl. *Pernice*, NJW 1990, 2409 (2414).

652 *Lenz*, NJW 1997, 3289.

653 *Schmitz*, JZ 2001, 833 m.w.N.

654 *BVerfGE* 37, 271 (285). In seinem Solange II-Beschluss stellt das Bundesverfassungsrecht nur noch auf einen „wirksamen Schutz der Grundrechte" ab, „der dem vom Grundgesetz als unabdingbar gebotenen Grundrechtsschutz im wesentlichen gleichzuachten ist," *BVerfGE* 73, 339 (387).

rechtlich unverbindliche[655] – Gemeinsame Grundrechtserklärung des Europäischen Parlaments, des Rates und der Kommission vom 5. April 1977,[656] die Erklärung der Grundrechte und Grundfreiheiten des Europäischen Parlaments vom 12. April 1989[657] und der ihr ähnelnde Entwurf zu einer Grundrechtsdeklaration des Europäischen Parlaments als Teil der Entschließung des Europäischen Parlaments vom 10. Februar 1994 über *„das Projekt einer Europäischen Verfassung"* (Titel VIII).[658]

b) Verankerung von Gemeinschaftsgrundrechten in den Verträgen von Maastricht und Amsterdam

Der Vertrag von Maastricht vom 7. Februar 1992[659] gestand in Art. F II EUV erstmalig einen vertraglich gesicherten Grundrechtsschutz zu, dessen Durchsetzung wurde aber durch Art. L EUV wieder in Frage gestellt; damit kam im Ergebnis dieser Regelung nur der Charakter einer Absichtserklärung zu.[660]

Erst mit dem Vertrag von Amsterdam vom 2. Oktober 1997[661] wurde ein weitergehender Standard des Grundrechtsschutzes erreicht, da über Art. 46 d EU die verfahrensrechtliche Durchsetzbarkeit des Grundrechtsschutzes gewährleistet wurde. Der Grundrechtsschutz war damit im Gemeinschaftsrecht gesetzlich fixiert, ohne aber eine differenzierte Ausgestaltung erfahren zu haben.[662]

---

655 Vgl. *Zimmermann*, Die Charta der Grundrechte, S. 10.

656 ABl. 1977 C 103, S. 1. Sie knüpfte an die sich seit 1969 verdeutlichende Grundrechte-Rechtsprechung des EuGH (Fall *Stauder*) an und bezog sich auf die gemeinsamen Verfassungsüberlieferungen der Mitgliedsstaaten und die EMRK, die im Wesentlichen bis heute die Grundpfeiler des durch den EuGH geprägten Grundrechtsschutz bilden. Ihre Wirkung ging aber nicht über rechtliche Selbstbindung hinaus, *Schweitzer/Hummer, Europarecht, Rdnr. 807; Weber*, NJW 2000, 537 m.w.N. Vgl. auch *Hilf*, EuGRZ 1977, S. 158 ff.

657 ABl. 1989 C 120, S. 51.

658 ABl. 1994 C 61, S. 155, vgl. *Weber*, NJW 2000, 537 m.w.N.

659 BGBl. 1992 II, S. 1253 ff.

660 *Hilf/Schorkopf*, in: Grabitz/Hilf, EUV/EGV, Art. 6 EUV Rdnr. 41; *Knecht*, Die Charta der Grundrechte, S. 41; *Quasdorf*, Dogmatik der Grundrechte in der Europäischen Union, S. 34 ff.

661 BGBl. 1998 II, S. 386 ff.

662 Vgl. dazu auch *Kingreen*, in: Calliess/Ruffert, EUV/EGV, Art. 6 EU(V), Rdnr. 16 ff.; *Hilf/Schorkopf*, in: Grabitz/Hilf, EUV/EGV, Art. 6 EUV Rdnr. 42; *Beutler*, in: von der Groeben/Schwarze, EUV/EGV, Art. 6 EU Rdnr. 18 ff.; *Kübler*, Die Säulen der Union, S. 140

In materiellrechtlicher Hinsicht verpflichtet Art. 6 Abs. 2 EU die Union, die Grundrechte zu achten,

> *„wie sie in der am 4. November 1950 in Rom unterzeichneten Europäischen Konvention zum Schutze der Menschenrechte und Grundfreiheiten gewährleistet sind und wie sie sich aus den gemeinsamen Verfassungsüberlieferungen der Mitgliedsstaaten als allgemeine Grundsätze des Gemeinschaftsrechts ergeben."*

Letztlich fixiert Art. 6 Abs. 2 EU nur die ständige Rechtsprechungspraxis des *EuGH*. Er griff die von diesem verwendete Formel auf, mit deren Hilfe er die Grundrechte des Gemeinschaftsrechts richterlich als allgemeine Rechtsgrundsätze entfaltet hatte.[663] Die Vorschrift erschöpft sich indes nicht in der bloßen Anerkennung der Rechtsprechung des *EuGH*. Der eigenständige Rechtsgehalt bedeutet vielmehr erstens die Verpflichtung der Unionsstaaten zur Achtung des inhaltlich durch diese Norm umrissenen Grundrechtsschutzes auch für ihre Handlungen in den nicht (vollständig) vergemeinschafteten Bereichen GASP[664] und PJZS[665]. Zweitens weist die Norm einen eigenständigen Rechtsgehalt insofern auf, als dadurch eine einseitige, völkerrechtlich verbindliche Selbstverpflichtung der Union zur Achtung der EMRK aufgestellt wird.[666]

Wegen des bis dahin fehlenden verbindlichen Grundrechtskatalogs war diese Entwicklung der einzige Ausweg, um den Vorbehalten verschiedener mitgliedsstaatlicher Verfassungsgerichte gegenüber grundrechtsbeschränkenden EG-Maßnahmen zu begegnen. Anderenfalls hätten die nationalen Gerichte die Kontrolle dieser Rechtsakte am Maßstab der nationalen Grundrechtsbestimmungen in ganz anderem Ausmaße an sich gezogen, als dies in den recht abstrakten und bislang praktisch nicht relevant gewordenen Reservekompetenzvorbehalten bisher geschehen ist.[667]

---

663 *Pechstein*, in: Streinz, EUV/EGV, Art. 6 EUV Rdnr. 8 m.w.N. Damit ist der EuGH den Vorbehalten verschiedener Mitgliedsstaaten entgegengetreten, die den fehlenden Grundrechtekatalog bis dahin moniert hatten.

664 Gemeinsame Außen- und Sicherheitspolitik.

665 Polizeiliche und justizielle Zusammenarbeit in Strafsachen.

666 Vgl. hierzu *Pechstein*, in: Streinz, EUV/EGV, Art. 6 EUV Rdnr. 10, 11.

667 *Pechstein*, in: Streinz, EUV/EGV, Art. 6 EUV Rdnr. 8 m.w.N.

c) Die Grundrechte-Charta

aa) Die Entstehung der Grundrechte-Charta

Die Grundrechte-Charta geht auf das Mandat des Europäischen Rates von Köln vom 3./4. Juni 1999 zurück.[668] Dort beschlossen die EU-Staats- und Regierungschefs, dass ein Gremium unter starker Beteiligung der Parlamente bis zum Ende des Jahres 2000 eine Charta der Europäischen Grundrechte ausarbeiten sollte. Der Europäische Rat vertrat die Auffassung, dass im gegenwärtigen Entwicklungsstand der Europäischen Union die auf der Ebene der Union geltenden grundlegenden Rechte in einer Charta zusammengefasst und dadurch „sichtbarer"[669] gemacht werden sollten.[670] Die Grundrechte zu wahren, gelte als Gründungsprinzip der Europäischen Union und als unerlässliche Voraussetzung für ihre Legitimität.[671] Ziel der zu schaffenden Grundrechte-Charta sollte es sein, die Freiheits-, Gleichheits- und Verfahrensrechte, wie sie sich aus der EMRK und den gemeinsamen Verfassungsüberlieferungen der Mitgliedstaaten ergaben, sowie die besonderen Rechte der Unionsbürger zu gewährleisten. Darüber hinaus sollten die wirtschaftlichen und sozialen Rechte berücksichtigt werden, wie sie in der Europäischen Sozialcharta von 1961 und in der Gemeinschaftscharta der sozialen Grundrechte der Arbeitnehmer von 1989 enthalten sind, *„soweit sie nicht nur die Ziele für das Handeln der Union begründen."*[672]

Zur Ausarbeitung wurde durch den Europäischen Rat von Tampere vom 15./16. Oktober 1999 ein Gremium, das sich die Bezeichnung Konvent zusprach,[673] aus 15 Beauftragten der Staats- und Regierungschefs und dem Präsidenten der Europäischen Kommission, 16 Mitgliedern des Europäischen Parlaments, 30 Mitgliedern der nationalen Parlamente sowie einem Beauftragten des Kommissi-

---

668 Schlussfolgerungen des Vorsitzes, Europäischer Rat in Köln 23./24. Juni 1999, SN 150/99 Anhänge CAB), D 18 Punkte 44 und 45, abgedruckt in: Vertretung der Europäischen Kommission Deutschland (Hrsg.), EU-Nachrichten Nr. 2 vom 7.6.1999, S. 39.

669 Siehe Präambel der Charta, Erwägungsgrund 4.

670 *Streinz/Ohler/Herrmann*, Die neue Verfassung für Europa, S. 81. Vgl. hierzu auch *Tettinger*, in: FAZ vom 26.8.2000 zum Thema: „Mehr als eine fleißige Sammlung zum Schutz vor Eurokraten?"; *Beutler*, in: von der Groeben/Schwarze, EUV/EGV, Art. 6 EU Rdnr. 103.

671 *Schmuck*, Integration 2000, 48.

672 Vgl. *Schmitz*, JZ 2001, 833. Nicht einbezogen wurde die Erklärung des Europäischen Parlaments über Grundrechte und Grundfreiheiten vom 12.4.1989, deren Formulierungen aber inhaltlich bei der Ausarbeitung der Charta berücksichtigt wurden.

673 Vgl. zur Zusammensetzung des Konvents *Engels*, Eurokolleg 45 (2001), 1 (7). Vgl. auch *Barriga*, Entstehung der Charta der Grundrechte, S. 20 ff.; *Knecht*, Die Charta der Grundrechte, S. 73 ff.; *Schmuck*, Integration 2000, 48 (53); *Stock*, EuR 2002, S. 566 ff. Zur Kritik an seiner Zusammensetzung durch die Länder vgl. *Knöll*, NJW 2000, 1845 (1846).

onspräsidenten bestimmt.[674] Unter dem Vorsitz von Bundespräsident *Roman Herzog* bemühte sich das Gremium bei der Ausarbeitung um höchstmögliche Transparenz für die Öffentlichkeit, indem es die Stellungnahmen des Wirtschafts- und Sozialausschusses, des Ausschusses der Regionen, des Europäischen Bürgerbeauftragten, der Vertreter der EU-Beitrittskandidaten sowie der zahlreichen gesellschaftlichen Institutionen und Interessenverbände sowie weitere wichtige Arbeitsunterlagen im Internet veröffentlichte.[675]

Am 2. Oktober 2000 lag schließlich ein Entwurf der Charta vor, welcher durch den Europäischen Rat in Biarritz am 13. und 14. Oktober 2000, das Europäische Parlament am 14. November 2000 und die Kommission am 6. Dezember 2000 gebilligt wurde. Anlässlich der Sitzung des Europäischen Rates in Nizza am 7. Dezember 2000 verkündeten die drei europäischen Verfassungsorgane, Europäischer Rat, Europäisches Parlament und Europäische Kommission, feierlich den vom Konvent erarbeiteten Text als Charta der Grundrechte der Europäischen Union.[676] Einige Tage später wurde die Charta im Teil C des Amtsblatts der Europäischen Gemeinschaft veröffentlicht.[677]

bb) Die Einbettung der Grundrechte-Charta in eine zukünftige Europäische Verfassung

Gemäß der Erklärung (Nr. 23) zur Zukunft der Union zum Vertrag von Nizza[678] sollte im sogenannten Post-Nizza-Prozess u.a. der Status der in Nizza verkündeten Grundrechte-Charta gemäß den Schlussfolgerungen des Europäischen Rates von Köln behandelt werden. Daraufhin wurde durch den Europäischen Rat von Laeken vom 14./15. Dezember 2001 in einer Erklärung zur Zukunft der Union ein Konvent zur Zukunft Europas unter Leitung des ehemaligen französischen Staatspräsidenten *Giscard d'Estaing* einberufen, welcher zur Vorbereitung der für 2004 vorgesehenen Regierungskonferenz zur Reform der Verträge ein „Abschlussprotokoll" erstellen sollte.[679]

---

674 *Streinz*, in: Streinz, EUV/EGV, Vorb. GR-Charta Rdnr. 1.

675 Vgl. *Schmitz*, JZ 2001, 833 (834) m.w.N.; *Streinz*, in: Streinz, EUV/EGV, Vorb. GR-Charta Rdnr. 2. Insgesamt muss die Einbeziehung der Öffentlichkeit aber wohl als unzureichend bezeichnet werden. So fand am 27. April 2000 in Brüssel eine Anhörung statt, bei der 70 europäische Nichtregierungsorganisationen im Fünf-Minuten-Takt vor einem Gremium zu Wort kamen, dessen Vertreter nur zu etwa einem Drittel anwesend waren, vgl. *Häfner/Strawe/Zulegg*, ZRP 2000, 365.

676 *Streinz*, in: Streinz, EUV/EGV, Vorb. GR-Charta Rdnr. 3 m.w.N.

677 ABl. 2000 C 364, S. 1.

678 ABl. 2001 C 80/85.

679 Schlussfolgerungen des Vorsitzes, Anlage 1, BullEU 12-2001; EU-Nachrichten Dokumentation Nr. 3/2001, S. 16 (24 f.); vgl. hierzu auch *Epping*, JZ 2003, 821 (822 f.).

Die Einbindung der Grundrechte-Charta in den weiteren Kontext der Reform der Verträge als solche entsprach der damaligen Diskussion, nach welcher das Anliegen der Ausarbeitung einer Grundrechte-Charta schon von Anfang an mit einem Verfassungsprozess für die Union in Zusammenhang gebracht wurde.[680]

Der vom Verfassungskonvent ausgearbeitete Entwurf eines Vertrages über eine Europäische Verfassung wurde dem Europäischen Rat in Thessaloniki am 20. Juni 2003 vorgelegt, von diesem „begrüßt" und als Ausgangsbasis für den Beginn der Regierungskonferenz gem. Art. 48 EU akzeptiert.[681] Der endgültige Wortlaut, der in Art. I-7 Abs. 1 des Entwurfs eines Vertrages über eine Europäische Verfassung vorsieht, dass die *„Union die Rechte, Freiheiten und Grundsätze"* anerkennt, *„die in der Charta der Grundrechte als dem Teil II der Verfassung enthalten sind,"* konnte der Vorsitz dem Europäischen Rates am 18. Juli 2003 in Rom übergeben werden.[682]

Darüber hinaus eröffnet Art. I-7 Abs. 2 des Entwurfs eines Vertrages über eine Europäische Verfassung den bislang nicht von den Kompetenzen der EG gedeckten Beitritt der Union zur EMRK, der die in der „Verfassung" festgelegten Zuständigkeiten der Union aber nicht ändern soll. Art. I-7 Abs. 3 des Entwurfs eines Vertrages über eine Europäische Verfassung legt ferner fest, dass die Grundrechte, wie sie in der EMRK gewährleistet sind und wie sie sich aus den gemeinsamen Verfassungsüberlieferungen der Mitgliedstaaten ergeben, auch weiterhin zu den allgemeinen Grundsätzen des Unionsrechts gehören. Damit bleiben sie neben der insoweit die Grundrechte nicht erschöpfenden Grundrechte-Charta bestehen.[683]

Der Vertrag über die Europäische Verfassung wurde am 29. Oktober 2004 an historischer Stelle in Rom[684] feierlich durch die Staats- und Regierungschefs der (nunmehr) 25 Mitgliedsstaaten unterzeichnet. Gültigkeit wird der Vertrag jedoch

---

680 Vgl. *Däubler-Gmelin*, EuZW 2000, 1.; *Di Fabio*, JZ 2000, 737 ff.; *Pernice*, DVBl. 2000, 847 ff.; *Zulegg*, EuGRZ 2000, 511 (515).

681 Europäischer Rat (Thessaloniki) 19./20.6.2003, Schlussfolgerungen des Vorsitzes, EU-Nachrichten Dokumentation Nr. 2/2003, S. 3 Nr. 2 und 5.

682 *Streinz*, in: Streinz, EUV/EGV, Vorb. GR-Charta Rdnr. 13.

683 *Streinz*, in: Streinz, EUV/EGV, Vorb. GR-Charta Rdnr. 14.

684 Der Festakt fand im Saal der Horatier und Curatier auf dem Kapitol statt. An diesem Ort haben 1957 schon die sechs ersten Mitgliedsstaaten – Belgien, Deutschland, Frankreich, Italien, Luxemburg und die Niederlande – den Vertrag zur Gründung der Europäischen Wirtschaftsgemeinschaft (EWG) unterzeichnet.

erst ein Jahr nach der – zwischenzeitlich unsicheren – Ratifikation durch alle Mitgliedsstaaten erlangen.[685]

cc) Anwendungsbereich

Der Anwendungsbereich der Grundrechte-Charta lässt sich nach der Erläuterung des Präsidiums aus Art. 51 EU-Grundrechte-Charta entnehmen. Dieser beschreibt mit dem „Anwendungsbereich" der Charta in erster Linie den Adressatenkreis, also den Kreis der Verpflichteten.[686]

Hauptziel ist die Abgrenzung gegenüber Kompetenzen, die den Mitgliedsstaaten verbleiben sollen, und damit einhergehend die entsprechende Limitierung der Reichweite des Unionsrechts. Verzichtet wurde dagegen darauf, hinsichtlich des Kreises der Berechtigten, insbesondere der Berechtigung juristischer Personen, eine allgemeine Vorschrift (wie z.B. Art. 19 Abs. 3 GG) aufzunehmen. Die Berechtigten werden vielmehr teilweise in den einzelnen Vorschriften genannt.[687] Verpflichtungsadressaten sind einerseits die Organe[688] und Einrichtungen der Union.[689] Andererseits richtet sich die Vorschrift an die Mitgliedstaaten,[690] die unstrittig bei der „Durchführung"[691] von Gemeinschaftsrecht an die Gemeinschaftsgrundrechte gebunden sind. Die nationalen Gesetzgeber, Behörden und Gerichte sind also dann nicht an die Gemeinschaftsgrundrechte gebunden, wenn sie rein nationales Recht erlassen oder anwenden.[692]

---

685 Die Ratifikation richtet sich nach den jeweiligen nationalen Verfassungen (Volksabstimmung, Annahme durch das Parlament). Ursprünglich ging man von einer Dauer von zwei Jahren aus. Mitte des Jahres 2005 wandten sich jedoch die französische und die niederländische Bevölkerung in Referenden jeweils gegen die Ratifizierung des Verfassungsentwurfes. Derzeit gelten daher weiterhin der EU-Vertrag und der EG-Vertrag in der Fassung des Vertrages von Nizza. Vgl. *Wuermeling*, ZRP 2005, 149 ff.

686 Insbesondere versuchte man, gerade grundrechtssensible Bereiche der 2. und 3. Säule wie die innere Sicherheit der Geltung der Charta zu unterwerfen. Der Konvent hatte zum Ziel, die Europäische Union in allen ihren Verästelungen und mit sämtlichen Tätigkeitsfeldern einer möglichst umfassenden und weitgehenden Grundrechtsbindung zu unterwerfen und sog. „secteurs exclus" zu vermeiden. Vgl. *Borowsky*, in: Meyer, Charta der Grundrechte, Art. 51 Rdnr. 16.

687 *Streinz*, in: Streinz, EUV/EGV, Art. 51 GR-Charta Rdnr. 1.

688 Vgl. Art. 7 EG.

689 *Beutler*, in: von der Groeben/Schwarze, EUV/EGV, Art. 6 EU Rdnr. 115.

690 Die Frage der Anwendbarkeit der Charta auf die Mitgliedstaaten war eine der umstrittensten Fragen im Konvent, vgl. hierzu *Philippi*, Die Charta der Grundrechte, S. 36 ff.

691 Zum Begriff „Durchführung" *Calliess*, in: Ehlers, Europäische Grundrechte und Grundfreiheiten, § 19 Rdnr. 26.

692 *Hirsch*, in: Schwarze, Verfassungsentwurf, S. 111 (116).

Nach ständiger Rechtsprechung des *EuGH* binden die Gemeinschaftsgrundrechte die Mitgliedstaaten aber auch bei Beschränkungsmaßnahmen, die sie im Rahmen ihrer autonomen Gesetzgebung über die im EG vorgesehenen[693] oder vom *EuGH* als „immanente Schranken" entwickelten Tatbestände gegenüber den Grundfreiheiten setzen, da sie auch hier „im Anwendungsbereich" des Gemeinschaftsrechts handeln.[694]
Grundrechtsberechtigt sind grundsätzlich alle Menschen, d.h. natürliche Personen, unabhängig von ihrer jeweiligen Nationalität. Nur ganz bestimmte Rechte sind lediglich Unionsbürgern vorbehalten. Für juristische Personen gibt es keine eigene Anwendungsbestimmung.[695] Jedenfalls gilt wegen der Transformationsnorm des Art. 53 EU-Grundrechte-Charta, dass sie insoweit geschützt sind, als sie dies schon bislang durch die EMRK in der Auslegung des EGMR und durch das Recht der Union waren. Im Übrigen soll es letztlich wie bei Art. 19 Abs. 3 GG darauf ankommen, ob das jeweilige Grundrecht „seinem Wesen nach" auf juristische Personen anwendbar ist.[696]

dd) Normativer Gehalt der Charta

Anlässlich der Proklamation der Charta am 7. Dezember 2003 zu Beginn des Gipfels in Nizza stellte sich die Frage, welche rechtliche Bedeutung dieser Proklamation beizumessen ist.
Teilweise wird in der Grundrechte-Charta lediglich eine interinstitutionelle Vereinbarung gesehen.[697] Bei der Proklamation der Charta wollte jedes Organ seine Erklärung im Hinblick auf die parallel abgegebenen Erklärungen der anderen Organe verstanden wissen,[698] so dass man die Charta als eine Art Interorganvereinbarung zwischen dem Parlament, der Kommission und in eingeschränktem Maße auch dem Rat ansehen kann.[699] Dies kann die Wirkung des Grundrechtsschutzes für Individuen erfassen, da der *EuGH* eine Berufung Dritter auf solche Vereinbarungen mit der Begründung ablehnt, es fehle ihnen am normativen

---

693 Art. 30, 39 Abs. 3, 46, 58 EG.

694 *Streinz*, in: Streinz, EUV/EGV, Art. 51 GR-Charta Rdnr. 9 m.w.N. Die Erläuterung des Präsidiums bestimmt „*was die Mitgliedsstaaten betrifft, so ist der Rechtsprechung des Gerichtshofs eindeutig zu entnehmen, dass die Verpflichtung zur Einhaltung der im Rahmen der Union definierten Grundrechte für die Mitgliedstaaten nur dann gilt, wenn sie im Rahmen des Gemeinschaftsrechts handeln (Urteil vom 13. Juli 1989, Wachauf, Rs 5/88, Slg. 1989, S. 2609, Urteil vom 18. Juni 1991, ERT, Slg. 1991, I-2925).*" Vgl. auch *Müller-Graff*, Integration 2000, 34 (41).

695 *Beutler*, in: von der Groeben/Schwarze, EUV/EGV, Art. 6 EU Rdnr. 118.

696 *Streinz*, in: Streinz, EUV/EGV, Art. 51 GR-Charta Rdnr. 12 m.w.N.

697 *Braibant,* Charte, S. 57 ; *Hummer,* Der Status der EU-Grundrechtecharta, S. 56.

698 *Hilf*, in: Duschanek/Griller, Grundrechte für Europa, S. 20.

699 *Bühler*, Einschränkung von Grundrechten, S. 212 f. m.w.N.; *Iber*, ZeuS 2002, 483 (487). Vgl. auch *Hummer,* Der Status der EU-Grundrechtecharta, S. 57.

Charakter.[700] Für eine eingeschränkte Bedeutung der Grundrechte-Charta könnte ferner die Tatsache sprechen, dass zunächst sowohl das Europäische Parlament als auch die Kommission, der Wirtschafts- und Sozialausschuss, der Ausschuss der Regionen, die meisten Mitglieder des Grundrechtekonvents und eine breite politische und wissenschaftliche Öffentlichkeit vergeblich versucht haben, die direkte Aufnahme der Charta in die Gründungsverträge zu erreichen.[701] Dem Bürger wäre dadurch die Berufung auf die Grundrechte verwehrt und die nationalen Gerichte könnten sie nicht im Rahmen eines Vorabentscheidungsverfahrens nach Art. 234 EG vom *EuGH* auslegen lassen.

Unbestritten ist aber gleichwohl, dass die feierliche Proklamation ein politisches Bekenntnis von Kommission, Rat und Parlament darstellt, die Grundrechte, wie sie in der Charta festgeschrieben sind, zu wahren. Da die Charta die Zusammenfassung des bestehenden Grundrechtsschutzes auf Unionsebene darstellen soll, wird dem Bürger der Grundrechtsschutz auf Unionsebene deutlicher und verständlicher gemacht. Die Charta trägt damit zur Transparenz und Berechenbarkeit des Europarechts bei.[702] Ferner wird auch von einer demokratischen Legitimationswirkung der Charta gesprochen, weil Grundrechte gerade als eine Basis der Demokratie angesehen werden.[703]

Auch wenn die Proklamation mithin keine unmittelbare Bindungswirkung entfaltet, so schließt dies dennoch nicht aus, dass die Grundrechte-Charta bereits jetzt mittelbar wirkt. Dieser Eindruck wird insbesondere dadurch verstärkt, dass die Grundrechte-Charta bisher vom Gericht erster Instanz[704] und von den Generalanwälten[705] in mehreren Fällen als stützendes Argument zum Beleg der Tat-

---

700 *EuGH*, Slg. 1996, I-2169 Rdnr. 24 ff.; vgl. dazu *Pernice/Mayer*, in: Grabitz/Hilf, EUV/EGV, nach Art 6 EUV Rdnr. 24.

701 *Schmitz*, JZ 2001, 833 (835).

702 *Iber*, ZEuS 2002, 483 (487) m.w.N.

703 *Iber*, ZEuS 2002, 483 (487).

704 *EuG*, T-54/99, max. mobil Telekommunikationsservice GmbH, Slg. 2002, II-313, Rdnr. 46; T-177/01, Jégo-Quéré, Slg. 2002, II-5137, Rdnr. 42. Zwar hat das *EuG* die fehlende Bindungswirkung der Grundrechte-Charta betont, jedoch erstmals auf die *„Bedeutung der in ihr genannten Rechte in der Gemeinschaftsordnung"* verwiesen, *EuG*, T-377/00, Philip Morris International, Urteil vom 15.1.2003, Rdnr. 122, Vgl. hierzu *Triebel*, JURA 2003, 525 ff.

705 Insbesondere *Tizziano* spricht sich dafür aus, dass für die Generalanwälte die Charta trotz Fehlens der rechtlichen Verbindlichkeit einen Maßstab für die Beurteilung möglicher Grundrechtsverstöße der EU bilden kann: *„Noch bedeutsamer .. erscheint mir jedoch die Tatsache, dass dieser Anspruch nun in der Charta der Grundrechte der EU feierlich proklamiert worden ist, die ... proklamiert wurde, nachdem sie – oft aufgrund eines ausdrücklichen Mandats der nationalen Parlamente – von den Staats- und Regierungschefs*

sache herangezogen wurde, dass der betreffende Rechtssatz zu den Verfassungstraditionen der den Mitgliedsstaaten gemeinsamen allgemeinen rechtsstaatlichen Bekenntnisse gehört.[706] Ebenso haben sich auch bereits die Verfassungsgerichte der einzelnen Mitgliedsstaaten auf die Grundrechte-Charta bezogen, wie z.B. das *BVerfG*,[707] der österreichische Verfassungsgerichtshof[708] und das spanische Verfassungsgericht.[709] Einen weiteren Anknüpfungspunkt in dieser Richtung könnte Art. 6 Abs. 2 EU darstellen, der die Union und damit auch die EG an die Gemeinschaftsgrundrechte bindet und als deren Rechtserkenntnisquelle ebenso auf die genannten gemeinsamen Verfassungsüberlieferungen der Mitgliedstaaten abstellt.[710] Hier ist aber zu beachten, dass die Grundrechte-Charta selbst in Art. 6 Abs. 2 EU gerade nicht genannt wird. Die Ansicht, wonach die Charta originäre Rechtserkenntnisquelle im Sinne von Art. 6 Abs. 2 EU ist,[711] ist nicht haltbar.[712] Zum einen ist der Antrag von neun Mitgliedsstaaten und der Kommission auf Aufnahme der Charta in Art. 6 Abs. 2 EU in Nizza gerade nicht angenommen worden.[713] Zum anderen hätte für eine Einbeziehung der Charta ein ausdrücklicher Verweis auf diese Vorschrift eingefügt werden müssen, welcher die Charta auf eine Stufe mit der EMRK und den gemeinsamen Verfassungsüberlieferungen der Mitgliedstaaten stellt. Anlässlich der erfolgten Vertragsrevision hätte dies zwar nahe gelegen, ist aber wohl bewusst unterblieben, um der zum dama-

---

verabschiedet worden war ... Zwar wurde der Charta ... keine authentische normative Tragweite zuerkannt, d.h. sie ist rein formal ohne eigenständige verbindliche Wirkung ... (Es) bleibt jedoch festzuhalten, dass (die Charta) Feststellungen enthält, mit denen zum großen Teil bereits an anderer Stelle festgelegte Rechte offensichtlich anerkannt werden ... Daher bin ich der Auffassung, dass in einem Rechtsstreit über die Natur und Tragweite eines Grundrechts die entsprechenden Feststellungen in der Charta ... nicht ignoriert werden können ... In diesem Sinn bin ich daher der Auffassung, dass die Charta die qualifizierteste und definitive Bestätigung des Grundrechtscharakters des Anspruchs auf bezahlten Jahresurlaub enthält," zitiert nach *Busse*, EuGRZ 2002, *559 (561).*

706 Vgl. *Busse*, EuGRZ 2002, 559 (561); *Zimmerling*, in: Lenz/Borchardt, EU- und EG- Vertrag, Anh. zu Art. 6 Rdnr. 28 f.; *Stern*, in: Grundrechte-Charta, S. 21 f.; *Streinz*, in: Streinz, EUV/EGV, Vorb. GR-Charta Rdnr. 7 m.w.N.

707 *BVerfGE* 104, 214 (219) (NPD Verbot zu Art. 51 Grundrechte-Charta).

708 *VerfGH* Vorlage gemäß Art. 234 EG vom Dez. 2000.

709 Tribunal Constitucional, TC 292/2000 vom 30.11.2000 (zu Art. 8 GR-Charta). Vgl. *Busse*, EuGRZ 2002, 559 (561).

710 *Beutler*, in: von der Groeben/Schwarze, EUV/EGV, Art. 6 EU Rdnr. 104; *Wuermeling*, ZRP 2005, 149 (152).

711 *Rengeling*, in: FS Maurer, S. 992.

712 So auch *Knecht*, Die Charta der Grundrechte, S. 219 f.; *Schröder*, JZ 2002, 849 (853).

713 *Kaufmann*, in: Kaufmann, Grundrechtecharta, S. 14.

ligen Zeitpunkt aufgeschobenen Frage der rechtlichen Verbindlichkeit nicht vorzugreifen.[714]

Teilweise wird vorgeschlagen, die Beschlüsse der Gemeinschaftsorgane zur Charta als „nachfolgende Praxis“ i.S.v. Art. 31 Abs. 3 lit. b des *Wiener Übereinkommens über das Recht der Verträge* (WVRK) einzustufen.[715] Danach ist für die Auslegung eines Vertrages auch eine spätere Übung bei der Anwendung des Vertrages, aus der die Übereinstimmung der Vertragsparteiein über seine Auslegung hervorgeht, zu berücksichtigen. Maßgeblich ist aber, dass die Gemeinschaftsgrundrechte als Richterrecht nicht für die Auslegung des Vertrages entscheidend sind. Darüber hinaus ist die Einordnung der Charta als „nachfolgende Praxis“ aus dem Grund abzulehnen, dass zwar nach Art. 31 WVRK auf die Praxis der Gemeinschaftsorgane abgestellt werden kann, die Selbstverpflichtung zum einen jedoch nur eingeschränkt ist und zum anderen die Einhaltung der Charta durch die Gemeinschaftsorgane selbst in Zweifel gezogen wird.[716]

Ein weiterer Ansatzpunkt für eine bereits bestehende mittelbare Wirkung der Grundrechte-Charta kann schließlich eine Selbstbindung der Organe durch die gemeinsame feierliche Proklamation der Grundrechte-Charta sein. Diese kommt durch qualifizierte Bezugnahmen auf die Grundrechte-Charta durch die Gemeinschaftsorgane Europäisches Parlament,[717] Kommission und Rat zum Ausdruck und entfaltet damit schon heute eine grundrechtsschützende Vorwirkung.[718] Neben der Rechtserkenntnisquelle der EMRK besteht die bisherige europäische Grundrechtsordnung nach Art. 6 Abs. 2 EU aus den gemeinsamen Verfassungsüberlieferungen der Mitgliedsstaaten als den allgemeinen Grundsätzen des Gemeinschaftsrechts.[719] Danach werden der *EuGH* und der *EuG* in ihrer späteren Rechtsprechung zwangsläufig auf den in der EU-Charta festgelegten grundrechtlichen Konsens aller Mitgliedsstaaten verwiesen.[720]

---

714 *Streinz*, in: Streinz, EUV/EGV, Vorb. GR-Charta Rdnr. 5.

715 So etwa *Streinz*, Europarecht, Rdnr. 758.

716 Vgl. *Bühler*, Einschränkung von Grundrechten, S. 214 m.w.N.

717 Vgl. Art. 58 GeschOEP: [*„Prüfung der Einhaltung der Grundrechte, des Subsidiaritätsprinzips, des Grundsatzes der Verhältnismäßigkeit, der Rechtsstaatlichkeit sowie der finanziellen Auswirkungen“]: „Bei der Prüfung eines Legislativvorschlags achtet das Parlament besonders darauf, ob die Grundrechte und insbesondere die Übereinstimmung der Rechtsvorschriften mit der Charta der Grundrechte der Europäischen Union, das Subsidiaritätsprinzip und der Grundsatz der Verhältnismäßigkeit sowie die Rechtsstaatlichkeit gewahrt sind...“*.

718 *Pernice/Mayer*, in: Grabitz/Hilf, EUV/EGV, nach Art. 6 EUV Rdnr. 24.

719 *Caspar*, RdJB 2001, 165; ähnlich mit Blick auf die künftige Rechtsprechung des *EuGH* *Grabenwarter*, DVBl 2001, 1 (11). Skeptisch zur Bindungswirkung *Magiera*, DÖV 2000, 1017 (1019).

720 *Caspar*, RdJB 2001, 165. Vgl. auch *Barriga*, Die Entstehung der Charta, S. 175.

Nach alledem kann hier jedenfalls festgehalten werden, dass die Grundrechte-Charta bereits durch ihre Proklamation über die politische Wirkung hinaus das Rechtsleben und vor allem die Werteordnung innerhalb der Europäischen Union beeinflusst, indem sie als Hilfsmittel zur inhaltlichen Konkretisierung der gemeinsamen Verfassungsüberlieferungen als Rechtserkenntnisquelle für die allgemeinen Grundsätze im Sinne von Art. 6 Abs. 2 EU fungiert.

ee) Überblick über den systematischen und inhaltlichen Aufbau der Grundrechte-Charta

(1) Der Katalog der Grundrechte in der Gesamtschau

Die Charta enthält die auf Ebene der Union geltenden Grundrechte, die bisher nur als allgemeiner Verweis auf die Europäische Menschenrechtskonvention und auf die gemeinsamen Verfassungsüberlieferungen der Mitgliedstaaten der Europäischen Union im Vertrag genannt werden, vgl. Art. 6 Abs. 2 EU.[721] Mit ihren sechs Titeln (Würde des Menschen, Freiheit, Gleichheit, Solidarität, Bürgerrechte und justizielle Rechte) fasst die Charta die allgemeinen Menschen- und Bürgerrechte und die wirtschaftlichen und sozialen Rechte in einem überstaatlichen Dokument zusammen.

Die Charta beginnt, dem in Europa vorherrschenden Menschenrechtsverständnis entsprechend,[722] mit der Garantie der Menschenwürde, welche zu achten und zu schützen ist, Art. 1 EU-Grundrechte-Charta. Die Menschenwürde wird dem Grundrechtskatalog als das *„Muttergrundrecht"*[723] vorangestellt. Die zentrale Stellung der Menschenwürde entspricht damit ihrer Position in anderen Grundrechtskatalogen und Verfassungen.[724] In ihr zeigen sich zwei entscheidende Funktionen des Grundrechtsschutzes: Der Schutzauftrag an den Staat, den Menschen vor Gefährdungen seiner Würde durch Dritte zu schützen und die Abwehrfunktion gegen staatliches Handeln.[725]

Es folgen u.a. das Recht auf Leben in Art. 2 Abs. 1 EU-Grundrechte-Charta, die allgemeine Gewährleistung der körperlichen Unversehrtheit in Art. 3 Abs. 1 EU-Grundrechte-Charta, die wiederum durch Verbote, wie das der Todesstrafe

---

721 Der Text der Charta ist abgedruckt in EuGRZ 2000, 554 ff.

722 Vgl. Art. 1 Abs. 1 GG, Art. 2 Abs. 1, 7 Abs. 2 der Griechischen, die Präambel der Irischen, Art. 1 der Portugiesischen, Kap. 1 § 2 der Schwedischen und Art. 10 Abs. 1 der Spanischen Verfassung.

723 *Mombaur*, DÖV 2001, 595; ders., in: Bremische Bürgerschaft, Charta der Grundrechte, S. 4; *Picker*, Charta der Grundrechte, S. 16.

724 So auch die Meinung im Konvent, vgl. *Borowsky*, in: Meyer, Charta der Grundrechte, Art. 1 Rdnr. 26 ff.

725 *Calliess*, in: Ehlers, Europäische Grundrechte und Grundfreiheiten, § 19 Rdnr. 6; vgl. auch *Meyer/Engels*, ZRP 2000, 369 (370).

oder der Folter in Art. 2 Abs. 2 EU-Grundrechte-Charta und Art. 4 EU-Grundrechte-Charta konkretisiert werden.[726]
In Kapitel II werden im Wesentlichen alle aus der EMRK bekannten Freiheitsrechte aufgegriffen. Ausgehend vom Recht auf Freiheit der Person, das um ein Recht auf Sicherheit ergänzt wird (Art. 6 EU-Grundrechte-Charta), finden sich in diesem Kapitel vor allem die Achtung des Privat- und Familienlebens in Art. 7 EU-Grundrechte-Charta, die Religionsfreiheit in Art. 10 EU-Grundrechte-Charta, die Meinungsfreiheit in Art. 11 EU-Grundrechte-Charta, die Versammlungs- und Vereinigungsfreiheit in Art. 12 EU-Grundrechte-Charta sowie das Eigentumsrecht in Art. 17 EU-Grundrechte-Charta.
Kapitel III enthält, entsprechend den gemeinsamen Verfassungsüberlieferungen der Unionsstaaten, einen allgemeinen Gleichheitssatz, der durch spezielle Diskriminierungsverbote konkretisiert wird, welche sich u.a. auf das Geschlecht, die Rasse, die Hautfarbe, die ethnische oder soziale Herkunft, die genetischen Merkmale, die Sprache, die Religion oder die Weltanschauung, die politische oder sonstige Anschauung, die Zugehörigkeit zu einer nationalen Minderheit, das Vermögen, die Geburt, eine Behinderung, das Alter oder die sexuelle Ausrichtung beziehen. Darüber hinaus ist die Gleichheit von Männern und Frauen in allen Bereichen sicherzustellen. Ein weiterer Schutz von Minderheiten findet sich in Art. 22 EU-Grundrechte-Charta, demzufolge die Union die Vielfalt der Kulturen, Religionen und Sprachen zu achten hat. Schließlich sind in Art. 24 EU-Grundrechte-Charta die Rechte des Kindes geregelt.
Im Kapitel IV sind verschiedene wirtschaftliche und soziale Gewährleistungen geregelt, wie soziale Schutzansprüche im Hinblick auf den Arbeitsplatz, Leistungs- bzw. Teilhaberechte im engeren Sinne (wie das Recht auf Zugang zu einer unentgeltlichen Arbeitsvermittlung.
Kapitel V beinhaltet Unionsbürgerrechte, die bereits überwiegend im EG-Vertrag verankert sind, während Kapitel VI die justiziellen Rechte, die überwiegend auf den Garantien der Art. 6 und 13 EMRK beruhen, regelt. Die dort enthaltene Beschränkung auf Zivil- und Strafverfahren ist allerdings in Art. 47 Abs. 2 EU-Grundrechte-Charta als ein allgemeiner Anspruch auf Zugang zum Gericht und damit als allgemeine Rechtsweggarantie nicht übernommen worden.

(2) Die Schranken der von der Charta vorgesehenen Rechte

Die Reichweite eines Grundrechts wird durch die ihm gesetzten Schranken bestimmt. Nach dem Grundgesetz sind Eingriffe in den Schutzbereich von Grundrechten nur zulässig, wenn und soweit das Grundrecht entweder unter Gesetzesvorbehalt steht oder der Eingriff durch kollidierendes Verfassungsrecht gerecht-

---

[726] Vgl. dazu im Einzelnen unter 4. Teil B III. 2. b).

fertigt ist.[727] Anders als das Grundgesetz sieht die Grundrechte-Charta dagegen bei der überwiegenden Zahl der Grundrechte keine eigenen Schrankenbestimmungen vor.[728] In den Beratungen wurde die Ablehnung grundrechtsspezifischer Schranken vor allem damit begründet, dass sich der Text der Charta dadurch verdoppele.[729] Insoweit besteht hier ein bedeutsamer Unterschied der Technik der Charta einerseits und des deutschen Grundgesetzes und der EMRK andererseits.[730] Dies liegt zum einen in der Tatsache begründet, dass der *EuGH* die Gemeinwohlziele an den Zielen und Aufgaben der Gemeinschaft (wie z.B. Verbraucherschutz, Durchsetzung von Wettbewerbsregeln, Umweltschutz, agrarmarktpolitische Ziele)[731] orientiert und daher den Eingriff in Grundrechtspositionen der Bürger - insbesondere bei wirtschaftlichen Grundrechten - unter Beachtung des Verhältnismäßigkeitsprinzips als in der Regel gerechtfertigt ansieht.[732] Eine weitere Ursache ist in der Struktur der Gemeinschaftsgesetzgebung zu sehen, die den strikten, der innerstaatlichen Gewaltenteilung verpflichteten Gesetzesvorbehalt nicht kennt.[733]

Anstelle von grundrechtsspezifischen Schrankenregelungen normiert die Charta daher in Art. 52 EU-Grundrechte-Charta eine allgemeine, überaus komplizierte Schrankenregelung, die auch als „Achillesferse" für den Grundrechtsschutz bezeichnet worden ist.[734] Ergänzt wird sie durch den Hinweis, dass Grundrechte, die Rechten der EMRK entsprechen, den dort geregelten Einschränkungen unterliegen (Art. 52 Abs. 3 EU-Grundrechte-Charta).[735] Die Entscheidung zugunsten einer Einheitsschranke ist auf vehemente Kritik gestoßen, da diese nicht dem

---

727 *Hirsch*, in: Schwarze, Verfassungsentwurf, S. 121.

728 Einzig sind das Recht auf den Schutz personenbezogener Daten sowie das Eigentumsrecht mit speziellen Eingriffsvorbehalten ausgestattet. Hierbei ist aber zu beachten, dass die Erläuterungen des Konvents zu diesen Grundrechten insoweit auf die allgemeine Schrankenregelung des Art. II-52 EVE verweisen, vgl. *Hirsch*, in: Schwarze, Verfassungsentwurf, S. 121.

729 *Barriga*, Entstehung der Charta der Grundrechte, S. 156 f.; *Kenntner*, ZRP 2000, 423 (424).

730 Vgl. zum Schrankensystem der EMRK *Stern*, Staatsrecht III/1, S. 287 ff.

731 *Pernice*, in: Grabitz/Hilf, EUV/EGV, Art. 164 EGV, Rdnr. 62 c.

732 *Weber*, NJW 2000, 537 (543). Vgl. auch *Wetter,* Die Grundrechtscharta des EuGH, S. 102 ff.; *Wallrabenstein*, KJ 2002, 381 ff.

733 *Weber*, NJW 2000, 537 (543) m.w.N.

734 *Calliess*, in: Ehlers, Europäische Grundrechte und Grundfreiheiten, § 19 Rdnr. 14; *Eisner,* Die Schrankenregelung der Grundrechtecharta, S. 130 ff.; *Kenntner*, ZRP 2000, 423 (424) Vgl. auch *Barriga,* Entstehung der Charta der Grundrechte, S. 157 ff.; *Kingreen*, in: Calliess/Ruffert, EUV/EGV, Art. 6 EUV, Rdnr. 70; *Beutler*, in: von der Groeben/Schwarze, EUV/EGV, Art. 6 EU Rdnr. 119.

735 *Hirsch*, in: Schwarze, Verfassungsentwurf, S. 111 (121).

Stand der allgemeinen Grundrechtsentwicklung in Europa entspreche.[736] Die durch Art. 52 Abs. 1 EU-Grundrechte-Charta aufgestellten Anforderungen, die einen Grundrechtseingriff rechtfertigen können, greifen zwar die Rechtsprechung des *EuGH* und im Wesentlichen auch den Grundrechtsstandard in Europa auf.[737] Aber schon die Schrankenrechtsprechung des *EuGH* selbst ist auf Kritik gestoßen, da sie zu pauschal, formelhaft und gemeinschaftsfreundlich sei.[738] Es sei dahingestellt, ob es eine glückliche Entscheidung war, die richterrechtlich entwickelte Schrankendogmatik 1:1 in die Charta zu übernehmen, in welcher der „Verfassungsgeber" die Grundrechte eigentlich autonom definieren sollte.[739]

(3) Konfliktlagen mit anderen Grundrechtskatalogen

Die meisten Mitgliedsstaaten der Europäischen Union weisen in ihren Verfassungen einen eigenen Grundrechtsschutz auf. Ferner gehören alle Mitgliedsstaaten dem Vertragswerk zum Schutz der Menschenrechte im Rahmen des Europarats an. Die Europäische Sozialcharta ist ebenfalls für alle Mitgliedsstaaten verbindlich.[740] Soweit die Grundrechte-Charta als integraler Bestandteil einer Europäischen Verfassung Verbindlichkeit erlangen sollte, stellt sich daher die Frage nach der Bedeutung der bestehenden nationalen Verfassungen und internationaler Abkommen. Insoweit ist auch fraglich, inwieweit deren Schutzniveau aufrechterhalten werden kann, wenn das der Charta niedriger ist.[741]

Art. 52 Abs. 2 und 3 EU-Grundrechte-Charta sind leges speciales zur Auffangvorschrift des Absatzes 1, der allgemeinen Schrankenregelung. Sie enthalten die Übernahme der den Gründungsverträgen (EU und EG, EAGV) sowie der EMRK entlehnten Rechte *in toto*, also bezogen auf den Schutzbereich, hierfür maßgebliche „Negativdefinitionen" und soweit zulässig, auch die Rechtfertigung von Eingriffen. Dies bringt die Überschrift „Tragweite der Rechte" zutreffend zum Ausdruck.[742] Art. 52 Abs. 2 EU-Grundrechte-Charta verdeutlicht, dass die Ausübung eines Rechts, das sich aus dem EG oder dem EU ergibt, den darin bestimmten Bedingungen und Grenzen unterworfen ist. Dies hat zur Folge, dass mit der Grundrechte-Charta die Regelung hinsichtlich der durch diese Verträge

---

736 Vgl. hierzu *Knecht,* Die Charta der Grundrechte, S. 206.

737 *Hirsch*, in: Schwarze, Verfassungsentwurf, S. 111 (121 m.w.N.).

738 *Beutler*, in: von der Groeben/Schwarze, EUV/EGV, Art. 6 EU Rdnr. 72 ff.; *Kenntner*, ZRP 2000, 423 (424).

739 *Hirsch*, in: Schwarze, Verfassungsentwurf, S. 111 (121 m.w.N.).

740 *Zulegg*, EuGRZ 2000, 511.

741 *Schmitz*, JZ 2001, 833 (836).

742 *Borowsky*, in: Meyer, Charta der Grundrechte, Art. 52 Rdnr. 12, 30.

gewährten Rechte nicht geändert wird.[743] Art. 52 Abs. 3 EU-Grundrechte-Charta (sog. Transferklausel)[744] stellt eine ähnliche Regelungstechnik in Bezug auf die EMRK auf. Schon Art. 6 Abs. 2 EU beinhaltet die einseitige, völkerrechtlich verbindliche Selbstverpflichtung der Union zur Achtung der EMRK.[745] Soweit die Charta-Rechte den EMRK-Rechten *„entsprechen"*, haben sie die *„gleiche Bedeutung und Tragweite"* wie die Rechte der EMRK.[746] Damit soll die not-

---

743 *von Danwitz/Röder*, in: Grundrechte-Charta, S. 50; *Streinz*, in: Streinz, EUV/EGV, Art. 52 GR-Charta Rdnr. 2.

744 *Borowsky*, in: Meyer, Charta der Grundrechte, Art. 2 Rdnr. 45; *Streinz*, in: Streinz, EUV/EGV, Art. 52 GR-Charta Rdnr. 9. Siehe hierzu auch *Fischbach*, in: Heusel, Grundrechte-Charta, S. 126.

745 *Pechstein*, in: Streinz, EUV/EGV, Art. 6 EUV Rdnr. 11. Diese Regelung war zwar für die Unionsstaaten als Träger der in GASP und PJZS intergouvernemental koordinierten Kompetenzen wegen ihrer Unterzeichnung der EMRK nicht von weiterem Belang. Art. 6 Abs. 2 EUV hat vielmehr Bedeutung für die Gemeinschaften. Bis zum Inkrafttreten des EU-Vertrages besaß die EMRK ausschließlich die Bedeutung einer Rechtserkenntnisquelle in der Rechtsprechung des EuGH. Alle EG-Mitgliedsstaaten sind zugleich auch Vertragsparteien der EMRK. Schon lange wird aber eine Diskussion um einen Beitritt der Gemeinschaften zu EMRK diskutiert (so auch zuletzt im Rahmen des Verfassungskonvents). So legte der Rat dem EuGH 1996 die Frage vor, ob ein Beitritt zur EMRK auf Grundlage der Verträge möglich sei. Der EuGH schloss dies in seinem Gutachten (2/94, Slg. 1996, I-1759) mit der Begründung aus, dass die EG nicht über die Zuständigkeit verfügt, der Konvention beizutreten. Die Wahrung der Menschenrechte sei zwar Voraussetzung für die Rechtmäßigkeit des Handelns der Gemeinschaft. Da der Beitritt zur EMRK jedoch eine wesentliche Änderung des gegenwärtigen Gemeinschaftssystems zur Folge haben würde, der grundlegende institutionelle Auswirkungen sowohl auf die EG als auch auf die Mitgliedsstaaten hätte, ist der Beitritt von verfassungsrechtlicher Dimension und geht damit über die Grenzen der subsidiären Handlungsermächtigung des Art. 308 EG hinaus. Mit der Grundrechte-Charta und der EMRK finden sich nun auf europäischer Ebene zwei Grundrechtskataloge mit zwei unterschiedlichen Gerichten in Straßburg (EGMR) und in Luxemburg (EuGH).

746 *von Danwitz/Röder*, in: Grundrechte-Charta, S. 51 f.; *Grabenwarter*, DVBl. 2001, 1 (2). Die Erläuterung des Präsidiums listet die Rechte auf, bei denen davon ausgegangen werden kann, dass sie Rechten aus der EMRK in diesem Sinne entsprechen, vgl. hierzu auch die Darstellung bei *Borowsky*, in: Meyer, Charta der Grundrechte, Art. 52 Rdnr. 31 f. Abgedruckt sind die Erläuterungen des Präsidiums in EuGRZ 2000, 559 ff. Grundsätzlich wurden den Erläuterungen keine Rechtswirkung zugesprochen, sondern lediglich die Funktion der Verdeutlichung der Bestimmungen der Grundrechte-Charta, *Streinz*, in: Streinz, EUV/EGV, Vorb. GR-Charta Rdnr. 17. Nunmehr ordnet aber der Entwurf des Verfassungsvertrages in Absatz 5 der Präambel des Teils II an, dass *„die Charta von den Gerichten der Union und der Mitgliedsstaaten unter gebührender Berücksichtigung der Erläuterungen, die auf Veranlassung und in eigener Verantwortung des Präsidiums des Konvents zur Ausarbeitung der Charta formuliert wurden, ausgelegt wird."* Dies lässt entgegen der ursprünglichen Intention den Erläuterungen des Präsidiums die Funktion einer verbindlichen Auslegungshilfe zukommen (*Streinz*, in: Streinz, EUV/EGV, Vorb. GR-Charta Rdnr. 18). Es spricht für die Verbindlichkeit der Auflistung, dass sie ansons-

wendige Kohärenz der Grundrechte-Charta und der EMRK sichergestellt werden.[747] Mit der Bezugnahme auf die EMRK wird diese – vorbehaltlich einer günstigeren Regelung im Unionsrecht – in ihrem Anwendungsbereich zum Grundrechtsstandard auch im Recht der EU.[748]
Fraglich ist allerdings, ob Art. 52 Abs. 3 EU-Grundrechte-Charta auch die Zusatzprotokolle der EMRK erfassen soll. Aus der Formulierung des Normtextes geht nicht hervor, in welchem Rahmen die EMRK erfasst werden soll. Für die Einbeziehung der Zusatzprotokolle der EMRK spricht, dass diese keine Grundrechte enthalten, die nicht schon in den gemeinsamen Verfassungsüberlieferungen der Mitgliedstaaten der Union enthalten sind und somit durch Art. 6 EU Berücksichtigung gefunden haben. Es ist auch nicht von Belang, dass einzelne Mitgliedsstaaten diverse Zusatzprotokolle nicht ratifiziert haben, denn im Bezug auf Art. 6 EU müssen nicht alle Mitgliedsstaaten das gleiche Recht anerkennen.[749] Ferner ging bereits das Präsidium des Konvents von einem derartigen Verweis aus.[750] Im Ergebnis ist also nahezu der gesamte materielle Rechtsschutz der EMRK und ihrer Zusatzprotokolle über die Transferklausel des Art. 52 Abs. 3 Satz 1 EU-Grundrechte-Charta übernommen worden.[751]

Das Verhältnis der Charta zum nationalen Recht wird über Art. 53 EU-Grundrechte-Charta deutlich.[752]

> *„Keine Bestimmung dieser Charta ist als eine Einschränkung oder Verletzung der Menschenrechte und Grundfreiheiten auszulegen, die in dem jeweiligen Anwendungsbereich durch das Recht der Union und das Völkerrecht sowie durch die internationalen Übereinkommen, bei denen die Union, die Gemeinschaft oder alle Mitgliedsstaaten Vertragsparteien sind, darunter insbesondere die Europäische Konvention zum Schutze der Men-*

---

ten eine Aporie wäre. Darüber hinaus haben mehrere Konventsmitglieder ausdrücklich die Forderung nach einer Auflistung erhoben. Letztlich hing sogar die Akzeptanz der Charta seitens derjenigen, die für eine uneingeschränkte Kohärenz mit der EMRK oder gar einen Teil B mit Verweisungen auf die EMRK eingetreten waren, von der Aufnahme der Liste ab, *Borowsky*, in: Meyer, Charta der Grundrechte Art. 52 Rdnr. 31.

747 *Streinz*, in: Streinz, EUV/EGV, Art. 52 GR-Charta Rdnr. 3.

748 *Grabenwarter*, DVBl. 2001, 1 (2); *ders.*, EuGRZ 2004, 563 (566).

749 *Eisner*, Die Schrankenregelung der Grundrechtecharta, S. 124.

750 Vgl. Grundrechte-Charta der EU/Erläuterungen, EuGRZ 2000, 559 (569).

751 *Borowsky*, in: Meyer, Charta der Grundrechte, Art. 52 Rdnr. 34 ff.; *Eisner*, Die Schrankenregelung der Grundrechtecharta, S. 125; *Philippi*, Charta der Grundrechte, S. 44. Vgl. auch *Beutler*, in: von der Groeben/Schwarze, EUV/EGV, Art. 6 EU Rdnr. 109.

752 *Von Danwitz/Röder*, in: Grundrechte-Charta, S. 57 f.

schenrechte und Grundfreiheiten, sowie durch die Verfassungen der Mitgliedstaaten anerkannt werden."

Art. 53 EU-Grundrechte-Charta ist eine Schutzniveausicherungsklausel gegenüber den nationalen, unionalen und internationalen Rechtsquellen, wobei die EMRK wegen ihrer Bedeutung besonders hervorgehoben wird.[753] Nach den Erläuterungen des Präsidiums darf der durch die Charta gewährleistete Schutz

> *„unter keinen Umständen geringer als der durch die EMRK gewährte Schutz sein, was bedeutet, dass die von der Charta vorgesehene Einschränkungsregelung nicht unter dem in der EMRK vorgesehenen Niveau liegen darf."*[754]

Letzteres folgt auch bereits aus der Transferklausel des Art. 52 Abs. 3 Satz 1 EU-Grundrechte-Charta. Im Übrigen wurde aber z.T. gefolgert, dass in Fällen, in denen nationale Grundrechte einen höheren Schutz gewährleisten, das entsprechende Gemeinschaftsgrundrecht in seinem Anwendungsbereich nach Maßgabe des nationalen Grundrechts zur Anwendung kommt, damit also das Gemeinschaftsgrundrecht auf das höhere Schutzniveau des Landesgrundrechts gehoben wird.[755] Gegen eine solche *„Hochzonung"* der Charta-Rechte spricht aber, dass Art. 53 EU-Grundrechte-Charta keine Mindestschutzklausel enthält.[756] Allerdings stellt sie eine Meistbegünstigungsklausel dar, soweit sich der Anwendungsbereich der Chartagrundrechte und der anderweitig garantierten Rechte überschneidet.[757] Art. 53 EU-Grundrechte-Charta will somit lediglich ein höheres Schutzniveau durch Landesgrundrechte in deren Anwendungsbereich unangetastet lassen.[758] Eine andere Sichtweise könnte dagegen die unerwünschte Wirkung entfalten, dass nationale Verfassungsgerichte prüfen könnten, ob ein Gemeinschaftsgrundrecht dem eventuell höheren Schutzniveau des entsprechenden nationalen Grundrechts entspricht.[759]

---

753 *Stern*, in: Grundrechte-Charta, S. 23; *Streinz*, in: Streinz, EUV/EGV, Art. 53 GR-Charta Rdnr. 2.

754 Vgl. Erläuterungen des Präsidiums zu Art. 53 der Charta (Dok. Charte 4487/00 Convent 50).

755 *Seidel*, EuZW 2003, 97.

756 *Borowsky*, in: Meyer, Charta der Grundrechte, Art. 53 Rdnr. 9; *Streinz*, in: Streinz, EUV/EGV, Art. 53 GR-Charta Rdnr. 3.

757 *Borowsky*, in: Meyer, Charta der Grundrechte, Art. 53 Rdnr. 14. Vgl. auch *Barriga*, Entstehung der Charta der Grundrechte, S. 169 f.

758 *Everling*, EuZW 2003, 225; *Hirsch*, in: Schwarze, Verfassungsentwurf, S. 111 (115).

759 *Hirsch*, in: Schwarze, Verfassungsentwurf, S. 111 (115 f.). Darüber hinaus erschließt sich das Verhältnis zum nationalen Recht auch aus Art. 52 Abs. 4, 5, 6 des Entwurfs eines Vertrages über eine Europäische Verfassung, dessen Zukunft allerdings angesichts noch

ff) Zwischenergebnis

Die Grundrechte-Charta verdeutlicht, dass die Gemeinschaft sich nicht nur – wie bisher – ausschließlich auf die Felder wirtschaftliche Integration und politische Zusammenarbeit beschränkt, sondern eine Rechtsgemeinschaft darstellt, die sich durch die Verwirklichung von Werten und durch die Garantie von Freiheiten auszeichnet.[760] Bedenken gegen die Grundrechte-Charta könnten lediglich darin bestehen, dass ein Grundrechtskatalog von Anfang an statisch ist und im Vergleich zur grundrechtsevaluierenden Entwicklung des *EuGH* eine Minderung der Dynamik der Grundrechtsentwicklung mit sich bringen könnte.[761] Dem kann aber entgegengehalten werden, dass auch bei nationalen Verfassungen der Text meist nur die Grundlage eines rechtsschöpferischen Prozesses darstellt, bei welchem den Gerichten weiterhin eine wichtige interpretatorische Rolle zukommt.[762] Selbst wenn sich die eigentliche Entwicklung des Grundrechtsschutzes damit auch weiterhin im Bereich der Rechtsprechung abspielen dürfte, kann ein schriftlich festgelegter Grundrechtskatalog gleichwohl eine weitaus bessere Grundlage für die Rechtsstaatlichkeit innerhalb der Europäischen Union darstellen als die der interessierten Öffentlichkeit oftmals nicht bekannte Rechtsprechung. In diesem Sinne dient der Grundrechtskatalog vor allem auch der Transparenz[763] und Legitimität[764] staatlichen Handelns.

---

ausstehender Ratifizierungen in einigen Mitgliedsstaaten ungewiss ist. Durch den Entwurf des Verfassungsvertrages wird Art. 52 EU-Grundrechte-Charta um drei weitere Absätze erweitert, wobei Absatz 4, der die Bedeutung der gemeinsamen Verfassungsüberlieferungen der Mitgliedsstaaten als Auslegungsregel betont, und Absatz 6, welcher die Rücksichtnahme auf nationale Traditionen fordert (*Borowsky*, in: Meyer, Charta der Grundrechte Art. 52 Rdnr. 46) lediglich deklaratorische Wirkung zukommt, vgl. *Streinz*, in: Streinz, EUV/EGV, Art. 52 GR-Charta Rdnr. 13. Augenmerk verdient einzig die Klarstellung in Absatz 5, welche festlegt, dass „*Grundsätze*" nur durch Akte der Gesetzgebung der Union und der Mitgliedstaaten in Ausübung ihrer jeweiligen Zuständigkeiten aktiviert werden können und sich die Judikatur des *EuGH* allein auf deren Prüfung beschränkt. Diese Vorschrift soll einem „judicial activism" entgegenwirken, zu dem gerade „Grundsätze", insbesondere im sozialen Bereich, verleiten können, vgl. *Streinz*, in: Streinz, EUV/EGV, Art. 52 GR-Charta Rdnr. 13.

760 *Alber/Widmaier*, EuGRZ 2000, 497 (498).

761 Vgl. auch die kritische Auseinandersetzung mit der Charta bei *Haltern*, KritV 2002, 261 ff.

762 *Chlowik-Langfermann*, ZRP 1995, 126 (128).

763 *Chlowik-Langfermann*, ZRP 1995, 126 (128); *Iber*, ZEuS 2002, 483 (487) m.w.N; *Pernice*, NJW 1990, 2409 (2418).

764 *Chlowik-Langfermann*, ZRP 1995, 126 (128); *Pernice*, NJW 1990, 2409 (2418). Vgl. auch *Graf Vitzthum*, EuR 2002, 1 (9).

2. Das Verbot der Todesstrafe im Unionsrecht

a) Bisherige Versuche der Einschränkung der Todesstrafe durch die Europäischen Gemeinschaften

Das Unionsrecht verfügt bis jetzt nicht über eine verbindliche Regelung zur Abschaffung der Todesstrafe. Auch in der Rechtsprechung des *EuGH* ist bis heute ein Grundrecht auf Leben nicht ausdrücklich anerkannt.[765] Gleichwohl lassen sich Ansätze einer Einschränkung der Todesstrafe auf der Ebene der Europäischen Gemeinschaft ausmachen.

aa) Erklärung des Europäischen Parlaments über Grundrechte und Grundfreiheiten vom 12. April 1989

Zunächst ist auf die Erklärung des Europäischen Parlaments über Grundrechte und Grundfreiheiten vom 12. April 1989 hinzuweisen.[766] Wie bereits vorstehend[767] ausgeführt, lag mit dieser Erklärung im Rahmen der Gemeinschaft erstmals ein ausführlicher Grund- und Menschenrechtskatalog vor, der über die bis dahin vereinzelten vertraglichen Garantien und die fallweise Fortentwicklung des Grundrechtsschutzes des *EuGH* hinausging.[768]

Diese Erklärung sieht in Art. 2 Satz 1 vor:

> *Jeder hat das Recht auf Leben, ... und Sicherheit.“*

Und Art. 22 lautet knapp:

> *„Die Todesstrafe ist abgeschafft.“*

Die Erklärung war besonders wegweisend, da sie das Modell einer deutlich an der EMRK orientierten, kodifizierten Grundrechtscharta verfolgte; wegen fehlender Organkompetenz konnte sie bedauerlicherweise keine rechtliche Bindungswirkung entfalten.[769]

---

765 *Pernice/Mayer*, in: Grabitz/Hilf, EUV/EGV, nach Art. 6 EUV Rdnr. 60; *Rengeling/Szczekalla*, Grundrechte, Rdnr. 590 f. Vgl. zu den vom *EuGH* bereits ausdrücklich anerkannten Grundrechten *Bieber/Epiney/Haag*, Europäische Union, § 2 Rdnr. 17; *Streinz*, Europarecht, Rdnr. 773.

766 Abgedruckt in EuGRZ 1989, S. 204 ff.

767 4. Teil B. III. 1. a) cc).

768 *Weiß*, in: Boulanger/Heyes/Hanfling, Zur Aktualität der Todesstrafe, S. 435. Zur politischen Bedeutung der Erklärung *Beutler*, EuGRZ 1989, S. 185 ff.

769 *Weber*, NJW 2000, 537 m.w.N.

bb) Art. 6 Abs. 2 EU

Im engeren Kreis der Staaten der Europäischen Union gehört das Verbot der Todesstrafe heute zu den Grundsätzen des Art. 6 Abs. 2 EU, wie die Amsterdamer Regierungskonferenz von 1997 explizit bekräftigt hat.[770] Die Amsterdamer Regierungskonferenz machte auf das 6. Zusatzprotokoll aufmerksam, welches mittlerweile von allen Staaten der Europäischen Union ratifiziert worden ist. Dessen Einhaltung ist seit Inkrafttreten des Amsterdamer Vertrages eine formelle Voraussetzung für den Beitritt zur Union gemäß Art. 49 EU.[771]

b) Art. 2 Abs. 2 EU-Grundrechte-Charta

Wie die Erklärung Nr. 1 des Vertrages von Amsterdam schon hervorgehoben hat, ist die Todesstrafe seit der Unterzeichnung des Protokolls Nr. 6 vom 28. April 1983 in den meisten Mitgliedsstaaten der Union abgeschafft und in keinem Mitgliedsstaat mehr angewandt worden.[772]

Art. 2 EU-Grundrechte-Charta, welcher das Recht auf Leben statuiert, lautet:

> *(1) Jede Person hat das Recht auf Leben.*

Das Grundrecht auf Schutz des Lebens in Art. 2 EU-Grundrechte-Charta wurde im Bereich des Absatzes 1 vom Präsidium des Konvents auf Art. 2 Abs. 1 EMRK gestützt, für Absatz 2 auf das 6. Zusatzprotokoll zur EMRK verwiesen.[773]

Zudem lehnt sich die Norm damit an Art. 2 Satz 2 der Erklärung des Europäischen Parlamentes über Grundrechte und Grundfreiheiten von 1989 an, geht dann aber inhaltlich weiter und wiederholt nicht die in Art. 102 GG wortgleiche

---

770 ABl. 1997 C 340/125. Vgl. den Abdruck aus der „Schlußakte" der Amsterdamer Konferenz in: BGBl. 1998 II, S. 438.

771 Der Beitritt zum Europarat macht dagegen nur die nicht förmliche Abschaffung der Todesstrafe zur Bedingung. Nun werden auch die osteuropäischen Staaten wegen der gleichen Grundwerte sowohl von der EU als auch vom Europarat auf die Ächtung der Todesstrafe verpflichtet, *Peters*, EuGRZ 1999, 650 (656 m.w.N).

772 *Borowsky*, in: Meyer, Charta der Grundrechte, Art. 2 Rdnr. 2 mit einer Übersicht über die relevanten Verfassungstexten der Mitgliedsstaaten. Vgl. auch *Rengeling/Szczekalla*, Grundrechte, Rdnr. 587 m.w.N.

773 Erläuterungen des Präsidiums des Europäischen Konvents, ABl. 2004 C 310/425 f., 456; *Jarass*, EU-Grundrechte, § 9 Rdnr. 1; *Beutler*, in: von der Groeben/Schwarze, EUV/EGV, Art. 6 EU Rdnr. 126; *Borowsky*, in: Meyer, Charta der Grundrechte, Art. 2 Rdnr. 1.

Formulierung „*Die Todesstrafe ist abgeschafft*“ , sondern hält im unmittelbarem Anschluss an die Fixierung des Rechts auf Leben fest:

> *(2) Niemand darf zur Todesstrafe verurteilt oder hingerichtet werden.*

aa) Einzelprobleme bei der Schaffung des Art. 2 Abs. 2 EU-Grundrechte-Charta

Die Entstehung des Art. 2 Abs. 2 EU-Grundrechte-Charta war mit regen Diskussionen im Konvent verbunden.[774] Insbesondere ging es um zwei Problemkreise.

Zum einen stellte sich die Frage, ob die Problematik eines Verbots der Todesstrafe überhaupt in einer an die Union gerichteten Charta aufgegriffen werden sollte. Teilweise wird auch heute noch vertreten, dass die Verbote der Todesstrafe oder der Folter in Art. 2 Abs. 2 und Art. 4 EU-Grundrechte-Charta in der Charta deplaziert seien. Insoweit sei zu beachten, dass die Europäische Union bzw. Europäische Gemeinschaft bislang nur eingeschränkte Rechtssetzungskompetenzen im Bereich der eigentlichen Strafgesetzgebung besäße. Auch die Übertragung entsprechender Befugnisse stehe in überschaubarer Zeit nicht zur Diskussion.[775]
Dieser Meinung ist zwar zuzugeben, dass die Union gerade an dieser Stelle die unionale Kompetenzordnung und das Subsidiaritätsprinzip zu wahren hat. Das ergibt sich schon aus Art. 51 EU-Grundrechte-Charta. Richtigerweise hat sich aber der Konvent von der Erwägung leiten lassen, dass die Signal- und Außenwirkung eines Verbots der Todesstrafe maßgebend ist. Das Grundrecht spielt ferner eine Rolle für die Auslieferung und Abschiebung, die für die Union ein ernsthaftes Problem sind.[776]

Zum anderen beschäftigte sich der Konvent mit der Frage, ob die im Menschenrechtssystem des Europarates vorgesehenen Ausnahmen des Verbotes der Todesstrafe beibehalten oder gestrichen werden sollten. Es gab nämlich den Wunsch von Mitgliedern des Konvents, über den status quo hinauszugehen und die Todesstrafe innerhalb der Union auch für Kriegszeiten abzuschaffen. Letztlich war aber für die Mehrheit der Mitglieder des Konvents maßgeblich, dass das Menschenrechtssystem des Europarates und der Grundrechtsschutz der Union kongruent sein sollten.[777] Hinter dem Wunsch, jede Divergenz zum Schutz-

---

774 Vgl. zur Debatte im Konvent im Einzelnen: *Barriga*, Entstehung der Charta der Grundrechte, S. 73; *Borowsky*, in: Meyer, Charta der Grundrechte, Art. 2 Rdnr. 19 ff.

775 *Pechstein*, in: Streinz, EUV/EGV, Art. 6 EUV Rdnr. 17 m.w.N.

776 Vgl. auch *Baer*, ZRP, 200, 361 (363).

777 *Borowsky*, in: Meyer, Charta der Grundrechte, Art. 2 Rdnr. 18 m.w.N.

system des Europarates zu vermeiden, stand zum einen das Motiv größtmöglicher Rechtssicherheit in den Mitgliedsstaaten der Europäischen Union, die eine unterschiedliche Auslegung vergleichbarer Rechte verhindern sollte. Schließlich sollte die Charta keine neuen *„dividing lines"* innerhalb Europas bewirken, namentlich zwischen den Unionsstaaten einerseits und den außerhalb der Union stehenden Mitgliedsstaaten des Europarates andererseits.[778]

Auffällig ist, dass keine Schrankenformulierungen in Art. 2 EU-Grundrechte-Charta vorhanden sind, der Schutz des Art. 2 EU-Grundrechte-Charta also weiter geht als das Protokoll Nr. 6 zur EMRK, in dem Ausnahmen zum Verbot der Todesstrafe enthalten sind. Dieser Interpretation steht auch nicht entgegen, dass nach Art. 52 Abs. 3 EU-Grundrechte-Charta diejenigen Rechte der Charta, die Rechten entsprechen, die in der EMRK enthalten sind, die gleiche Tragweite wie die der EMRK haben. Art. 52 Abs. 3 Satz 2 EU-Grundrechte-Charta regelt nämlich ausdrücklich, dass das Recht der Union – und damit auch die Grundrechte-Charta – einen weitergehen Schutz enthalten kann als die EMRK.[779]

Sobald das 13. Zusatzprotokoll zur EMRK ratifiziert ist, bewirkt es automatisch einen erhöhten Schutz durch die insoweit „akzessorische" Charta.[780] Danach ist grundsätzlich von der Geltung eines absoluten Verbots der Todesstrafe gemäß dem 13. Zusatzprotokoll auszugehen. Wenn eine mitgliedsstaatliche Maßnahme am Maßstab der Gemeinschaftsgrundrechte zu messen ist, ist mithin von Bedeutung, ob der jeweilige Mitgliedsstaat das Zusatzprotokoll ratifiziert hat.

bb) Inhalt des Art. 2 Abs. 2 EU-Grundrechte-Charta

Art. 2 Abs. 2 EU-Grundrechte-Charta verbietet explizit die Verhängung und Vollstreckung der Todesstrafe und deren Einführung. Das zusätzlich enthaltene Hinrichtungsverbot soll den Fall erfassen, dass in einem Staat vor dessen Beitritt zur EU die Todesstrafe verhängt worden ist. Die Exekution als Vollzug der Anordnung der Todesstrafe wird dadurch ausgeschlossen.[781] Als der Konvent diese Vorschrift schuf, hatte er den Fall des in der Türkei zum Tode verurteilten kurdischen PKK-Führers *Öcalan* vor Augen.[782] Indes hat sich aber auch die Türkei in Richtung der Abschaffung der Todesstrafe in ihrem Lande bewegt. Denn mit

---

778 *Borowsky*, in: Meyer, Charta der Grundrechte, Art. 2 Rdnr. 26.

779 *Meyer/Engels*, in: Deutscher Bundestag, Die Charta der Grundrechte, S. 17; *Jarass*, EU-Grundrechte, § 9 Rdnr. 13.

780 *Bühler*, Einschränkung von Grundrechten, S. 333 m.w.N.; *Jarass*, EU-Grundrechte, § 9 Rdnr. 14.

781 *Borowsky*, in: Meyer, Charta der Grundrechte, Art. 2 Rdnr. 44.

782 *Borowsky*, in: Meyer, Charta der Grundrechte, Art. 2 Rdnr. 44.

Ausnahme für Kriegszeiten und bei drohender Kriegsgefahr hat das türkische Parlament im Jahre 2002 die Todesstrafe abgeschafft bzw. in eine lebenslange Haft unter erschwerten Bedingungen umgewandelt. Gleichwohl bleibt die Möglichkeit ihrer Verhängung unter den genannten Umständen im Widerspruch zu Art. 2 Abs. 2 EU-Grundrechte-Charta erhalten.

cc) Bedeutung des Art. 2 Abs. 2 EU-Grundrechte-Charta

Art. 2 Abs. 2 EU-Grundrechte-Charta enthält damit ein absolutes und uneinschränkbares Grundrecht jedes Menschen, nicht zur Todesstrafe verurteilt oder hingerichtet zu werden. Der Konvent kam aber nicht umhin, Ausnahmen für Kriegszeiten als zulässig zu erachten, da er den Gleichklang von Unionsrecht und EMRK wahren wollte.[783] Aufgrund dieser Äquivalenz gilt über die Transferklausel[784] des Art. 52 Abs. 3 Satz 1 EU-Grundrechte-Charta auch die Ausnahmebestimmung in Art. 2 des Protokolls Nr. 6 zur EMRK. Soweit aber nunmehr auch durch das Protokoll Nr. 13 durch den Europarat die ausnahmslose Abschaffung der Todesstrafe vorgesehen ist, hat dies ebenso unmittelbare Auswirkungen auf den Schutzumfang der Charta, die insoweit dynamisch ist.

C. Ergebnis des 4. Teils

Der Überblick über die internationalen Vorschriften, derer sich die Bundesrepublik unterworfen hat, hat deutlich gemacht, das – mit wenigen Ausnahmen – von einer allgemeinen Ächtung der Todesstrafe durch die Völkerrechtsgemeinschaft gesprochen werden kann.

Auch auf gemeinschaftsrechtlicher Ebene wird über die Grundrechte-Charta als Teil einer zukünftigen europäischen Verfassung durch Art. 2 Abs. 2 EU-Grundrechte-Charta nunmehr sogar ein absolutes Grundrecht geschaffen, wonach die Todesstrafe weder verhängt noch vollstreckt werden darf.

International- und europarechtliche Bindungen lassen mithin eine Wiedereinführung der Todesstrafe nicht zu.

---

783 Vgl. zu der Diskussion im Konvent *Bernsdorff/Borowsky*, Entstehung der Charta der Grundrechte, S. 170 f., 261; *Borowsky*, in: Meyer, Charta der Grundrechte, Art. 2 Rdnr. 45.

784 *Borowsky*, in: Meyer, Charta der Grundrechte, Art. 2 Rdnr. 45; *Streinz*, in: Streinz, EUV/EGV, Art. 52 GR-Charta Rdnr. 9.

5. Teil: Zusammenfassung

Aus den vorstehenden Ausführungen ist ersichtlich geworden, dass eine Wiedereinführung der Todesstrafe in Deutschland unter den gegenwärtigen Bedingungen nicht zulässig wäre.

Eine Wiedereinführung der Todesstrafe wäre zunächst mit dem Grundgesetz nicht vereinbar. Zwar stünde einer solchen gesetzgeberischen Maßnahme dauerhaft nicht – wie es auf den ersten Blick den Anschein hat – die Sperre des Art. 102 GG entgegen, da diese im Wege einer Verfassungsänderung abgeschafft werden könnte. Art. 79 Abs. 3 GG hinderte diese Abschaffung nicht.

Anders als in der Literatur teilweise vertreten wird, scheiterte eine Abschaffung des Art. 102 GG insbesondere nicht daran, dass dadurch die Grundsätze des Art. 1 GG berührt würden. Dies ergibt sich aus der Erwägung, dass sich das in Art. 102 GG enthaltene Verbot der Todesstrafe einerseits und das in Art. 1 GG garantierte Gebot der Achtung der Menschenwürde andererseits nicht gleichsetzen lassen.

Auch nach Streichung des Art. 102 GG wäre eine Wiedereinführung der Todesstrafe jedoch an den Grundrechten im Übrigen, insbesondere am Recht auf Leben nach Art. 2 Abs. 2 Satz 1 GG, zu messen. Im Rahmen dieser Norm stellt sich die Wiedereinführung der Todesstrafe auf dem Boden der heutigen wissenschaftlichen Erkenntnisse und moral-ethischen Vorstellungen als unverhältnismäßig und damit als verfassungswidrig dar.

Schließlich würde eine Wiedereinführung der Todesstrafe in Deutschland auch im Widerspruch zu zahlreichen internationalen Abkommen stehen, in welchen sich die Bundesrepublik Deutschland zu einem Verbot der Todesstrafe verpflichtet hat. Zwar sieht Art. 2 Abs. 1 Satz 2 EMRK die Vollstreckung der Todesstrafe unter Beachtung bestimmter Kautelen grundsätzlich vor. Das 6. Protokoll zur EMRK normiert aber seit 1983 ein Verbot der Todesstrafe lediglich mit einer Ausnahme für Kriegszeiten. Dasselbe gilt für den IPBPR einschließlich des zweiten Fakultativprotokolls. Das 13. Zusatzprotokoll steht schließlich einer Wiedereinführung und Vollstreckung der Todesstrafe ausnahmslos entgegen.

Auf gemeinschaftsrechtlicher Ebene sieht Art. 2 Abs. 2 EU-Grundrechte-Charta als integraler Bestandteil einer in naher Zukunft in Kraft tretenden Europäischen Verfassung eine totale und ausnahmslose Abschaffung der Todesstrafe vor.

Literaturverzeichnis

Adler, Hans G., Gedanken zur Todesstrafe, in: *ders.*, Die Erfahrung der Ohnmacht. Beiträge zur Soziologie unserer Zeit, Frankfurt am Main 1964, zitiert: *Adler*, Gedanken zur Todesstrafe

Albert, Siegbert/Widmaier, Ulrich: Die EU-Charta der Grundrechte und ihre Auswirkungen auf die Rechtsprechung, EuGRZ 2000, S. 497 ff.

Alt, Hans-Peter, Das Problem der Todesstrafe, München 1960, zitiert: *Alt*, Todesstrafe

Anschütz, Gerhard, Die Verfassung des Deutschen Reichs vom 11. August 1919, 14. Auflage, Berlin 1933, zitiert: *Anschütz*, WRV

Amnesty International, Wenn der Staat tötet, Todesstrafe contra Menschenrechte, Frankfurt am Main 1989, zitiert: *Amnesty International*, Wenn der Staat tötet

Arndt, Adolf, Wieder Todesstrafe? Eine Diskussion in der Reihe „Umstrittene Sachen". Köln 1957, zitiert: *Arndt*, Wieder Todesstrafe?

Badura, Peter, Verfassungsänderung, Verfassungswandel, Verfassungsgewohnheitsrecht, in: .Josef Isensee und Paul Kirchhof (Hrsg.), Handbuch des Staatsrechts der Bundesrepublik Deutschland, Band VII, Heidelberg 1992, zitiert: *Badura*, in: HStR VII

Baer, Susanne, Grundrechtecharta ante portas, ZRP 2000, S. 361 ff.

Dieselbe, Grundrechtecharta der Europäischen Union, ZRP 2000, S. 361 ff.

Baldus, Manfred, Präventive Wohraumüberwachungen durch Verfassungsschutzbehörden der Länder. Ein gesetzestechnisch unausgegorenes und verfassungsrechtlich zweifelhaftes Mittel zur Terrorismusbekämpfung, NVwZ 2003, S. 1289 ff.

Ballhausen, Christina, Todesstrafe durch Alliierte – ein Verstoß gegen das Grundgesetz, NJW 1988, S. 2656 ff.

Barriga, Stefan, Die Entstehung der Charta der Grundrechte der Europäischen Union. Eine Analyse der Arbeiten im Konvent und kompetenzrechtlicher Fragen, Baden-Baden 2003, zitiert: *Barriga*, Die Entstehung der Charta

Badinter, Robert, Preface – Moving towards universal abolition of the death penalty, in: Europe Council (Hrsg.), The Death Penalty. Beyond abolition, Strassburg 2004, zitiert: *Badinter*, in: Europe Council, The Death Penalty

Barriga, Stefan, Die Entstehung der Charta der Grundrechte der Europäischen Union. Eine Analyse der Arbeiten im Konvent und kompetenzrechtlicher Fragen, Baden-Baden 2003, zitiert: *Barriga,* Entstehung der Charta der Grundrechte

Baumann, Jürgen, Zur Diskussion um die Todesstrafe, ARSP 46 (1960), S. 73 ff.

Ders., Die Todesstrafe im System strafrechtlicher Reaktionen, in: Weitere Streitschriften zur Strafrechtsreform. 10 Beiträge von Dr. Jürgen Baumann, Ort 1969, zitiert: *Baumann*, Die Todesstrafe

Ders./Weber, Ulrich/Mitsch, Wolfgang, Strafrecht, Allgemeiner Teil, 11. Auflage, Bielefeld 2003, zitiert: Baumann/Weber/Mitsch, Strafrecht
Bayertz, Kurt, Die Idee der Menschenwürde: Probleme und Paradoxien, ARSP 81 (1995), S. 465 ff.
Beccaria, Cesare, Über Verbrechen und Strafen, hrsg. von *Wilhelm Alff* nach 1766, Frankfurt am Main/Leipzig 1998; zitiert: *Beccaria*, Über Verbrechen und Strafen
Beckmann, Heinrich, Verfassungsrechtliche Grenzen staatlichen Strafens, DRiZ 1977, S. 108 ff.
Ders., Die Aussetzung des Strafrestes bei lebenslanger Freiheitsstrafe, NJW 1983, S. 537 ff.
Benda, Ernst, Verständigungsversuche über die Würde des Menschen, NJW 2001, S. 2147 f.
Ders./Maihofer, Werner/Vogel, Hans-Jochen, Handbuch des Verfassungsrechts der Bundesrepublik Deutschland, 2. Auflage, Berlin, New York 1994, zitiert: *Bearbeiter*, in: HdbVerfR
Bemmann, Günter, Strafvollzug und Menschenwürde, in: Beiträge zur Strafrechtswissenschaft, 2. Auflage 1996, zitiert: *Bemmann,* Strafvollzug und Menschenwürde
Ders., Strafvollzug und Menschenwürde, in: Prittwitz, Cornelius/Manoledakis, Ioannis (Hrsg.), Strafrecht und Menschenwürde. Deutsch-Griechisches Symposium Thessaloniki 1995, Baden-Baden 1998, zitiert: *Bemmann*, in Prittwitz/Manoledakis, Strafrecht und Menschenwürde
Berner, Albert Friedrich, Abschaffung der Todesstrafe, Dresden 1861, zitiert: *Berner*, Todesstrafe
Bernsdorff, Norbert/Borowsky, Martin, Die Charta der Grundrechte der Europäischen Union. Handreichungen und Sitzungsprotokolle, Baden-Baden 2002, zitiert: *Bernsdorff/Borowosky*, Charta der Grundrechte
Bettermann, Karl August, Die Rechtsweggarantie des Art. 19 Abs. 4 GG in der Rechtsprechung des BVerfG, AöR 96 (1971), S. 561 ff.
Beutler, Bengt, Erklärung des Europäischen Parlaments über Grundrechte und Grundfreiheiten vom 12. April 1989, EuGRZ 1989, S. 185 ff.
Bieber, Roland/Epiney, Astrid/Haag, Marcel, Die Europäische Union. Europarecht und Politik, 7. Auflage, Baden-Baden 2006, zitiert: *Bieber/Epiney/Haag,* Europäische Union
Bleckmann, Albert, Verfassungsrang der Europäischen Menschenrechtskonvention, EuGRZ 1995, S. 149 ff.
Ders., Völkerrecht, Baden-Baden 2001, zitiert: *Bleckmann*, Völkerrecht
Bockelmann, Paul, Die rationalen Gründe gegen die Todesstrafe, in: Die Frage der Todesstrafe. Zwölf Antworten, Frankfurt am Main – Hamburg 1965, zitiert: *Bockelmann*, in: Die Frage der Todesstrafe

Böckenförde, Ernst-Wolfgang, Menschenwürde als normatives Prinzip. Die Grundrechte in der bioethsichen Debatte, JZ 2003, S. 809 ff.

Boeckh, Hans von/Groeben, Hans von der, Kommentar zum EWG-Vertrag, 2. Auflage, Baden-Baden, 1974, zitiert: *von Boeckh/von der Groeben*, EWG-Vertrag

Bothe, Michael/Dolzer, Rudolf/Hailbronner, Kay/Klein, Eckart/Kunig, Philip/ Schröder, Meinhard/Graf Vitzthum, Wolfgang (Hrsg.), Völkerrecht, 3. Auflage, Berlin – New York 2004, zitiert: *Bearbeiter*, in: Bothe/Dolzer/Hailbronner/Klein/Kunig/Schröder/Graf Vitzthum, Völkerrecht

Bryde, Brun-Otto, Verfassungsentwicklung. Stabilität und Dynamik im Verfassungsrecht der Bundesrepublik Deutschland, Baden-Baden 1982, zitiert: *Bryde*, Verfassungsentwicklung

Bühler, Margit, Einschränkung von Grundrechten nach der Europäischen Grundrechtecharta, Berlin 2005, zitiert: *Bühler*, Einschränkung von Grundrechten

Busse, Christian, Eine kritische Würdigung der Präambel der Europäischen Grundrechtecharta, EuGRZ 2002, S. 59 ff.

Calliess, Christian, Die Europäische Grundrechts-Charta, in: Ehlers, Dirk (Hrsg.), Europäische Grundrechte und Grundfreiheiten, 2. Auflage, Berlin 2005, zitiert: *Calliess*, in: Ehlers, Europäische Grundrechte und Grundfreiheiten

Ders., Die Charta der Grundrechte der Europäischen Union – Fragen der Konzeption, Kompetenz und Verbindlichkeit, EuZW 2001, S. 261 ff.

Ders./Ruffert, Matthias, EUV/EGV. Das Verfassungsrecht der Europäischen Union mit Europäischer Grundrechtecharta, 3. Auflage, München 2007, zitiert: *Bearbeiter,* in: Calliess/Ruffert, EUV/EGV

Calliess, Rolf-Peter, Die Todesstrafe in der Bundesrepublik Deutschland, NJW 1988, S. 849 ff.

Caspar, Johannes, Die EU-Charta der Grundrechte und das Bildungsrecht, in: Recht der Jugend und des Bildungswesens (RdJB) 2001, S. 165 ff.

Catteneo, Mario A., Menschenwürde bei Kant, in: Seelmann, Kurt (Hrsg.), Menschenwürde als Rechtsbegriff. Tagung der Internationalen Vereinigung für Rechts- und Sozialphilosophie (IVR), Schweizer Sektion Basel, 25. bis 28. Juni 2003, Stuttgart 2004, zitiert: *Catteneo*, in: Seelmann, Menschenwürde

Chwolik-Langferman, Ellen, Braucht die Europäische Union einen Grundrechtskatalog? ZRP 1995, S. 126 ff.

Dieselbe, Grundrechtsschutz in der Europäischen Union. Frankfurt am Main 1994, zitiert: *Chwolik-Langfermann,* Grundrechtsschutz in der Europäischen Union

Council of Europe, The Death Penalty. Beyond abolition, Strassburg 2004, zitiert: *Council of Europe*

Cremer, H.-J., Der Schutz vor den Auslandsfolgen aufenthaltsbeendender Maßnahmen, Heidelberg 1994, zitiert: *Cremer*, Der Schutz vor den Auslandsfolgen

Curtius, Carl Friedrich, Die Schranken der Änderung des Grundgesetzes, Köln 1953, zitiert: *Curtius*, Die Schranken

Dachs, Johannes, Tod durch das Fallbeil. Der deutsche Strafrichter Johannes Reichhart (1893-1972). Mit einem Nachwort von Friedrich-Christian Schroeder, zitiert: *Dachs*, Tod durch das Fallbeil

Däubler-Gmelin, Herta, Eine europäische Charta der Grundrechte – Beitrag zur gemeinsamen Identität, EuZW 2000, S. 1 ff.

Danwitz, Thomas von/Röder, Sonja, Vorüberlegungen zu einer Schutzbereichslehre der europäischen Charta-Grundrechter, in: Stern, Klaus/Tettinger, Peter, Die Europäische Grundrechte-Charta im wertenden Verfassungsvergleich, Berlin 2005, zitiert: *von Danwitz/Röder*, in: Grundrechte-Charta

Dehler, Thomas, Gegen die Einführung der Todesstrafe. Abgedruckt im Bundesanzeiger, Köln 1977, zitiert: *Dehler*, Gegen die Einführung der Todesstrafe

Denninger Erhard/Hoffmann-Riem, Wolfgang/Schneider, Hans-Peter/Stein, Ekkehart, Kommentar zum Grundgesetz für die Bundesrepublik Deutschland, Reihe Alternativkommentare, Loseblatt, Neuwied, zitiert: *Bearbeiter*, in: AK, GG

Deutscher Bundestag (Hrsg.), Die Charta der Grundrechte der Europäischen Union. Berichte und Dokumentation mit einer Einleitung von Jürgen Meyer und Markus Engels, Opladen 2001; zitiert: *Bearbeiter*, in: Deutscher Bundestag, Die Charta der Grundrechte

Di Fabio, Udo, Eine europäische Charta, JZ 2000, S. 737 ff.

Doehring, Karl, Das Staatsrecht der Bundesrepublik Deutschland, 3. Auflage, Frankfurt 1984, zitiert: Doehring, Staatsrecht.

Ders., Die Schutzwirkung des Strafrechts im Strafrechtsnotstand, ZRP 1978, S. 25 ff.

Dölling, Dieter, Generalprävention durch Strafrecht: Realität oder Illusion, ZStW 102 (1990), S. 1 ff.

Dolzer, Rudolf (Hrsg.), Bonner Kommentar zum Grundgesetz, Loseblatt, Heidelberg, Band 1: Einleitung – Art. 5, Band 7: Art. 75-91 b, Band 8, Art. 92-104 GG, zitiert: *Bearbeiter*, in: BK, GG

Dorfmüller, Martin, Juristische Argumente für die Todesstrafe, in: *Karrenberg, Friedrich / Bismarck, Klaus von (Hrsg.)*, Todesstrafe? Theologische und juristische Argumente, Stuttgart 1960, zitiert: *Dorfmüller,* in: Karrenberg/von Bismarck, Todesstrafe?

Dreher, Eduard, Für und wider die Todesstrafe, Bemühungen um das Recht.

Gesammelte Aufsätze von Eduard Dreher, München 1972, zitiert: *Dreher*, in: Für und wider die Todesstrafe

Dreier, Horst (Hrsg.), Grundgesetz – Kommentar, Band 1: Präambel, Art. 1-19, 2. Auflage, Tübingen 2004; Band 2: Art. 20-82, 2. Auflage, Tübingen 2006; Band 3: Art. 83-146, Tübingen 2000, zitiert: *Bearbeiter*, in : Dreier, GG

Ders., Bedeutung und systematische Stellung der Menschenwürde im deutschen Grundgesetz, in: Seelmann, Kurt (Hrsg.), Menschenwürde als Rechtsbegriff. Tagung der Internationalen Vereinigung für Rechts- und Sozialphilosophie (IVR), Schweizer Sektion Basel, 25. bis 28. Juni 2003, Stuttgart 2004, zitiert: *Dreier*, in: Seelmann, Menschenwürde

Dürig, Günter, Der Grundsatz von der Menschenwürde, AöR 81 (1956), S. 117 ff.

Ders., Zur Bedeutung und Tragweite des Art. 79 Abs. 3 GG, in: Spanner, Hans u.a. (Hrsg.), Festgabe für Theodor Maunz: zum 70. Geburtstag am 1. September 1971, S. 41 ff., München 1971, zitiert: *Dürig*, in: FS Maunz

Düsing, Bernhard, Die Geschichte der Abschaffung der Todesstrafe in der Bundesrepublik Deutschland. Mit einem Vorwort des Bundesministers der Justiz Dr. Thomas Dehler, Offenbach/Main 1952, zitiert: *Düsing*, Die Geschichte der Abschaffung der Todesstrafe

Düx, Heinz/Schroeder, Friedrich-Christian, Meinungen zur Folterdiskussion, ZRP 2003, S. 180

Ebel, Friedrich/Kunig, Philip, Die Abschaffung der Todesstrafe – Historie und Gegenwart, JURA 1998, S. 617 ff.

Ehmke, Horst, Grenzen der Verfassungsänderung, Berlin 1953, zitiert: *Ehmke*, Grenzen der Verfassungsänderung

Eisner, Carolin, Die Schrankenregelung der Grundrechtecharta der Europäischen Union. Gefahr oder Fortschritt für den Grundrechtsschutz in Europa, Baden-Baden 2005, zitiert: *Eisner*, Die Schrankenregelung der Grundrechtecharta

Enders, Christoph, Die Menschenwürde in der Verfassungsordnung. Zur Dogmatik des Art. 1 GG, Tübingen 1997, zitiert: *Enders*, Die Menschenwürde in der Verfassungsordnung

Ders., Die Menschenwürde als Recht auf Rechte, in: Seelmann, Kurt, Menschenwürde als Rechtsbegriff. Tagung der Internationalen Vereinigung für Rechts- und Sozialphilosophie (IVR), Schweizer Sektion Basel, 25. bis 28. Juni 2003, Stuttgart 2004, zitiert: *Enders*, in: Seelmann, Menschenwürde

Engels, Markus, Die europäische Grundrechtecharta: Auf dem Weg zu einer europäischen Verfassung? Eurokolleg 45 (2001), S. 1 ff.

Epping, Volker, Die Verfassung Europas? JZ 2003, S. 821 ff.

Erb, Volker, Notwehr als Menschenrecht – Zugleich eine Kritik der Entscheidung des LG Frankfurt am Main im „Fall Daschner“ NStZ 2005, S. 593 ff.

Erichsen, Hans-Uwe, Zur Verfassungswidrigkeit der lebenslangen Freiheitsstrafe, NJW 1976, S. 1721 ff.

Ders., Zu den Grenzen der Verfassungsänderung nach dem Grundgesetz (Anmerkung zu BVerfGE 30, 1), VerwArch 62 (1971), S. 291 ff.

Ermecke, Gustav, Zur ethischen Begründung der Todesstrafe heute, 2. Auflage, Paderborn 1963, zitiert: *Ermecke*, Todesstrafe

Evans, Richard J., Rituale der Vergeltung. Die Todesstrafe in der deutschen Geschichte 1532-1987, Berlin 2001, zitiert: *Evans*, Rituale der Vergeltung

Even, Burkhard, Die Unantastbarkeitsgarantie des Art. 79 Abs. 3 GG für die Grundrechte, Frankfurt am Main – Bern – New – York – Paris 1988, zitiert: *Even,* Die Bedeutung der Unantastbarkeitsgarantie

Everling, Ulrich, Durch die Grundrechtecharta zurück zu Solange I, EuZW 2003, S. 225

Exner, Franz, Kriminologie, 3. Auflage, Berlin – Göttingen – Heidelberg 1949, zitiert: *Exner,* Kriminologie

Fechner, Erich, Menschenwürde und generative Forschung und Technik, JZ 1986, S. 653 ff.

Feuerbach, Paul Johann Anselm von, Lehrbuch des gemeinen in Deutschland gültigen peinlichen Rechts, Giessen 1847, zitiert: *Feuerbach*, Lehrbuch des Rechts

Fiedeler, Silke Maria, Das verfassungsrechtliche Hoffnungsprinzip im Strafvollzug – ein hoffnungsloser Fall? Grundlagen, Grenzen und Ausblicke für die Achtung der Menschenwürde bei begrenzter Lebenserwartung eines Gefangenen, Frankfurt am Main 2003, zitiert: *Fiedeler*, Das verfassungsrechtliche Hoffnungsprinzip

Fischbach, Marc, Grundrechte-Charta und Menschenrechtskonvention, in: Heusel, Wolfgang (Hrsg.), Grundrechtecharta und Verfassungsentwicklung in der EU, Köln 2002, zitiert: *Fischbach,* in: Heusel, Grundrechte-Charta

Fischer, Michael (Hrsg.), Der Begriff der Menschenwürde. Definition, Belastbarkeit und Grenzen, Frankfurt am Main – Berlin – Bern – Bruxelles – New York – Wien 2004, zitiert: *Bearbeiter*, in: Fischer, Der Begriff der Menschenwürde

Fleckenstein, Martin, Die Todesstrafe im Werk Carl Joseph Anton Mittermaiers (1787-1867). Zur Entwicklungsgeschichte eines Werkbereichs und seiner Bedeutung für Theorie- und Methodenbildung, Frankfurt am Main/Berlin/Bern/New York/Paris/Wien 1992, zitiert: *Fleckenstein*, Die Todesstrafe

Fletcher, George P., In Search of Absolutes: Human Dignity and ist Biblical Roots, in: Seelmann, Kurt, Menschenwürde als Rechtsbegriff. Tagung der

Internationalen Vereinigung für Rechts- und Sozialphilosophie (IVR), Schweizer Sektion Basel, 25. bis 28. Juni 2003, Stuttgart 2004, zitiert: *Fletcher*, in: Seelmann, Menschenwürde

Flieger, Herbert, Todesstrafe „Die Würde des Menschen ist unantastbar". Ein Beitrag der Geisteswissenschaft zur Ächtung der Todesstrafe betrachtet aus allgemein-menschlicher, rechtlicher und christologischer Sicht, CH-Schaffhausen 1982, zitiert: *Flieger*, Todesstrafe

Frankenberg, Günter, Ausweisung und Abschiebung trotz drohender Todesstrafe? JZ 1986, S. 414 ff.

Frankowski, Stanislaw, Die Todesstrafe in den USA, ZStW 100 (1988), S. 951 ff.

Friauf, Karl Heinrich/Höfling, Wolfram, Berliner Kommentar zum Grundgesetz, Loseblatt, Berlin, zitiert: *Bearbeiter*, in: Friauf/Höfling, GG

Frowein, Jochen A./Peukert, Wolfgang, Europäische Menschenrechtskonvention, EMRK-Kommentar, 2. Auflage, Kehl u.a. 1996, zitiert: *Bearbeiter*, in: Frowein/Peukert, EMRK

Gebauer, Jochen, Die Grundfreiheiten des EG-Vertrags als Gemeinschaftsgrundrechte, Berlin 2004, zitiert: *Gebauer*, Die Grundfreiheiten des EG-Vertrags

Geck, Wilhelm Karl, Art. 102 GG und der Rechtshilfeverkehr zwischen der Bundesrepublik und den Ländern mit der Todesstrafe – *BVerfGE* 18, 112, JuS 1965, S. 221 ff.

Ders., Furman v. Georgia: Der Supreme Court und die Todesstrafe, in: Blumenwitz, Dieter/Randelzhofer, Albrecht (Hrsg.), Festschrift für Friedrich Berber zum 75. Geburtstag, S. 165 ff., München 1973, zitiert: *Geck*, in: FS Berber

Geddert-Steinacher, Tatjana, Menschenwürde als Verfassungsbegriff. Aspekte der Rechtsprechung des Bundesverfassungsgerichts zu Art. 1 Abs. 1 Grundgesetz, Berlin 1990, zitiert: *Geddert-Steinacher*, Menschenwürde

Geiger, Rudolf, Grundgesetz und Völkerrecht. Die Bezüge des Staatsrechts zum Völkerrecht und Europarecht, 3. Auflage, München 2002, zitiert: *Geiger*, Grundgesetz und Völkerrecht

Giegerich, Thomas, Richtermacht und Todesstrafe in den USA. Gewaltenteilung, verfassungsstaatliche und völkerrechtliche Humanitätsstandards in Kollision, EuGRZ 1995, S. 1 ff.

Ders., Luxemburg, Karlsruhe, Straßburg – Dreistufiger Grundrechtsschutz in Europa? ZaöRV 50 (1990), S. 836 ff.

Goethe, Johann Wolfgang, Maximen und Reflexionen. Text der Ausgabe von 1907 mit der Einleitung und den Erläuterungen Max Heckers, Frankfurt am Main 1976, zitiert: *Goethe*, Maximen und Reflexionen

Gotz, Heinrich, Das Urteil gegen Daschner im Lichte der Werteordnung des Grundgesetzes, NJW 2005, S. 953 ff.

Gollwitzer, Walter, Menschenrechte im Strafverfahren. MRK und IPBPR. Kommentar, Berlin 2005, zitiert: *Gollwitzer*, Menschenrechte

Golsong, Heribert/Karl, Wolfram (Hrsg.)*/Miehsler, Herbert/Petzold, Herbert/Rogge, Kersten/Vogler, Theo/Wildhaber, Luzius*, Internationaler Kommentar zur Europäischen Menschenrechtkonvention, Loseblatt, Köln-Berlin-München, zitiert: *Bearbeiter,* in: *Golsong/Karl/Miehsler/ Pezold /Rogge/Vogler/Wildhaber*, EMRK

Grabenwarter, Christoph, Europäische Menschenrechtskonvention, 2. Auflage, München 2005, zitiert: *Grabenwarter*, EMRK

Ders., Auf dem Weg in die Grundrechtsgemeinschaft? EuGRZ 2004, S. 563 ff.

Ders., Die Charta der Grundrechte für die Europäische Union, DVBl. 2001, S. 1 ff.

Grabitz, Eberhard, Der Grundsatz der Verhältnismäßigkeit in der Rechtsprechung des Bundesverfassungsgerichts, AöR 98 (1973), S. 568 ff.

Ders./Hilf, Meinhard, Das Recht der Europäischen Union, EUV/EGV, Loseblatt, München, zitiert: *Bearbeiter,* in: Grabitz/Hilf, EUV/EGV

Grasberger, Ulrike, Verfassungsrechtliche Problematiken der Höchststrafen in den USA und in der Bundesrepublik Deutschland. Todesstrafe und lebenslange Freiheitsstrafe, zitiert: *Grasberger*, Verfassungsrechtliche Problematiken der Höchststrafen

Greinwald, P. Sigisbert, Für und wider die Todesstrafe, 2. Auflage, München 1933, zitiert: *Greinwald*, Todesstrafe

Groeben, Hans von der/Schwarze, Jürgen (Hrsg.), Kommentar zum Vertrag über die Europäische Union und zur Gründung der Europäischen Gemeinschaft, Band 1: Art. 1-53 EUV/Art. 1-80 EGV, 6. Auflage, Baden-Baden 2003, zitiert: *Bearbeiter,* in: von der Groeben/Schwarze, EUV/EGV

Gröschner, Rolf, Menschenwürde und Sepulkralkultur in der grundgesetzlichen Ordnung: die kulturstaatlichen Grenzen der Privatisierung im Bestattungsrecht, Stuttgart 1995, zitiert: *Gröschner*, Menschenwürde und Sepulkralkultur

Gumbel, Tim, Grundrechte im EG-Kartellverfahren nach der VO 17/62, Berlin 2001, zitiert: *Gumbel*, Grundrechte im EG-Kartellverfahren

Gusy, Christoph, Polizeirecht, 6. Auflage, Tübingen 2006, zitiert: *Gusy*, Polizeirecht

Gysin, Kurt, Todesstrafe und todeswürdige Verbrechen im schweizerischen Militärstrafrecht, Zürich 1953, zitiert: *Gysin*, Todesstrafe und todeswürdige Verbrechen

Häberle, Peter, Verfassungstheorie und Naturrecht, AöR 99 (1974), S. 437 ff.

Ders., Verfassungsrechtliche Ewigkeitsklauseln als verfassungsstaatliche Identitätsgarantien, in: Hangartner, Yvo (Hrsg.), Festschrift für Hans Haug, Völkerrecht im Dienste des Menschen, S. 81 ff., Bern - Stuttgart 1986, zitiert: *Häberle*, in: FS Haug

Ders. Die Menschenwürde als Grundlage der staatlichen Gemeinschaft, in: Isensee, Josef/Kirchhof, Paul (Hrsg.), Handbuch des Staatsrechts der Bundesrepublik Deutschland, Band 1, 3. Auflage, Heidelberg 2003, zitiert: *Häberle*, in: HStR I

Ders., Die Abhörentscheidung des Bundesverfassungsgerichts vom 15.12.1970, JZ 1970, S. 145 ff.

Häfner, Gerald/Strawe, Christoph/Zulegg, Robert, In der Auseinandersetzung um eine Charta der Grundrechte der Europäischen Union, ZRP 2000, S. 365 ff.

Hain, Karl-Eberhard, Rundfunkfreiheit und Rundfunkordnung, Baden-Baden 1993, zitiert: *Hain*, Rundfunkfreiheit

Ders., Die Grundsätze des Grundgesetzes: Eine Untersuchung zu Art. 79 Abs. 3 GG (Studien und Materialien zur Verfassungsgerichtsbarkeit; Bd. 78), Baden-Baden 1999, zitiert: Grundsätze des Grundgesetzes

Haltern, Ulrich, Europäische Verfassungsästhetik - Grundrechtscharta und Verfassung der EU im Zeichen von Konsumkultur - Kritische Vierteljahresschrift für Gesetzgebung und Rechtswissenschaft (KritV) 2002, S. 261 ff.

Hamann, Andreas/Hamann, Andreas (jr.)/Lenz, Helmut, Das Grundgesetz für die Bundesrepublik Deutschland vom 23. Mai 1949, 3. Auflage, Neuwied 1970, zitiert: *Hamann/Lenz, GG.*

Hartig, Hanno, Die Todesstrafe in den Mitgliedstaaten des Europarates, EuGRZ 1980, S. 340 ff.

Ders., Abschaffung der Todesstrafe in Europa / Das 6. Zusatzprotokoll zur EMRK, EuGRZ 1983, S. 270 ff.

Haurand, Günter/Vahle, Jürgen, Rechtliche Aspekte der Gefahrenabwehr in Entführungsfällen, NVwZ 2003, S. 513 ff.

Hegel, Georg Wilhelm Friedrich, Grundlinien der Philosophie des Rechts oder Naturrecht und Staatswissenschaft im Grundrisse (1821), herausgegeben von Helmut Reichelt, Frankfurt am Main – Berlin – Wien 1972, zitiert: *Hegel*, Grundlinien der Philosophie des Rechts

Heldrich, Andreas, Persönlichkeitsschutz und Pressefreiheit nach der Europäischen Menschenrechtskonvention, NJW 2004, S. 2634 ff.

Hentig, Hans von, Crime: Causes and Conditions, New York – London 1947, zitiert: *von Hentig,* Crime: Causes and Conditions

Ders., Die Strafe 2. Die modernen Erscheinungsformen, Berlin – Göttingen – Heidelberg 1955, zitiert: *von Hentig*, Strafe

Herbert, Georg, Der Wesensgehalt der Grundrechte, EuGRZ 1985, S. 321 ff.

Herdegen, Matthias, Die Menschenwürde im Fluß des bioethischen Diskurses, JZ 2001, S. 773 ff.

Ders., Völkerrecht, 4. Auflage, München 2005, zitiert: *Herdegen*, Völkerrecht

Ders., Die Erforschung des Humangenoms als Herausforderung für das Recht, JZ 2000, S. 633 ff.

Herzog, Roman, Das Verhältnis der Europäischen Menschenrechtskonvention zu späteren deutschen Gesetzen, DÖV 1959, S. 44 ff.

Ders./Kunst, Hermann/Schlaich, Klaus/Schneemelcher, Wilhelm (Hrsg.), Evangelisches Staatslexikon, Band I A-M, Band II N-Z, 3. Auflage, Stuttgart 1987, zitiert: Evangelisches Staatslexikon

Hesse, Konrad, Grundzüge des Verfassungsrechts der Bundesrepublik Deutschland, 20. Auflage, Heidelberg 1995, zitiert: *Hesse*, Verfassungsrecht.

Hetzel, H. Die Todesstrafe in ihrer kulturgeschichtlichen Entwicklung, Berlin 1870, zitiert: *Hetzel*, Die Todesstrafe

Hilf, Meinhard, Die Gemeinsame Erklärung des Europäischen Parlaments, des Rats und der Kommission vom 5. April 1977, EuGRZ 1977, S. 158 ff.

Ders., Ein Grundrechtskatalog für die Europäische Gemeinschaft, EuR 1991, S. 19 ff.

Ders. in: Duschanek, Alfred/Griller, Stefan (Hrsg.), Grundrechte für Europa. Die Europäische Union nach Nizza, Wien/New York 2002, zitiert: *Hilf*, in: Duschanek/Griller, Grundrechte für Europa

Hillermeier, Heinz, „Im Namen des Deutschen Volkes!" Todesurteile des Volksgerichtshofs, 3. Auflage, Darmstadt/Neuwied 1983, zitiert: *Hillermeier*, „Im Namen des Deutschen Volkes!"

Hilty, Über die Wiedereinführung der Todesstrafe. Öffentliche Vorlesung von Prof. Dr. Hilty, Bern 1879, zitiert: *Hilty*, Todesstrafe

Hippel, Eike von, Grenzen und Wesensgehalt der Grundrechte, Berlin 1965, zitiert: *von Hippel*, Grenzen und Wesensgehalt der Grundrechte

Hippel, Robert von, Deutsches Strafrecht, I. Band, Allgemeine Grundlagen, Berlin 1925; zitiert: *Hippel*, Deutsches Strafrecht

Hirsch, Martin/Majer, Diemut/Meinck, Jürgen, Recht, Verwaltung und Justiz im Nationalsozialismus. Ausgewählte Schriften, Gesetze und Gerichtsentscheidungen von 1933 bis 1945, Köln 1984, zitiert: *Hirsch/Majer/Meinck*, Recht, Verwaltung und Justiz im Nationalsozialismus

Hitler, Adolf, Mein Kampf, Zwei Bände in einem Band. Erster Band: Eine Abrechnung. Zweiter Band: Die nationalsozialistische Bewegung, 377. Auflage, München 1938, zitiert: *Hitler*, Mein Kampf

Hobe, Stephan, Europarecht, Köln – Berlin – Bonn, 3. Auflage, München 2006, zitiert: *Hobe,* Europarecht

Ders./Kimminich, Otto, Einführung in das Völkerrecht, 8. Auflage, Tübingen – Basel 2004, zitiert: *Hobe/Kimminich*, Völkerrecht

Hoerster, Norbert, Zur Bedeutung des Prinzips der Menschenwürde, JuS 1983, S. 93 ff.

Hoffmeister, Frank, Die Europäische Menschenrechtskonvention als Grundrechtsverfassung und ihre Bedeutung in Deutschland, Der Staat 2001, S. 349 ff.

Höfling, Wolfram, Die Unantastbarkeit der Menschenwürde – Annäherung an einen schwierigen Verfassungssatz, JuS 1995, S. 857 ff.

Hofmann, Hasso, Die versprochene Menschenwürde, AöR 118 (1993), S. 353 ff.

Ders., Biotechnik, Gentherapie, Genmanipulation – Wissenschaft im rechtsfreien Raum? JZ 1986, S. 253 ff.

Hohmann, Olaf, Die Geschichte der Abschaffung der Todesstrafe in Deutschland, in: Boulanger, Christian/Heyes, Vera/Hanfling, Philip (Hrsg.), Zur Aktualität der Todesstrafe. Interdisziplinäre und globale Perspektiven, 2. Auflage, Berlin 2002, zitiert: *Hohmann*, in: Boulanger/Heyes/Hanfling, Zur Aktualität der Todesstrafe

Ders., Darf ein Staat töten? Überlegungen anlässlich der Aktualität der Todesstrafe, JURA 2000, S. 285 ff.

Hood, Roger, Introduction – The importance of abolishing the death penalty, in: Europe Council (Hrsg.), The Death Penalty. Beyond abolition, Strassburg 2004, zitiert: *Hood*, in: Europe Council, The Death Penalty

Huber, Ernst Rudolf, Der Streit um das Wirtschaftsverfassungsrecht, DÖV 1956, 135 ff.

Hufen, Friedhelm, Erosion der Menschenwürde, JZ 2004, S. 313 ff.

Hume, David, Eine Untersuchung über den menschlichen Verstand, Hamburg 1993, zitiert: *Hume*, Eine Untersuchung über den menschlichen Verstand

Hummer, Waldemar, Der Status der EU-Grundrechtecharta, Berlin 2003, zitiert: *Hummer,* Der Status der EU-Grundrechtecharta

Iber, Andera, Der Status der Grundrechtscharta im Gemeinschaftsrecht: Derzeitige Verbindlichkeit und Zukunftsperspektiven der Charta – insbesondere im Verfassungskonvent, ZEuS 2002, S. 483 ff.

Ipsen, Jörn, Staatsrecht II, Grundrechte, 9. Auflage, Neuwied Kriftel 2006, zitiert: *Ipsen*, Staatsrecht II

Ipsen, Knut, Völkerrecht, 5. Auflage, München 2004, zitiert: *Ipsen*, Völkerrecht

Isensee, Josef, Mit blauem Auge davongekommen – das Grundgesetz. Zu Arbeit und Resultaten der Gemeinsamen Verfassungskommission, NJW 1993, S. 2583 ff.

Jäckel, Hartmut, Grundrechtsgeltung und Grundrechtssicherung, Berlin 1962, zitiert: Jäckel, Grundrechtsgeltung und Grundrechtssicherung

Jakobs, Günther, Strafrecht Allgemeiner Teil. Die Grundlagen und die Zurechnungslehre, 2. Auflage, Berlin – New York 1991, zitiert: *Jakobs*, Strafrecht AT

Jarass, Hans D., EU-Grundrechte, München 2005, zitiert. *Jarass*, EU-Grundrechte

Ders./Pieroth, Bodo, Grundgesetz für die Bundesrepublik Deutschland, 8. Auflage, München 2006, zitiert: *Bearbeiter*, in: Jarass/Pieroth, GG

Jerouschek, Günter, Gefahrenabwendungsfolter – Rechtsstaatliches Tabu oder polizeirechtlich legitimierter Zwangseinsatz? JuS 2005, S. 296 ff.

Jescheck, Hans-Heinrich, Die Todesstrafe in ausländischem Recht, in: Die Frage der Todesstrafe. Zwölf Antworten, Frankfurt am Main – Hamburg 1965, zitiert: *Jescheck,* in: Die Frage der Todesstrafe

Ders./Weigend, Thomas, Lehrbuch des Strafrechts Allgemeiner Teil, 5. Auflage, Berlin 1996, zitiert: *Jescheck/Weigend*, Strafrecht AT

John, Richard Ed.; Über die Todesstrafe, Berlin 1867; zitiert: *John*, Todesstrafe

Kant, Immanuel, Kritik der reinen Vernunft, Hamburg 1998, zitiert: *Kant*, Kritik der reinen Vernunft

Ders., Kritik der praktischen Vernunft, Hamburg 1990, zitiert: *Kant*, Kritik der praktischen Vernunft

Ders., Grundlegung zur Metaphysik der Sitten, Hamburg 1999, zitiert: *Kant*, Grundlegung Metaphysik der Sitten

Ders., Die Metaphysik der Sitten, Stuttgart 1990, zitiert: *Kant*, Die Metaphysik der Sitten

Kaufmann, Arthur, Schuld und Strafe, Köln, Berlin, Bonn, München 1993, zitiert: *Kaufmann*, Schuld und Strafe

Ders., Rechtsphilosophie, 2. Auflage, München 1997, zitiert: *Kaufmann*, Rechtsphilosophie

Kaufmann, Sylvia-Yvonne, Grundrechtecharta der EU. Mitglieder und Beobachter des Konvents berichten, Bonn 2001, zitiert: *Kaufmann,* Grundrechtecharta

Keller, Dieter, Die Todesstrafe in kritischer Sicht, Berlin 1968, zitiert: *Keller*, Die Todesstrafe

Kenntner, Markus, Die Schrankenbestimmungen der EU-Grundrechtecharta: Grundrechte ohne Schutzwirkung? ZRP 2000, S. 423 ff.

Kindhäuser, Urs, Strafrecht, Allgemeiner Teil, Baden-Baden 2005, zitiert: *Kindhäuser,* Strafrecht AT

Kingreen, Thorsten, Die Gemeinschaftsgrundrechte, JuS 2000, S. 857 ff.

Ders., Theorie und Dogmatik der Grundrechte im europäischen Verfassungsrecht, EuGRZ 2004, S. 1 ff.

Ders./Störmer, Rainer, Die subjektiv-öffentlichen Rechte des primären Gemeinschaftsrechts, EuR 1998, S. 263 ff.

Kirchhof, Paul, Polizeiliche Eingriffsbefugnisse und private Nothilfe, NJW 1978, S. 969 ff.

Ders., Die Identität der Verfassung in ihren unabänderlichen Inhalten, in: Isensee, Josef/Kirchhof, Paul, Handbuch des der Bundesrepublik Deutschland, Band I, 2. Auflage (Vorauflage), Heidelberg 1987, zitiert: *Lerche*, in: HStR V

Klinge, Ines, Todesbegriff, Totenschutz und Verfassung, Baden-Baden 1996, zitiert: *Klinge*, Todesbegriff

Kloepfer, Michael, Leben und Würde des Menschen, in: Badura/Dreier (Hrsg.), Festschrift 50 Jahre Bundesverfassungsgericht, S. 77 ff., Band 2: Klärung und Fortbildung des Verfassungsrechts, Tübingen 2001, zitiert: *Kloepfer*, in: FS 50 Jahre BVerfG

Knauer, Wilfried, Nationalsozialistische Justiz und Todesstrafe. Eine Dokumentation zur Gedenkstätte in der Justizvollzugsanstalt Wolfenbüttel, Braunschweig 1991, zitiert: *Knauer*, Nationalsozialistische Justiz und Todesstrafe

Knecht, Matthias H., Die Charta der Grundrechte der Europäischen Union. Eine Würdigung der Entstehung und rechtsvergleichende, grundrechtsdogmatische Analyse, zitiert: *Knecht*, Die Charta der Grundrechte

Knemeyer, Franz-Ludwig, Polizei- und Ordnungsrecht, 10. Auflage, München 2004, zitiert: *Knemeyer*, Polizei- und Ordnungsrecht

Knöll, Ralf, Die Diskussion um die Grundrechtscharta der Europäischen Union aus dem Blickwinkel der deutschen Länder, NJW 2000, S. 1845 ff.

Kokott, Juliane, Grundrechtliche Schranken und Schrankenschranken, in: Merten, Detlef/Papier, Hans-Jürgen (Hrsg.), Handbuch der Grundrechte in Deutschland und Europa, Band 1, Heidelberg 2004, zitiert: *Kokott*, in: Merten/Papiert, Handbuch der Grundrechte

Kreuzer, Arthur, Kriminologische Aspekte zur Debatte um die lebenslange Freiheitsstrafe, ZRP 1977, S. 49 ff.

Krüger, Christian, Protocol No. 6 to the European Convention on Human Rights, in: Europe Council, The Death Penalty. Beyond abolition, Strassburg 2004, zitiert: *Krüger*, in: Europe Council, The Death Penalty

Krüger, Herbert, Der Wesensgehalt der Grundrechte i.S. des Art. 19 GG, DÖV 1955, S. 597 ff.

Krüger, Ralf, Die bewußte Tötung bei polizeilichem Schußwaffengebrauch, NJW 1973, S. 1 ff.

Kübler, Johanna, Die Säulen der Europäischen Union: einheitliche Grundrechte? – Zur Grundrechtsdivergenz zwischen der ersten und dritten Säule am Beispiel des Datenschutzes, Baden-Baden 2002, zitiert: *Kübler*, Die Säulen der Europäischen Union

Kühle, Heinrich, Staat und Todesstrafe, Münster 1934, zitiert: *Kühle*, Staat und Todesstrafe

Kühne, Jörg-Detlef, Die Reichsverfassung der Paulskirche. Vorbild und im späteren deutschen Rechtsleben, 2. Auflage, Neuwied 19998, zitiert: *Kühne*, Die Reichsverfassung der Paulskirche

Kühne, Hans-Heiner, Die Entscheidung des EuGhMR in Sachen Öcalan, JZ 2003, S. 670 ff.

Künneth, Walter, Die theologischen Argumente für und wider die Todesstrafe, in: Die Frage der Todesstrafe. Zwölf Antworten, Frankfurt am Main – Hamburg 1965, zitiert: *Künneth*, in: Die Frage der Todesstrafe

Kutscha, Martin, Rechtsschutzdefizite bei Grundrechtseingriffen von Sicherheitsbehörden, NVwZ 2003, S. 1296 ff.

Ders., Das Grundrecht auf Leben unter Gesetzesvorbehalt – ein verdrängtes Problem – in memoriam *Hans Lisken*, NVwZ 2004, S. 801 ff.

Lackner, Karl/Kühl, Kristian, Strafgesetzbuch Kommentar, 25. Auflage, München 2004, zitiert: *Lackner/Kühl*, StGB

Landau, L. R., Die Prinzipien des Rechts und die Todesstrafe, Leipzig 1871, zitiert: *Landau*, Prinzipien des Rechts

Lang-Hinrichsen, Dietrich, Zur Frage der Todesstrafe, JR 1961, S. 321 ff.

Lecheler, Helmut, Einführung in das Europarecht, 2. Auflage, München 2003, zitiert: *Lecheler*, Einführung in das Europarecht

Leder, Karl Bruno, Todesstrafe. Ursprung, Geschichte, Opfer, Wien, München 1980, zitiert: *Leder*, Todesstrafe

Lenz, Carl Otto, Ein Grundrechtskatalog für die Europäische Gemeinschaft? NJW 1997, S. 3289 f.

Lenz, Carl Otto/Borchardt, Klaus-Dieter, EU- und EG- Vertrag. Kommentar zum dem Vertrag über die Europäische Union und zu dem Vertrag zur Gründung der Europäischen Gemeinschaft, jeweils in der durch den Vertrag von Nizza geänderten Fassung, 4. Auflage, Köln 2006, zitiert: *Bearbeiter*, in: Lenz/Borchardt, EU- und EG- Vertrag

Lerche, Peter, Grundrechtsschranken, in: *Isensee, Josef/Kirchhof, Paul* (Hrsg.), Handbuch des Staatsrechts der Bundesrepublik Deutschland, Band V, Heidelberg 1995, zitiert: *Lerche*, in: HStR V

Lesch, Heiko Hartmut, Der Verbrechensbegriff. Grundlinien einer funktionalen Revision, Köln 1999, zitiert: *Lesch*, Verbrechensbegriff

Lewandowski, Horst-Harald, Die Todesstrafe in der Aufklärung, Bonn 1961, zitiert: *Lewandowski*, Die Todesstrafe in der Aufklärung

Liepmann, M., Die Todesstrafe, Ein Gutachten, Verhandlungen des 31. Deutschen Juristentages, Berlin 1912, zitiert: *Liepmann,* Todesstrafe

Lisken, Hans Friedrich/Witzstrock, Heike, Einführung des polizeilichen Todesschusses? Pro & Contra, ZRP 2004, S. 31

Liszt, Franz von, Der Zweckgedanke im Strafrecht (sog. „Marburger Programm"), ZStW 3 (1883), S. 1 ff. = Strafrechtliche Vorträge und Aufsätze, Bd. 1, 1905 (reprint 1970), S. 126 ff.

Lohmann, Georg, Überlegungen zur Aktualität der Todesstrafe aus philosophischer Sicht,in: Boulanger, Christian/Heyes, Vera/Hanfling, Philip (Hrsg.), Zur Aktualität der Todesstrafe, Interdisziplinäre und globale Perspektiven, 2. Auflage, Berlin 2002, zitiert: *Lohmann*, in: Boulanger/Heyes/Hanfling, Zur Aktualität der Todesstrafe

Lorenz, Dieter, Recht auf Leben und körperliche Unversehrtheit, in: Isensee, Josef/Kirchhof, Paul (Hrsg.), Handbuch des Staatsrechts der Bundesrepublik Deutschland, Band VI, Heidelberg 1989, zitiert: *Lorenz*, in: HStR VI

Losch, Bernhard - Radau, Wiltrud Christine, Grundrechtskatalog für die Europäische Union, ZRP 2000, S. 84 ff.

Luhmann, Niklas ,Grundrechte als Institution, Berlin 1965, zitiert: *Luhmann*, Grundrechte

Luf, Gerhard, Menschenwürde in der Philosophie des Deutschen Idealismus, in: Seelmann, Kurt, Menschenwürde als Rechtsbegriff. Tagung der Internationalen Vereinigung für Rechts- und Sozialphilosophie (IVR), Schweizer Sektion Basel, 25. bis 28. Juni 2003, Stuttgart 2004, zitiert: *Luf*, in: Seelmann, Menschenwürde

Magiera, Siegfried, Die Grundrechtecharta der Europäischen Union, DÖV 2000, S. 1017 ff.

Maier, Irene, Initiativen zur Abschaffung der Todesstrafe, Vereinte Nationen 1981, S. 6 ff.

Mangoldt, Hermann von/Klein, Friedrich/Starck, Christian, Bonner Grundgesetz Kommentar, Band 1: Präambel, Art. 1 bis 19, Band 2: Art. 20-82, Band 3: Art. 83 – 146, 5. Auflage, München 2005, zitiert: *Bearbeiter*, in: von Mangoldt/Klein/Starck

Ders., Grundrechte und Grundsatzfragen des Bonner Grundgesetzes, AöR 79 (1949), S. 273 ff.

Ders., Die Grundrechte, DÖV 1949, S. 261 ff.

Mann, Roger, Auswirkungen der Caroline-Entscheidung des EGMR auf die forensicher Praxis, NJW 2004, S. 3220 ff.

Martis, Roderich, Die Funktionen der Todesstrafe, Eine kritische Analyse zur Realität der Todesstrafe in der Gegenwart, Bonn-Bad Godesberg 1991, zitiert: *Martis*, Die Funktionen der Todesstrafe

Mastronardi, Philippe, Verrechtlichung der Menschenwürde – Transformation zwischen Religion, Ethik und Recht, in: Seelmann, Kurt, Menschenwürde als Rechtsbegriff. Tagung der Internationalen Vereinigung für Rechts- und Sozialphilosophie (IVR), Schweizer Sektion Basel, 25. bis 28. Juni 2003, Stuttgart 2004, zitiert: *Mastronardi*, in: Seelmann, Menschenwürde

Maunz, Theodor/Zippelius, Reinhold, Deutsches Staatsrecht, 30. Auflage, München 1998, zitiert: *Maunz/Zippelius*, Staatsrecht

Maunz, Theodor/Dürig, Günter, Grundgesetz, Loseblattsammlung, München, Band 1: Art. 1-5, Band 3: Art. 17-27, Band 5: Art. 70-99, Band 6: Art. 100-146, zitiert: *Bearbeiter*, in: Maunz/Dürig, GG

Maurach, Reinhart, Juristische Argumente gegen die Todesstrafe, in: *Karrenberg, Friedrich/Bismarck, Klaus von,* Todesstrafe? Theologische und juristische Argumente, Ort Jahr, zitiert: *Maurach*, in: Karrenberg/von Bismarck, Todesstrafe?

Ders., Schuld und Strafe, in: Die Frage der Todesstrafe. Zwölf Antworten, Frankfurt am Main – Hamburg 1965, zitiert: *Maurach*, in: Die Frage der Todesstrafe

Ders./Zipf, Heinz, Strafrecht Allgemeiner Teil, Teilband 1: Grundlehren des Strafrechts und Aufbau der Straftat, 8. Auflage, Heidelberg 1992, zitiert: *Maurach/Zipf*, Strafrecht

Meier, Bernd-Dieter, Strafrechtliche Sanktionen, Berlin 2001, zitiert: *Meier*, Strafrechtliche Sanktionen

Merten, Detlef, Zum polizeilichen Schußwaffengebrauch, in: *ders.* (Hrsg.), Aktuelle Probleme des Polizeirechts unter Berücksichtigung eines Musterentwurfes eines einheitlichen Polizeigesetzes des Bundes und der Länder. Vorträge und Diskussionsbeiträge des 5. Sonderseminars 1976 der Hochschule für Verwaltungswissenschaft, Berlin 1977, zitiert: *Merten*, in: *ders.*, Aktuelle Problem des Polizeirechts

Ders., Zum Streit um den Todesschuss: vom Tätermitleid zur Opferpreisgabe, in: Staat und Völkerrechtsordnung. in Hailbronner, Kay (Hrsg.), Festschrift für Karl Doehring, S. 579 ff., Berlin 1989, zitiert: *Merten*, in: FS Doehring

Messner, Johannes, Die Idee der Menschenwürde im Rechtsstaat der pluralistischen Gesellschaft, in: Leibholz, Gerhard (Hrsg.), Menschenwürde und freiheitliche Rechtsordnung, Festschrift für Willi Geiger, S. 221 ff., Tübingen 1974, zitiert: *Messner*, in: FS Geiger

Meyer, Jürgen, Kommentar zur Charta der Grundrechte der Europäischen Union, Baden-Baden 2003, zitiert: *Bearbeiter*, in: Meyer, Charta der Grundrechte

Ders./Engels, Markus, Aufnahme von sozialen Grundrechten in die Europäische Gemeinschaft? ZRP 2000, S 368 ff.

Meyer-Ladewig, Jens, EMRK, Konvention zum Schutz der Menschenrechte und Grundfreiheiten, Handkommentar, Baden-Baden 2003, zitiert: *Meyer-Ladewig*, EMRK

Middendorf, Wolf, Todesstrafe – Ja oder Nein? Freiburg 1962, zitiert: *Middendorf*, Todesstrafe

Mittermaier, Carl Josef Anton, Die Todesstrafe nach den Ergebnissen der wissenschaftlichen Forschungen, der Fortschritte der Gesetzgebung und der Erfahrungen Heidelberg, 1862, zitiert: *Mittermaier*, Die Todesstrafe

Ders., Die Todesstrafe nach dem neuesten Stande in England, Nordamerika, Frankreich, Belgien Dänemark, Schweden, Rußland, Italien und Deutschland, Archiv des Criminalrechts, Neue Folge, 1840, S. 442 ff., S. 583 ff.; 1841, S. 1 ff. , 311 ff.

Möhrenschläger, Manfred, Völkerrechtliche Abschaffung der Todesstrafe – Geschichtliche Entwicklung und gegenwärtiger Stand – in: Arzt, Gunther (Hrsg.), Festschrift für Jürgen Baumann zum 70. Geburtstag, 22. Juni 1992, Bielefeld 1992, zitiert: *Möhrenschläger*, in: FS Baumann

Mombaur, Peter M., Die Charta der Grundrechte der Europäischen Union – ein Bericht in neun Punkten, DÖV 2001, S. 595 ff.

Ders., Kann der Konvent die Schwierigkeiten überwinden?, in: Bremische Bürgschaft, Charta der Grundrechte der europäischen Union, Bremen 2000, zitiert: *Mombaur*, in: Bremische Bürgschaft, Charta der Grundrechte

Montesquieu, Charles-Louis de Secondat de Brède et de, Vom Geist der Gesetze Band I, in der Übersetzung und herausgegeben von Ernst Forsthoff, Tübingen 1951, zitiert: *Montesquieu*, Vom Geist der Gesetze

Müller, Friedrich, Normbereiche von Einzelgrundrechten in der Rechtsprechung des Bundesverfassungsgerichts, Berlin 1968, zitiert: Müller, Normbereiche von Einzelgrundrechten

Müller-Graff, Peter-Christian, Europäische Verfassung und Grundrechtscharta: Die Europäische Union als transnationales Gemeinwesen, Integration 2000, S. 34 ff.

Müller-Meiningen jr., Ernst, Todesstrafe und öffentliche Meinung, in: Die Frage der Todesstrafe. Zwölf Antworten, Frankfurt am Main – Hamburg 1965, *Müller-Meiningen jr.*, in: Die Frage der Todesstrafe

Münch, Ingo von/Kunig, Philip, Grundgesetz- Kommentar, Band 1: Präambel bis Art. 19, 5. Auflage, München 2000; Band 3: Art. 70 bis Art. 146, 4./5. Auflage München 2003, zitiert: *Bearbeiter*, in: von Münch/Kunig, GG

Murswiek, Dietrich, Die verfassungsgebende Gewalt nach dem Grundgesetz für die Bundesrepublik Deutschland, Berlin 1978, zitiert: *Murswiek*, Die verfassungsgebende Gewalt

Naldi, Gino J., The prohibition on the death penalty in international law, Netherlands International Law Review (NILR) 1991, S. 373 ff.

Ders., United Nations Seeks to Abolish the Death Penalty, 40 Int. & Comp. L.Q. 948 (1991)

Nawiasky, H., Die Grundgedanken des Grundgesetzes für die Bundesrepublik Deutschland, Stuttgart 1950, zitiert: *Nawiasky*, Grundgedanken des Grundgesetzes

Neumann, Volker, Menschenwürde und psychische Krankheit, KritV 76 (1993), S. 276 ff.

Nickel, Dietmar, Zum Grundrechtsdefizit der Europäischen Gemeinschaften, ZRP 1980, S 161 ff.

Niedersächsisches Justizministerium (Hrsg.), „Justiz im Nationalsozialismus. Über Verbrechen im Namen des Deutschen Volkes“, Broschüre zur gleichnamigen Wanderausstellung des Niedersächsischen Justizministeriums, 2001, zitiert: Justiz im Nationalsozialismus

Olshausen, Henning von, Grundrechte und Anwendung ausländischen Rechts, DVBl. 1974, 652

Oppermann, Thomas, Europarecht, 3. Auflage, München 2005, zitiert: *Oppermann*, Europarecht

Otto, Harro, Grundkurs Strafrecht, Allgemeine Strafrechtslehre, 7. Auflage, Berlin 2004, zitiert: *Otto*, Strafrecht

Pauly, Walter, Die Verfassung der Paulskirche und ihre Folgewirkungen, in: *Isensee, Josef/Kirchhof, Paul,* Handbuch des Staatsrechts der Bundesrepublik Deutschland, 3. Auflage, Heidelberg 2003, zitiert: *Pauly*, HStR I

Pausch, Wolfgang, Die Rechtmäßigkeit der vorhandenen gesetzlichen Regelungen des Todesschusses in den Polizeigesetzen des Bundes und der Länder, Gießen 1996, zitiert: *Pausch*, Die Rechtmäßigkeit der vorhandenen gesetzlichen Regelungen des Todesschusses

Pernice, Ingolf, Eine Grundrechte-Charta für die Europäische Union, DVBl. 2000, S. 847 ff.

Ders., Gemeinschaftsverfassung und Grundrechtsschutz – Grundlagen, Bestand und Perspektiven, NJW 1990, S. 2409 ff.

Pescatore, Pierre, Bestand und Bedeutung der Grundrechte im Recht der Europäischen Gemeinschaften, EuR 1979, 1 ff.

Ders., Bestand und Bedeutung der Grundrechte in den Europäischen Gemeinschaften, EuGRZ 1978, S. 441 ff.

Peters, Anne, Die Mißbilligung der Todesstrafe durch die Völkerrechtsgemeinschaft, EuGRZ 1999, S. 650 ff.

Pfeil, Werner, Historische Vorbilder und Entwicklung des Rechtsbegriffs der „Vier Grundfreiheiten“ im Europäischen Gemeinschaftsrecht, Frankfurt 1998, zitiert: *Pfeil*, Historische Vorbilder

Philippi, Nina, Die Charta der Grundrechte der Europäischen Union. Entstehung, Inhalt und Konsequenzen für den Grundrechtsschutz in Europa, Baden-Baden 2002, zitiert: *Philippi*, Die Charta der Grundrechte

Picker, Rolf, Charta der Grundrechte der Europäischen Union, Kurz-Kommentar, Recht – Politik – Zeitgeschichte – Europa, Starnberg 2001, zitiert: *Picker*, Charta der Grundrechte

Pieroth, Bodo/Schlink, Bernhard, Grundrechte, Staatsrecht II, 22. Auflage, Heidelberg 2006, zitiert: *Pieroth/Schlink,* Grundrechte

Preiser, Wolfgang, Die Geschichte der Todesstrafe seit der Aufklärung, in: Die Frage der Todesstrafe. Zwölf Antworten, Frankfurt am Main – Heidelberg 1965, zitiert: *Preiser*, Die Frage der Todesstrafe

Quanter, Rudolf, Die Leibes- und Lebensstrafen bei allen Völkern und zu allen Zeiten, 2. Auflage, Leipzig 1901, zitiert: *Quanter*, Leibes- und Lebensstrafen

Quasdorf, Peter, Dogmatik der Grundrechte in der Europäischen Union, Frankfurt am Main 2000, zitiert: *Quasdorf*, Dogmatik der Grundrechte in der EU

Radbruch, Gustav, Die Erneuerung des Rechts, Die Wandlung, 2. Jahrgang 1947, Erstes Heft, S. 8 ff.

Ravaud, Caroline, The case-law of the institutions of the European Convention on Human Rights, in: Europe Council, The Death Penalty. Beyond abolition, Strassburg 2004, zitiert: *Ravaud*, in: Europe Council, The Death Penalty

Rehfeldt, Bernhard, Todesstrafen und Bekehrungsgeschichte. Zur Rechts- und Religionsgeschichte der germanischen Hinrichtungsgebräuche, Berlin 1942; zitiert: *Rehfeldt,* Todesstrafen und Bekehrungsgeschichte

Rein, Heinz, „Finale Berlin", Berlin 1948, zitiert: *Rein*, „Finale Berlin"

Rengeling, Hans-Werner, Freizügigkeit in der Europäischen Union – Grundfreiheit und Grundrecht für den Unionsbürger, in: Geis, Max-Emanuel/Lorenz, Dieter (Hrsg.), Staat – Kirche – Verwaltung, Festschrift für Hartmut Maurer zum 70. Geburtstag, S. 973 ff., München 2001, zitiert: *Rengeling*, in: FS Maurer

Ders./Szczekalla, Peter, Grundrechte in der Europäischen Union. Charta der Grundrechte und allgemeine Rechtsgrundsätze, Köln – Berlin – München 2004, zitiert: *Rengeling/Szczekalla*, Grundrechte

Ress, Georg, Verfassungsrechtliche Auswirkungen der Fortentwicklung völkerrechtlicher Verträge – Überlegungen zum Verhältnis des Grundgesetzes zur Europäischen Wirtschaftsgemeinschaft und zur Europäischen Menschenrechtskonvention, in: Fürst, Walther (Hrsg.), Festschrift für Wolfgang Zeidler, Band 2, S. 1775 ff., Berlin – New-York 1987, zitiert: *Ress*, in: FS Zeidler

Rittler, Theodor, Die Todesstrafe und das XX. Jahrhundert, Wort und Wahrheit, Dritter Jahrgang 1948, S. 93 ff.

Rodley, Sir Nigel, The United Nation's work in the field of the death penalty, in: Europe Council, The Death Penalty. Beyond abolition, Strassburg 2004, zitiert: *Rodley*, in: Europe Council, The Death Penalty

Rodriguez Iglesias, Gil Carlos, Gedanken zum Entstehen einer Europäischen Rechtsordnung, NJW 1999, S. 1 ff.

Rogall, Klaus, Justizmord? Todesstrafe im Strafrecht, in: Boulanger, Christian/Heyes, Vera/Hanfling, Philip (Hrsg.), Zur Aktualität der Todesstrafe, Interdisziplinäre und globale Perspektiven, 2. Auflage, Berlin 2002, zitiert: *Rogall*, in: Boulanger/Heyes/Hanfling, Zur Aktualität der Todesstrafe

Rossa, Kurt, Todesstrafen. Ihre Wirklichkeit in drei Jahrtausenden, Bergisch Gladbach 1979, zitiert: *Rossa*, Todesstrafen

Roxin, Claus, Strafrecht, Allgemeiner Teil, Band 1. Grundlagen – Der Aufbau der Verbrechenslehre, München 1992, zitiert: *Roxin*, Strafrecht

Ders./Arzt, Gunther/Tiedemann, Klaus, Einführung in das Strafrecht und Strafprozeßrecht, 5. Auflage 2006, zitiert: *Roxin/Arzt/Tiedemann,* Strafrecht und Strafprozeßrecht

Ruffert, Matthias, Die Mitgliedstaaten der Europäischen Gemeinschaft als Verpflichtete der Gemeinschaftsgrundrechte, EuGRZ 1995, S. 518 ff.

Runge, Christian, Das Recht der Europäischen Gemeinschaften, JuS 1964, S. 305 ff.

Rupp, Hans H., Anmerkung zu BVerfGE 30, 1, NJW 1971, S. 275.

Sachs, Michael (Hrsg.), Grundgesetz (Kommentar), 3. Auflage, München 2003, zitiert: *Bearbeiter*, in: Sachs, GG

Sarstedt, Werner, Die Todesstrafe – ihre Rechtfertigungen und ihre politische Funktion, in: Sarstedt, Gisela/Hamm, Rainer/Körberer, Wolfgang/Michalke, Regina (Hrsg.), Rechtsstaat als Aufgabe, Ausgewählte Schriften und Vorträge 1952 bis 1985, Berlin/New York 1983, zitiert: *Sarstedt*, in: Ders./Hamm/Körberer/Michalke, Rechtsstaat als Aufgabe

Sauer, Wilhelm, Allgemeine Strafrechtslehre, Eine lehrbuchmäßige Darstellung, 2. Auflage, Berlin 1949, zitiert: *Sauer,* Allgemeine Strafrechtslehre

Sax, Walter, Grundsätze der Strafrechtspflege, in: Bettermann, Karl August (Hrsg.), Die Grundrechte, Handbuch der Theorie und Praxis der Grundrechte, Berlin 1959, zitiert: *Sax*, in: Grundrechte III/2

Schabas, William A., The abolition of the death penalty in international law, Cambridge 1993, zitiert: *Schabas*, Abolition of death penalty

Schaub, Stefan, Der verfassungsändernde Gesetzgeber 1949-1980, Berlin 1984, zitiert: *Schaub*, Gesetzgeber

Schilling, Theodor, Bestand und allgemeine Lehren der bürgerschützenden allgemeinen Rechtsgrundsätze des Gemeinschaftsrechts, EuGRZ 2000, S. 3 ff.

Schmidhäuser, Eberhard, Strafrecht Allgemeiner Teil, Tübingen 1982, zitiert: *Schmidhäuser,* Strafrecht AT

Schmidt, Eberhard, Einführung in die Geschichte der deutschen Strafrechtspflege, 3. Auflage, Göttingen 1965, zitiert: *Schmidt,* Geschichte der Strafrechtspflege

Ders., Die Geschichte der Todesstrafe bis zur Aufklärung, in: Die Frage der Todesstrafe. Zwölf Antworten, Frankfurt am Main – Hamburg 1965, zitiert: *Schmidt*, in: Die Frage der Todesstrafe

Ders., Justitia fundamentum regnorum. Fünf Vorträge über Macht und Recht, Staat und Justiz, Heidelberg 1947, zitiert: *Schmidt,* Justitia fundamentum regnorum

Schmidt-Bleibtreu, Bruno/Klein, Franz, Kommentar zum Grundgesetz, 10. Auflage, Neuwied 2004, zitiert: *Bearbeiter*, in: Schmidt-Bleibtreu/Klein, GG

Schmitt, Carl, Verfassungslehre, Berlin 1928, zitiert: *Schmitt*, Verfassungslehre

Ders., Legalität und Legitimität (1932), in: Verfassungsrechtliche Aufsätze, 1958, S. 299 ff.

Schmitz, Thomas, Die EU-Grundrechtecharta aus grundrechtsdogmatischer und grundrechtstheoretischer Sicht, JZ 2001, S. 833 ff.

Schmuck, Otto, Die Ausarbeitung der Europäischen Grundrechtscharta als Element der Verfassungsentwicklung, Integration 2000, S. 48 ff.

Schneider, Ludwig, Der Schutz des Wesensgehalts von Grundrechten nach Art. 19 Abs. 2 GG, Berlin 1983, zitiert: *Schneider*, Der Schutz des Wesensgehalts

Schnorr, Stefan/Wissing, Volker, Foltern in Deutschland? ZRP 2003, S. 142 f.

Schöne, Thomas/Klaes, Thomas, Die hoheitliche Befugnis zur Tötung eines Angreifers am Beispiel des nordrhein-westfälischen Polizeirechts, DÖV 1997, S. 992 ff.

Schönke, Adolf/Schröder, Horst, Strafgesetzbuch Kommentar, 27. Auflage, München 2005, zitiert: *Bearbeiter*, in: Schönke/Schröder, StGB

Schorn, Hubert, Der Schutz der Menschenwürde im Strafverfahren, Bingen am Rhein 1963, zitiert: *Schorn*, Der Schutz der Menschenwürde im Strafverfahren

Schüßler, Hans, Todesstrafe und Grundgesetz im Auslieferungsverfahren, NJW 1964, S. 1896 ff.

Schultz, Günther, Blick in die Zeit, MDR 1958, S. 205 ff.

Schumacher, Joseph E., An international Look at the Death Penalty, 14 Int. J. Comp. & Appl. Crim. Just. 307 (1990)

Schwahn, Hans-Joachim, Zehn Jahre keine Todesstrafe mehr auf deutschem Boden, NJW 1998, S. 2568 ff.

Schwarze, Jürgen (Hrsg.), Der Verfassungsentwurf des Europäischen Konvents Verfassungsrechtlich Grundstrukturen und wirtschaftsverfassungsrechtliches Konzept, Baden-Baden 2004, zitiert: *Bearbeiter*, in: Schwarze, Verfassungsentwurf

Ders., EU-Kommentar, Baden-Baden 2000, zitiert: *Bearbeiter,* in: Schwarze, EU-Kommentar

Ders., Europäischer Grundrechtsschutz – Grundfragen, aktuelle Rechtsentwicklungen, künftige Perspektiven, ZfV 1993, S. 1 ff.

Ders., Der Schutz der Grundrechte durch den EuGH, NJW 2005, S. 3459 ff.

Schweitzer, Michael, Staatsrecht III, Staatsrecht, Völkerrecht, Europarecht, Heidelberg 2004, zitiert: *Schweitzer*, Staatsrecht III

Ders./Hummer, Waldemar, Europarecht. Das Recht der Europäischen Union – Das Recht der Europäischen Gemeinschaften (EGKS, EG, EAG) – mit Schwerpunkt EG, 5. Auflage, Neuwied – Kriftel – Berlin 1996, zitiert: *Schweitzer/Hummer*, Europarecht

Ders./Weber, Albrecht, Handbuch der Völkerrechtspraxis der Bundesrepublik Deutschland, Baden-Baden 2004, zitiert: *Schweitzer/Weber*, Handbuch der Völkerrechtspraxis

Seebode, Manfred, Gezielt tödlicher Schluß – de lege lata et ferenda. Zur Bedeutung der polizeigesetzlichen Regelungen, StV 1991, S. 80 ff.

Seidel, Martin, Pro futuro: Kraft Gemeinschaftsrechts Vorrang es höheren einzelstaatlichen Grundrechtsschutzes? EuZW 2003, S. 97.

Seidl-Hohenveldern, Ignaz/Stein, Torsten ,Völkerrecht, 10. Auflage, Köln – Berlin – Bonn – München 2000, zitiert: *Seidl/Hohenveldern*, Völkerrecht

Seneca, Lucius Annaeus, Erstes Bändchen: Über den Zorn. 1. und 2. Buch, Stuttgart 1828, zitiert: *Seneca*

Sewing, Johanna, Studien zur Todesstrafe im Naturrecht, Kriminologische Untersuchungen Heft 22, Bonn 1966, zitiert: *Sewing*, Studien zur Todesstrafe

Siegenthaler, Peter, Die materiellen Schranken der Verfassungsrevision als Problem des positiven Rechts, Bern 1970, zitiert: *Siegenthaler*, Schranken der Verfassungsrevision

Sierck, Michael, Die Todesstrafe. Bestandsaufnahme und Bewertung aus kirchlicher Sicht. Schriftenreihe Gerechtigkeit und Frieden der Deutschen Kommission Justitia et Pax, Band 33, Bonn 1992, zitiert: *Sierck*, Die Todesstrafe

Starck, Christian, Menschenwürde als Verfassungsbegriff im modernen Staat, JZ 1981, S. 457 ff.

Stark, Ernst, Die lebenslange Freiheitsstrafe nach der Entscheidung des BVerfG vom 3. Juni 1992, JZ 1994, S. 189 ff.

Stein, Ekkehart/Götz, Frank, Staatsrecht, 19. Auflage, Tübingen 2004, zitiert: *Stein/Götz*, Staatsrecht

Stephan, Egon, Die Einstellung zur Todesstrafe. Die Bedeutung von schichtspezifischer Sozialisation und von Persönlichkeitsmerkmalen, ZStrW 89 (1977), S. 1046 ff.

Stern, Klaus, Das Staatsrecht der Bundesrepublik Deutschland, Band I: Grundbegriffe und Grundlagen des Staatsrechts, Strukturprinzipien der Verfassung, 2. Auflage, München 1984; Band III/2: Allgemeine Lehren der Grundrechte. Grundrechtstatbestand, Grundrechtsbeeinträchtigungen und Grundrechtsbegrenzungen, Grundrechtsverluste und Grundpflichten, Schutz der Grundrechte, Grundrechtskonkurrenzen, Grundrechtssystem, München 1994, zitiert: *Stern*, Staatsrecht

Ders., Von der Europäischen Menschenrechtskonvention zur Europäischen Grundrechte-Charta – Perspektiven des Grundrechtsschutzes in Europa, in: Stern, Klaus/Tettinger, Peter (Hrsg.), Die Europäische Grundrechte-Charta im wertenden Verfassungsvergleich, Berlin 2005, zitiert: *Stern*, in: Grundrechte-Charta

Ders., Menschenwürde als Wurzel der Menschen- und Grundrechte, in: Achterberg (Hrsg.), Festschrift für Hans Ulrich Scupin zum 80. Geburtstag, S. 627 ff., Berlin 1983, zitiert: *Stern*, in: FS Scupin

Ders., Die Bedeutung der Unantastbarkeitsgarantie des Art. 79 III GG für die Grundrechte, JuS 1985, S. 329 ff.

Ders., Der verfassungsändernde Charakter des Einigungsvertrages, DtZ 1990, S. 289 ff.
Stock, Martin, Medienfreiheit in der EU nur „geachtet" (Art. 11 Grundrechtecharta) – Ein Plädoyer für Nachbesserungen im Verfassungskonvent, EuR 2002, S. 566 ff.
Stolleis, Michael, Recht im Unrecht. Studien zur Rechtsgeschichte des Nationalsozialismus, Frankfurt am Main 1994, zitiert: Stolleis, Recht im Unrecht
Streinz, Rudolf, Bundesverfassungsgerichtlicher Grundrechtsschutz und Europäisches Gemeinschaftsrecht: Die Überprüfung grundrechtsbeschränkender deutscher Begründungs- und Vollzugsakte von Europäischen Gemeinschaftsrecht durch das Bundesverfassungsgericht, Passau 1987, zitiert: *Streinz*, Bundesverfassungsgerichtlicher Grundrechtsschutz
Ders., EUV/EGV, Vertrag über die Europäische Union und Vertrag zur Gründung der Europäischen Gemeinschaft, München 2003, zitiert: *Bearbeiter*, in: Streinz, EUV/EGV
Ders., Europarecht, 7. Auflage, Heidelberg 2005, zitiert: *Streinz*, Europarecht
Ders./Ohler, Christoph/Herrmann, Christoph, Die neue Verfassung für Europa. Einführung und Synopse, München 2005, zitiert: *Streinz/Ohler/Hermann*, Die neue Verfassung für Europa
Streng, Franz, Strafrechtliche Sanktionen, Stuttgart, Berlin, 2. Auflage Köln 2002, zitiert: *Streng*, Strafrechtliche Sanktionen
Sturm, Friedrich, Symbolische Todesstrafen, Mainz 1961, zitiert: *Sturm*, Symbolische Todesstrafen
Süsterhenn, Adolf, Die rationalen Gründe für die Todesstrafe, in: Die Frage der Todesstrafe. Zwölf Antworten, Frankfurt am Main/Hamburg 1965, zitiert: *Süsterhenn*, in: Die Frage der Todesstrafe
Ders., Wieder Todesstrafe? Eine Diskussion in der Reihe „Umstrittene Sachen". Köln 1957, zitiert: *Süsterhenn*, Wieder Todesstrafe?
Ders. Zur Diskussion über die Todesstrafe, in: Aktuelle Rechtsprobleme. Hubert Schorn zum 75. Geburtstag, S. 84 ff., Frankfurt am Main 1966, zitiert: *Süsterhenn,* in: FS Schorn
Tettinger, Peter, Die Charta der Grundrechte der Europäischen Union, NJW 2001, S. 1010 ff.
Ders., Aufhebung des Art. 102 GG? JZ 1978, S. 128 ff.
Thiele, Willi, Neues Polizeirecht in Bund und Ländern? DVBl. 1979, S. 705 ff.
Triebel, Matthias, Die rechtliche Bedeutung der Grundrechtecharta, JURA 2003, S. 525 ff.
Troeltsch, Ernst, Die Soziallehren der christlichen Kirchen und Gruppen, Tübingen 1912, zitiert: *Troeltsch*, Die Soziallehren
Trost, Hermann, Änderungen des Grundgesetzes, Hamburg 1963, zitiert: *Trost*, Änderungen des Grundgesetzes

Uerpmann, Robert, Höchstpersönliche Rechte und Diskriminierungsverbot, in: *Ehlers, Dirk* (Hrsg.), Europäische Grundrechte und Grundfreiheiten, 2. Auflage, Berlin 2005, zitiert: *Uerpmann*, in: Ehlers, Europäische Grundrechte und Grundfreiheiten

Verdross, Alfred/Simma, Bruno, Universelles Völkerrecht, Theorie und Praxis, 3. Auflage, Berlin 1984, zitiert: *Verdross/Simma*, Universelles Völkerrecht

Ders., Die Würde des Menschen als Grundlage der Menschenrechte, EuGRZ 1977, S. 207 ff.

Villiger, Mark E., Handbuch der Europäischen Menschenrechtskonvention (EMRK), 2. Auflage, Zürich 1999, zitiert: *Villiger*, EMRK

Vitzthum, Wolfgang Graf, Menschenwürde als Verfassungsbegriff, JZ 1985, S. 201 ff.

Vogler, Theo, Auslieferung bei drohender Todesstrafe – ein Dauerthema, NJW 1994, S. 1433 ff.

Wallrabenstein, Astrid, Die Grundrechte, der EuGH und die Charta, KJ 2002, S. 381 ff.

Walter, Christian, Geschichte und Entwicklung der Europäischen Grundrechte und Grundfreiheiten, in: *Ehlers, Dirk* (Hrsg.), Europäische Grundrechte und Grundfreiheiten, 2. Auflage, Berlin 2005, zitiert: *Walter*, in: Ehlers, Europäische Grundrechte und Grundfreiheiten

Ders., Die Europäische Menschenrechtskonvention als Konstitutionalisierungsprozeß, ZaöRV 1999, S. 961 ff.

Weber, Albrecht, Die Europäische Grundrechtscharta – auf dem Weg zu einer europäischen Verfassung, NJW 2000, S. 537 ff.

Weber, Hellmuth von, Grundriss des deutschen Strafrechts, Bonn 1946, zitiert: von Weber, Grundriss des deutschen Strafrechts

Weides, Peter/Zimmermann, Peter, Berücksichtigung der im Ausland drohenden Nachteile für Freiheit, Leib und Leben bei der Ausübung des Ausweisungsermessens durch Ausländerbehörden, DVBl. 1988, S. 461 ff.

Weiß, Norman, Die Todesstrafe aus völkerrechtlicher Sicht, in: Boulanger, Christian/Heyes, Vera/Hanfling, Philip (Hrsg.), Zur Aktualität der Todesstrafe, Interdisziplinäre und globale Perspektiven, 2. Auflage, Berlin 2002, zitiert: *Weiß*, in: Boulanger/Heyes/Hanfling, Zur Aktualität der Todesstrafe

Welzel, Hans, Das Deutsche Strafrecht, Berlin 1969, zitiert: *Welzel,* Strafrecht

Wertenbruch, Wilhelm, Grundgesetz und Menschenwürde. Ein kritischer Beitrag zur Verfassungswirklichkeit, Köln/Berlin 1958, zitiert: *Wertenbruch*, Grundgesetz und Menschenwürde

Wessels, Johannes/Beulke, Werner, Strafrecht Allgemeiner Teil. Die Straftat und ihr Aufbau, 36. Auflage, Heidelberg 2006, zitiert: *Wessels/Beulke*, Strafrecht AT

Westenberger, Michael, Der Einsatz des finalen Rettungsschusses in Hamburg – Sind die bereits bestehenden Vorschriften ausreichend oder bedarf es einer Neuregelung im Hamburgischen Gesetz zum Schutz der öffentlichen Sicherheit und Ordnung (HambSOG)? – DÖV 2003, S. 627 ff.

Wetter, Irmgard, Die Grundrechtscharta des Europäischen Gerichtshofes, Frankfurt am Main 1998, zitiert: *Wetter*, Die Grundrechtscharta des EuGH

Wiechmann, Dennis/Kendall, Jerry/Bae, Ronald, The Death Penalty: An international View, 28 How.J.124 (1989)

Witaschek, Franz, Die Beratungen über die Todesstrafe im Jahre 1870, DRiZ 1965, 372.

Witzstrock, Heike, Der polizeiliche Todesschuß, Frankfurt am Main 2001, zitiert: *Witzstrock,* Der polizeiliche Todesschuß

Wohlwend, Renate, The role of the Council of Europe's Parliamentary Assembly, in: Europe Council, The Death Penalty. Beyond abolition, Strassburg 2004, zitiert: *Wohlwend*, in: Europe Council, The Death Penalty

Wolff, Ernst, Die Freiheit und Würde des Menschen, in: H. Wandersleb (Hrsg.) Recht – Staat – Wirtschaft, Band IV, Düsseldorf 1953, zitiert: *Wolff*, Freiheit und Würde

Wuermeling, Joachim, Die Tragische: Zum weiteren Schicksal der EU-Verfassung, ZRP 2005, S. 149 ff.

Zeidler, Wolfgang, Die Unverbrüchlichkeit der Grundrechte, DVBl. 1950, S. 598 ff.

Zimmermann, Andreas, Die Charta der Grundrechte der Europäischen Union zwischen Gemeinschaftsrecht, Grundgesetz und EMRK. Entstehung, normative Bedeutung und Wirkung der EU-Grundrechtecharta im gesamteuropäischen Verfassungsraum, Baden-Baden 2004; zitiert: Die Charta der Grundrechte

Zuck, Rüdiger, Der Todesschuß. Blick in die Zeit, MDR 1988, S. 920 ff.

Zulegg, Manfred, Zum Verhältnis nationaler und europäischer Grundrechte, EuGRZ 2000, S. 511 ff.

Papier | Fördert gute Waldnutzung
FSC® C083411

Kolibri 360 GmbH
Ferdinand-Jühlke-Straße 7
99095 Erfurt, Deutschland
produktsicherheit@kolibri360.de

Druck:
CPI Druckdienstleistungen GmbH
im Auftrag der
Kolibri 360 GmbH
Ferdinand-Jühlke-Str. 7
99095 Erfurt